ESTADOS UNIDOS DO BRASIL

SECRETARIA DA SEGURANÇA PUBLICA

POLEGAR DIREITO

F. D. E-1113
I-1112

R.G. 0000001

Rita Lee Jones

ASSINATURA DO PORTADOR

ESTADO DE SÃO PAULO

rita lee

uma autobiografia

rita lee

uma autobiografia

GLOBO LIVROS

Texto fixado conforme as regras do Acordo Ortográfico da Língua Portuguesa (Decreto Legislativo nº 54, de 1995).

Editor: Guilherme Samora
Editora assistente: Gabriele Fernandes
Revisão: Guilherme Samora e Gabriele Fernandes
Capa: Rita Lee e Guilherme Samora
Fotos de capa: Guilherme Samora
Ilustrações do Phantom: Rita Lee
Fotos das guardas: Guilherme Samora
Diagramação: Crayon Editorial e Carolinne de Oliveira
Design de capa: Carolinne de Oliveira
Processos gráficos: Alexandre Toledo

CIP-BRASIL. CATALOGAÇÃO NA PUBLICAÇÃO
SINDICATO NACIONAL DOS EDITORES DE LIVROS, RJ

L519r
2ª ed.

Lee, Rita
Rita Lee: uma autobiografia / Rita Lee. — 2ª ed. — São Paulo : Globo Livros, 2023.

"EDIÇÃO DE LUXO"
ISBN 978-65-5987-120-9

1. Lee, Rita. 2. Cantoras — Brasil — Biografia.
3. Autobiografia. I. Título.

CDD: 781.64092
23-85801 CDU: 929:78.071.2

Meri Gleice Rodrigues de Souza — Bibliotecária — CRB 7/6439

2ª edição, 2023 — 1ª reimpressão, 2024

Editora Globo S. A.
Rua Marquês de Pombal, 25 – Rio de Janeiro – RJ – Brasil
www.globolivros.com.br

Em 2020, Rita e eu começamos a pensar nesta edição de luxo de sua primeira autobiografia. Planejávamos lançá-la no ano seguinte. Entretanto, ela decidiu focar a criação de um novo livro infantil (*Dr. Alex e Vovó Ritinha: uma aventura no espaço*), e o lançamento dessa edição especial acabou ficando para depois. Apesar disso, a maior parte das ideias aqui presentes surgiram de papos com Rita. A capa dura com a brincadeira das duas imagens semelhantes àquelas usadas em fichas policiais foi sugestão dela. Assim como o tom metálico nas letras e o fitilho, que serve como marcador de página.

Outra ideia que surgiu quando discutimos o projeto foi um caderno de fotos extra. Na edição padrão, algumas das imagens escolhidas por nós ficaram de fora. Desta vez, decidimos manter os quatro cadernos anteriores e adicionar mais um. Uma espécie de bônus — todas essas fotos com legendas escritas por Rita (prontas desde 2016!). E temos mais algumas surpresinhas por aí.

Esta edição, além de uma homenagem à nossa padroeira-gênia-deusa-fada--roqueira-escritora-guru-etc., é uma forma de celebrar os fãs e a todos aqueles que embarcaram e embarcarão nesta viagem.

Rita pra sempre!

Phantom, outubro de 2023

COISAS DA VIDA

Quando a lua apareceu
Ninguém sonhava mais do que eu
Já era tarde
Mas a noite é uma criança distraída
Depois que eu envelhecer
Ninguém precisa mais me dizer
Como é estranho
Ser humano nessas horas de partida
É o fim da picada
Depois da estrada começa uma grande avenida
No fim da avenida
Existe uma chance, uma sorte, uma nova saída
Qual é a moral? Qual vai ser o final?
Dessa história...
Eu não tenho nada pra dizer, por isso digo
Eu não tenho muito que perder, por isso jogo
Eu não tenho hora pra morrer, por isso sonho
São coisas da vida
E a gente se olha e não sabe se vai ou se fica...

✷

O CASARÃO

Para sossegar a caçula, a senha era "dá uma mamadeira e liga o rádio". Entre um reclame do Biotônico Fontoura e um capítulo da novela, meu direito de nascer como *baby boomer* paulistana foi regado a Carmen Miranda, Emilinha Borba, Nelson Gonçalves, Doris Day, Fred Astaire e Mario Lanza. Dizem que eu era feliz e sabia, uma infanta normal que passava o dia na minha bem-aventurada insignificância, dentro de uma sagrada família onde eu, por tabela, viajava na modernidade das cinco mulheres geniais que me cercavam: Chesa, minha iluminada mãe; Balú, minha fada madrinha; Carú, minha bela irmã adotiva italiana; Mary Lee e Virgínia Lee, minhas duas hilárias manas de sangue. Esse harém desvairado estava sob o comando de Charles, meu pai, 45 anos mais velho que eu, fã de Inezita Barroso, ex-sargento da Revolução de 1932 e provável futuro assassino de Getúlio Vargas.

O extenso porão, que ocupava toda a área do velho casarão dos anos 1920 da rua Joaquim Távora, 670, na Vila Mariana, era o grande palco das idiossincrasias de nossa família "Addams". Tinha tetos e paredes forrados com desenhos, paisagens, fotos de artistas de cinema e da música, contos de fadas, animais, santos, marcas de produtos, sobras de pano, capas de revistas, mosaicos de louças quebradas, enfim, pensávamos mil vezes antes de jogar qualquer obra de arte no lixo. Esse visual lisérgico era, claro, obra da mulherada quando ainda nem existia televisão. A parte do porão que cabia a meu pai era a do estoque de mantimentos, caso estourasse uma guerra, e um laboratório para suas experiências "científicas". Certa vez, Charles inventou um adubo poderosíssimo e plantou tomate. O resultado foi próximo ao de *João e o pé de feijão*: os tomates subiram até o telhado e o harém fez questão de tirar uma foto comprovando o êxito.

Ao lado do laboratório havia, ainda no porão, um palquinho montado onde nós três nos apresentávamos, Las Hermanas Sisters, em esquetes variados. O script mudava de acordo com nossas reivindicações, como, por exemplo, um manifesto contra a estética vigente que privilegiava crianças gorduchinhas, algo injusto para nós, as manas esqueléticas do bairro. Subíamos no palquinho encenando *As magrelas felizes*, exigindo o fim da obrigação de tomar óleo de fígado de bacalhau todas as manhãs, quando o Biotônico Fontoura era muito mais gostoso como ativador de apetite infantil. Fora que ainda dava um certo baratinho. Mary, dez anos mais velha do que eu e seis mais que Virgínia, era a diretora das peças e nos ensaiava muito bem.

O porão era tão grande, tão grande que meu pai passou anos sem saber que o harém liberava o pedaço para gatos de rua pernoitarem por lá. Em frente à nossa casa ficava a padaria América, cujo dono, um simpático português que arrotava tão alto que a rua toda ouvia, facilitava na cumplicidade fornecendo restos de massarocas diversas de modo a nunca faltar alimento para o zoo noturno. Quando Charles acordava, sempre às quatro da manhã, os espertinhos voavam para os muros e só voltavam às sete da noite, depois que o Sargento ia dormir.

Lembro que, ao tratar do assunto "órgão genital feminino" na presença do meu pai, o harém apelidou o tal de Emilinha Borba: "Lavou bem sua emilinha borba?". Marlene era o seio: "O sutiã novo tá machucando a marlene". O órgão genital masculino era "alves", de Chico Alves: "O alves do Nijinsky é fofinho".

Lembro poucos detalhes dos lugares onde morei no decorrer da vida, mas o casarão da rua Joaquim Távora, telefone 703-487, permanece intacto na minha memória. Era na ampla cozinha que as mulheres passavam o dia inteiro escutando rádio, costurando e cozinhando. Havia um balcão de ponta a ponta onde as massas eram preparadas, batidas e deixadas em descanso para depois serem estendidas e cortadas sobre borrifos de farinha. Na ponta desse mesmo balcão, ficava a maquininha manual de moer café de Charles.

Do outro lado da parede estava a copa, que se comunicava com a cozinha através de uma janelinha tipo as usadas em restaurantes, ideia de Chesa para facilitar a arrumação da mesa. Lá também ficava sua máquina de costura e a mesa do café da manhã, almoço e jantar do dia a dia. Da copa saía o corredor do Déin, o relógio de parede que badalava de hora em hora e que se escutava pela casa toda. Nesse mesmo corredor havia um banheiro completo, com um chuveiro elétrico que sempre dava choque ao botar a mão no registro, um armário grande onde guardávamos remédios, papel higiênico, toalhinhas de menstruação, esparadrapo, aventais, fraldas. Mas minhas irmãs e eu preferíamos tomar banho de banheira a gás no andar de cima, onde ficavam os quatro quartos.

O casarão todo tinha pé direito bem alto, as portas eram pesadas, os janelões largos, os ornamentos das paredes pintados à mão e cada quarto e sala tinha um carimbo diferente. Saindo do corredor havia uma salinha com o telefone de parede, a mesinha com a agenda telefônica e, ao lado, um majestoso vitral oval que projetava as cores do sol nas paredes, e tudo virava um arco-íris. A saleta do telefone dava para a salona de jantar com uma mesa de madeira compacta escura e oito cadeiras de espaldar reto e duro que deixavam a bunda doída depois de cinco minutos. O lustre era lindo, cinco cúpulas de vidro fumê com florais imitando Lalique que mal iluminavam o local, mas davam um charme parisiense ao ambiente. Era lá que rolavam os almoços de Páscoa e Natal, e quando Charles ia pescar, o harém empurrava mesa e cadeiras e abria um belo espaço para as meninas dançarem ao som do rádio em volume máximo.

A sala de jantar dava para duas outras, o hall de entrada e a sala de visitas com a radiovitrola Telefunken, o piano de Chesa, um sofá e duas poltronas de gobelim meio puídas, herança de minha avó Rita. Pendurada na parede do hall de entrada, uma reprodução do Cristo crucificado de Dalí, da qual eu morria de medo.

Uma escada com corrimão levava até o andar de cima em duas etapas; no fim da primeira havia um quadro de Nossa Senhora segurando o menino Jesus, onde dávamos uma paradinha, tocávamos o quadro e fazíamos o sinal da cruz; a segunda etapa terminava num altarzinho com uma imagem grande de Nossa Senhora Aparecida, que Chesa costumava levar de casa em casa na rua, e era costume que cada vizinho pendurasse uma joia no manto de veludo azul. Charles, que nunca se persignava na subida da escada, dizia para nós que ia vender as joias da virgem e comprar sorvete, o que as filhas, no fundo, achavam uma boa ação.

No segundo andar, Charles e Chesa ocupavam o quarto maior que dava para a rua, Mary tinha um só dela, Virgínia e eu dividíamos um e Balú e Carú outro. Tinha um só banheiro para todos. Para meu pai, que levantava horas antes do harém, tudo bem, mas para nós era uma guerra do tipo quem pulava da cama mais rápido ganhava o direito de fazer xixi em paz. Ao lado do banheiro havia um terraço imenso que ocupava metade do andar de cima e dava vista para os fundos da vizinhança. Era onde tomávamos banho de sol e jogávamos peteca e queimada. Foi lá que avistei meu primeiro disco voador. Na descida da escada não havia parada, as meninas escorregavam feito bombeiro segurando o corrimão, com os pés apoiados no rodapé.

O enorme porão com várias saletas ficava no mesmo piso do quintal, onde estavam a famosa horta do meu pai e um puxadinho que abrigava dois tanques e um banheirinho extra. A garagem também era propriedade exclusiva de Charles e de suas ferramentas sempre em ordem impecável. Lá quem reinava era seu Jeep Willys 1951, placa 70050. Assim que chegava do consultório, meu pai colocava um cobertor sobre o capô para que o motor esfriasse aos poucos e "as partes de metal 'desdilatassem' com suavidade", explicava ele.

De manhã cedinho, o litro de leite e o filão de pão já estavam dentro da caixa do correio. A única vez que foram roubados foi um escândalo na rua. Sábado rolava feira dois quarteirões abaixo. Charles e o harém iam direto às suas bancas prediletas e as meninas descolavam um pé de moleque aqui, uma raspinha de cacau ali, uma azeitoninha acolá. Voltávamos todos carregados e felizes. Fazer feira era farra das boas.

TRAUMA

Manhã, tão bonita manhã... e eis que Chesa compra na feira uma patinha amarelinha e dá de presente à Virgínia, que a batiza de Debora, coisinha mais fofa da casa, paparicada por todos enquanto crescia a olhos vistos. Durou um ano. Num domingo de Páscoa, as mulheres voltaram da missa e... Cadê Debora? "Ó, céus, os gatos atacaram!" Antes tivessem. Lá estava o harém reunido na mesa do almoço, todos os anos preparado por meu pai, quando entra o chef Charles, triunfante, carregando Debora depenada e tostadinha numa fôrma cercada de batatas, maçãs e farofa. Gritaria e debandada geral, o carrasco comeu sozinho sua vítima. Esta é da série "como fazer da Páscoa um enterro histérico e o pacto de nunca comer pato até o fim da eternidade".

OS PETS

O primeiro pet da família foi Nancy, uma jabuti que morava no quintal e ficou conosco até os anos 1970, quando eu, viajando de ácido, soltei a bichinha na "selva" da represa de Guarapiranga, mas essa já é outra história. Tinha também os peixinhos dourados Teco e Bola, e Nicky, a canarinha. Quem cuidava deles era o Sargento, e rolava um cirquinho todas as manhãs. Depois de lavar o aquário, oxigenar a água e dar um cadinho de ração, Charles espetava micropedacinhos de carne na ponta de um palito e conduzia Teco e Bola a saltarem para abocanhar os prêmios. Um SeaWorld caseiro. Com Nicky, Charles abria a gaiola e a bichinha ia dar um passeio na vizinhança, enquanto ele fazia uma limpeza minuciosa na gaiola com uma escova de dente, forrava de jornal, colocava água limpa, farelo, gema de ovo, tutano para o bico e uma cuia com água de banho. Depois de tudo pronto, ele assobiava, a canarinha voltava ao palácio e cantava feito louca.

Os gatos de rua que dormiam no porão iam e vinham, e alguns pariam por lá. Era um tal de esconde-esconde para o Sargento não ouvir os miadinhos que o harém vivia num estado permanente de tensão. Mas meu pai nunca soube ou, se soube, fingiu não saber. Depois de desmamados, saíamos com os filhotinhos pela rua oferecendo-os para adoção. Certa vez me apaixonei por um e o batizei de Pedrinho, ficava escondido no banheirinho do quintal. Às vezes eu saía da cama para passar um tempinho com ele lá, que ficava sozinho no escuro. Um dia, amanheceu morto. O harém achou que ele fuçara nos venenos de rato que ficavam embaixo dos tanques ao lado do banheirinho. Fiquei com febre de tanta tristeza.

A PRIMEIRA TV

Por mais que Charles fizesse suas gracinhas, o assassinato da pata Debora continuava entalado no harém, e ele sabia. Numa tentativa de reconciliação, comprou uma televisão branco e preto, a primeira da rua. O harém deu mó valor, minha vidinha besta ganhou um baita *upgrade* e o porão foi reforrado com celebridades televisivas.

Para nós, garotas do rádio, a TV Tupi foi a benção da década: *Sítio do picapau amarelo* com Lúcia Lambertini, a melhor Emília de todos os tempos. Vida Alves lançando a moda da franjinha e dando o primeiro beijo da televisão no galã Walter Foster. Júlio Gouveia e Tatiana Belinky na direção do *Teatro de vanguarda* aos domingos, com atores dramáticos do calibre de Sérgio Cardoso, Cacilda Becker, Procópio Ferreira. O reclame-hit dos biscoitos Aymoré, "Eu sou um índio camarada, amigo da garotada", patrocinava diariamente uma hora seguida de *Woody Woodpecker* em inglês. Aos sábados, o *Clube dos artistas* do casal Lolita e Airton Rodrigues e seus convidados pérolas: Hebe Camargo, Eliana, Demônios da Garoa, William Furneaux, Mazzaropi, Betinho e sua guitarra, o organista cego André Penazzi, maestros e suas orquestras, Emilinha e Marlene, Dircinha e Lindinha, Agostinho dos Santos, Wilma Bentivegna, Rosa Pardini e, para delírio do meu pai, Inezita Barroso. Até a inacreditável Yma Sumac se apresentou lá uma vez.

Devido ao estrondoso sucesso radiofônico, a TV Tupi ressuscitou a novela *O direito de nascer*, que pelas minhas contas durou outros cem anos. O harém chorava mais uma vez por Albertinho Limonta. Mesmo já conhecendo o final feliz, a gente se perguntava: "Será que na TV Albertinho morre?". Depois de uma semana instalada na copa, Charles não aguentou a barulheira e mandou a TV para o porão, onde as mulheres podiam deitar e rolar... até as nove horas. É que no dia seguinte, às cinco da matina, o Sargento acordava o exército das "brancaleoas" com um delicado pontapé na porta em cada quarto, etiqueta de quartel. Às seis, Charles dava corda no Déin e saía com seu filho-Jeep. Primeiro levava as duas filhas mais velhas ao Liceu Pasteur, no bairro da Saúde, e depois seguia para a rua Xavier de Toledo, 98, sétimo andar, onde dividia um consultório com o dr. João Sampaio Goes.

Enquanto Chesa, Balú e Carú cuidavam dos afazeres domésticos, eu, a caçula "abandonada" que não ganhou um livrinho do bebê pra chamar de seu (todo caçula se sente meio bastardinho), brincava de barraquinha no quintal e conversava telepaticamente com minha primeira grande paixão, Peter Pan. Eu tinha uns cinco, seis anos.

DESVIRGINANDO

Um dia a máquina de costura Singer de Chesa engasgou e veio um técnico da firma. Me contaram que eu brincava no chão da copa enquanto minha mãe mostrava pro cara onde a coisa estava enguiçada. O telefone tocou, ela saiu para atender. Quando voltou, me encontrou sozinha no mesmo lugar, olhando petrificada para o cabo de uma chave de fenda enfiada fundo na minha vagina, de onde escorria uma gosma vermelha. O filho da puta do técnico fez aquilo e sumiu do mapa. Foi o grito alucinante da minha mãe que me tirou do torpor e, vendo ela se desesperar, eu abri o mó berreiro também. Não lembro de ter sentido dor, nem do que aconteceu em seguida, certamente deletei esse capítulo. Só sei que desse dia em diante as mulheres olhavam para mim como a pequena órfã. A dor delas certamente foi muito, mas muito maior do que a minha. Chesa, Balú e Carú guardaram a tragédia como o grande segredo do fim do mundo de todos os tempos. Se meu pai ficasse sabendo, provavelmente iria atrás do sujeito para matá-lo e não seria bom para ninguém o chefe da família ir pra cadeia. Portanto, as mulheres seriam as únicas guardiãs do meu "tesourinho" arrombado. Para consolar a caçula e fazê-la jurar pelo Menino Jesus de Praga (por "praga" eu entendia que o menino era travesso como eu) que nunca contaria sobre o "dodói" nem para ela mesma, fizeram uma vaquinha e compraram o álbum de Peter Pan com uma porrada de figurinhas para colar, que completei meses depois e guardo até hoje.

Acredito que foi a partir daquele momento que *las mujeres* passaram a relevar meus desajustes comportamentais. Nunca me castigaram, nem mesmo com aquele eventual tapinha na bunda que minhas irmãs volta e meia levavam. Me tratavam como uma espécie de aleijadinha psicológica. "A Ritinha é nossa caçulinha, é justo protegê-la", explicavam elas. E essa proteção extra se seguiu inclusive na minha vida adulta. As saias justas pelas quais passei com drogas, prisão, críticas e boatos foram entendidas como "a dor que ela carrega na alma por causa 'daquilo', tadinha".

A DEUSA

Aleluia! Charles e seu único-melhor-amigo e primo Cícero viajaram para uma pescaria na deserta Bertioga. Quando o Sargento saía, as soldadas faziam festa. Sempre que isso acontecia, Chesa tinha um *insight* de carregar o piano de armário até a calçada. *Show time*! Às seis da tarde, quando os apitos das fábricas anunciavam o fim do turno, nossa rua fervilhava de trabalhadores rumo aos pontos de bonde na rua Domingos de Morais. Quem era aquela mulher louca, linda e loira tocando piano e cantando canções napolitanas e marchinhas de Carnaval na calçada, uma aparição de Nossa Senhora Protetora dos Transeuntes? Enquanto o marinheiro pescava, a sereia cantava e encantava a vizinhança. Hoje reconheço a sorte que tive em ter nascido no meio desses dois polos diferentes e igualmente maravilhosos. Enquanto um usava a lógica, a outra investia na intuição. Uma idolatrava Santa Izildinha, o outro, ETS. Ele meio-amargo, ela totalmente doce. Charles & Chesa, o par díspar que me criou à imagem e semelhança dos opostos que se atraem.

UM POUCO DE CADA UM

MINHA MÃE – ROMILDA PADULA, GEMINIANA

Apelido Chesa, que no dialeto napolitano significa igrejinha, filha caçula de imigrantes italianos lotados em Rio Claro. Mais católica que o papa, mais bonita que Greta Garbo, mais ingênua que um sabiá, mais bondosa que madre Teresa, mais engraçada que Lucille Ball, mais simpática que Doris Day, mais porreta que Pagu, mais hipnotizante que Carmen Miranda, mais frágil que uma pétala, mais cheirosa que uma gardênia. Palmeirense e quinze anos mais nova que o marido.

MEU PAI – CHARLES FENLEY JONES, CANCERIANO

Filho de imigrantes norte-americanos, nascido em Santa Bárbara d'Oeste, ex-sargento constitucionalista, ex-engenheiro da Light (despedido durante a guerra), formado em Odontologia, maçom, ufólogo, cientista maluco, mal-humorado, desafinado, desconfiado, feioso-charmoso, alcoólatra sob autocontrole, impecável provedor. Corintiano roxo e fã de Jeca Tatu.

O ROMANCE

Conheceram-se num baile de Carnaval no clube Ginástico de Rio Claro, interior de São Paulo. Chesa, a esfuziante colombina italianinha, caçula de nove irmãos, avistou Charles, o desajeitado arlequim gringo, dentista recém-formado e novo morador da cidade. O que se sabe é que no fim da noite sobrou o papel do pierrô abandonado para Ulysses Guimarães, moço rioclarense que também paquerava Chesa e sua amiga Dalva de Oliveira, com quem minha mãe dava canjas em festas e recitais da cidade. Diziam os italianos que Ulysses teria conseguido conquistá-la não fosse a repentina chegada no pedaço do vilão americano. Difícil me imaginar uma Rita Guimarães, filha de Ulysses, deputada do PMDB, defensora dos frascos e comprimidos, praticamente uma Neusinha Brizola coxinha.

Boa noite, folia, bom dia, Semana Santa. A procissão da igreja Matriz de Rio Claro encenava a via-crúcis, e Charles, junto com um amigo, ali meio na moita, acompanhava curioso aquele desconhecido e estranho ritual católico. De repente uma matraca anuncia o próximo ato, a multidão para e silencia. Uma mulher vestida de negro da cabeça aos pés se destaca, se aproximando do Cristo ensanguentado e enxugando-lhe o sangue da coroa de espinhos com um lenço de linho branco. A seguir exibe ao povo o pano com a impressão do rosto cantando à capela uma melodia bela e fúnebre. Para Charles, o solo dramático da "viúva" foi o momento *hit parade* do teatro. Até elogiou para o amigo a voz da freira cantante.

"Ora, ora, Charlie, aquela mulher não era a viúva de Jesus. A personagem Verônica encontrou-se com ele no meio da via-crúcis carregando a cruz, entendeu? E não é porque ela estava toda vestida de preto que era uma freira, freiras não cantam daquele jeito. Freiras rezam baixinho. Pois é, sabe aquela colombina italianinha que você flertou no seu primeiro baile de Carnaval da vida? Então, é ela que faz o papel da Verônica. Entendeu agora?"

Imagino que meu pai não tenha entendido a peça, mas que saiu apaixonado pela atriz, saiu.

Italianos maternos e americanos paternos se casavam entre os seus, mais ou menos tipo *famiglia* Don Corleone com *famiglia* Al Capone, *family* Jones com *family* Smith, e assim caminhava a humanidade dos imigrantes "normais". Difícil até hoje imaginar Silvana Mangano casada com John Wayne ou Vittorio de Sica com Mae West. Charles e Chesa eram dois estranhos no ninho de suas respectivas famílias. Apesar da cara feia dos italianos e dos americanos, Charles e Chesa noivaram. A sorte salvou a dupla. Num banco da praça da Matriz, meu pai aguardava minha mãe na saída da missa quando passou um velhote e o convenceu a comprar um último bilhete de loteria. Deu na cabeça! Casaram, deram uma banana geral e fugiram para São Paulo, longe das fofocas.

LUIZA RODRIGUES – APELIDO BALÚ, VIRGINIANA

Ainda adolescente, filha de espanhóis com vários irmãos, um belo dia foi parar na casa de minha avó Rita, em Rio Claro. Grávida. Estuprada e expulsa da família. *La nonna* a acolheu, encaminhou o bebê para uma família italiana e adotou Luiza, dois anos mais velha que minha mãe. Assim que soube da primeira gravidez de Chesa, Balú se mudou de mala e cuia para São Paulo levando com ela, para alegria do meu pai, todos os segredos preciosos da culinária dos Padula. Além de minha madrinha de batismo, Balú era quem guardava para mim a melhor parte do bolo, as folhas de salada mais verdinhas, o pedaço de pizza mais crocante, me levava no parquinho Trianon, me embalava nos pesadelos, dava pirulito de açúcar queimado escondido e preparava as mamadeiras mais suculentas do Éden. No primário, me levava e buscava na escola. No ginásio, acobertava minhas escapadas noturnas. No científico, ajudava a borrifar desodorante para disfarçar meus baseados. Não perdia um show meu em São Paulo, companheira fiel nos altos e baixos, estava comigo em casa quando fui presa, ao meu lado no hospital nas overdoses, vovó-babá enérgica dos meus três filhos. Balú, a mais completa tradução da fada madrindinha.

CAROLINA SACCOMANO – APELIDO CARÚ, CANCERIANA

Aos dois anos de idade, filha única, chegou ao Brasil com seus pais em um navio de imigrantes napolitanos. O pai, um galã *latin lover* tipo Valentino, assim que desembarcou sumiu nos braços das nativas e a mãe foi bater na porta da minha avó Rita (sempre ela), que a encaminhou para Jundiaí, onde trabalhou por quinze anos como lavadeira em outra família italiana até comprar uma casinha de um cômodo só. Nessas alturas, Carolina, já mocinha, fugiu da mãe e um belo dia apareceu na porta da casa de Charles & Chesa em São Paulo, pedindo pousada de uns dias até decidir o que fazer da vida. Contou que a "pobre mãe" era na verdade uma megera que a culpava pelo abandono do pai e a mantinha num *mezzo* cativeiro indigente. Vovó Rita confirmou a história e num gesto desesperado acabou dando o endereço do genro em São Paulo como ponto de partida. Chesa quase parindo a segunda filha e Charles parindo um consultório novo, precisavam de alguém para dar um *help* em casa e fazer as vezes de secretária atendendo telefone, marcando consulta, recebendo paciente. Foi naquele momento "toda ajuda é bem-vinda" que Carú entrou bonito na família. Digo bonito porque a moça era parecida com Sophia Loren: puxou a beleza estonteante do pai. Por onde passava ganhava pescoços torcidos dos rapazes, pedidos de casamento, cartas apaixonadas, até promessas de suicídio de corações desprezados. Nem Clark Gable, vestido de ouro prometendo abandonar Scarlett O'Hara, seria capaz de conquistar Carú. Sua dedicação inabalável aos meus pais durou até o fim da vida deles.

MARY LEE – A PRIMOGÊNITA, SAGITARIANA

Nove meses e meio de gravidez e nada de Chesa entrar em trabalho de parto. Algo estava errado. Charles dava expediente como cirurgião dentista no mesmo hospital Samaritano onde seu primo Cícero era médico fixo e foi para lá que levou minha mãe. Naquele tempo, falar em cesariana era sinônimo de enterro da mãe, ou do filho, ou dos dois juntos. Para retirar o bebê, abria-se a barriga da mulher do peito ao púbis num momento "única solução *versus* seja o que Deus quiser". Charles e Cícero não titubearam e fizeram eles mesmos a cirurgia. Hoje, seriam processados por falta de ética. Mary nasceu com o chamado "coração de boi", embora certamente haja um nome mais sofisticado para o órgão dilatado em um recém-nascido que não mate de susto a mãe da criança ao ouvir o diagnóstico. Até se recuperar, Chesa passou um bom tempo no hospital e saiu de lá proibida de ter mais filhos. Mirradinha de corpo, cabeça enorme, olhos verdes salientes, boca pequena, cabelo pixaim, minha irmã era uma ET. Quando atingiu um metro e meio, parou de crescer, seu QI, não.

A mais baixinha do colégio foi sempre a primeira da classe, autodidata, lia e escrevia desde os três anos. Prestando atenção nas aulas e anotando tudo na taquigrafia que só ela entendia. Não precisava estudar para provas e exames, chegava em casa e em cinco minutos se livrava do dever e mergulhava de cabeça no mundo das celebridades planetárias. Aprendeu piano sozinha e de ouvido tirava temas de filmes, fazia arranjos dos clássicos com levada pop e atendia a pedidos com a maior segurança. Filha única por seis anos, acostumou-se no papel da menina-doente dispensada de atividades físicas e da menina-crânio que só tirava nota dez. Nem por isso escapuliu do regime severo do pai ou se escondeu na superproteção exagerada da mãe.

Na pré-adolescência, Mary incentivou o harém a radicalizar fã-clubes, uma vez que o porão era lugar neutro para todas pendurarem seus ídolos. Passou a dormir com a foto do artista da vez ao lado da cama. Me lembro que uma época o favorito era Cauby Peixoto. O ápice foi quando conseguiu descolar um lugar na primeira fila no programa de auditório do Cesar de Alencar só para "desmaiar" quando Cauby entrasse no palco. Nessas fugas, quem a acompanhava era Carú. Fisicamente era muito diferente das irmãs, que puxaram o lado materno. Mary era meu pai escrito. Seu grande complexo era o cabelo pixaim (de onde vinha aquilo?), usava tudo quanto era produto químico para alisar, até ferro de passar roupa, além da mania de fazer nozinhos e arrancá-los. Uma vez, já mocinha, esperou Charles viajar e descoloriu todo o cabelo, que ficou tipo "Bombril amarelo". Antes que o Sargento voltasse, raspou a cabeça e descolou uma peruquinha com o namorado do dono da farmácia do bairro, um costureiro chamado Clodovil, sim, aquele mesmo. Mundo pequeno.

VIRGÍNIA LEE – A FILHA DO MEIO, TAURINA

Por mais que a gente afaste a imagem de nossos pais transando, o lance é que, para ter filhos, eles devem ter trepado mesmo. Se ficaram de jejum por seis anos, não se sabe. Virgínia nasceu de oito meses, também de cesariana e pelas mesmas mãos de Charles e Cícero. Mirradinha, com um problema no timo que a impossibilitava de respirar normalmente. Mais uma vez, Chesa não conseguiu dar de mamar, a filha só conseguia se alimentar sugando a mamadeira de ponta-cabeça, igual a uma morceguinha. Cabelos pretos e olhos de um azul celestial, a menina chamava atenção por sua "beleza escocesa", vinda talvez de algum antepassado MacJones. Escocesa também no gênio birrento, daqueles de não levar desaforo para casa nem aguentar desaforo em casa. Contavam que eu, ainda bebezinha dormindo no bercinho, quase morri asfixiada quando Virgínia despejou uma lata de talco na minha cara. *Sister dearest.* Contemporizando o crime da pata, talvez meu pai tenha comido Debora como punição pela audácia de Virgínia ao questioná-lo sobre por que o macho seria sempre o dono da verdade no meio de uma maioria de fêmeas. Nos bastidores, ela cobrava das fêmeas um posicionamento menos bovino diante da lei e ordem do touro sentado.

Certa vez, eu devia ter uns cinco ou seis anos e Virgínia dez, rolava um joguinho de cartas com duas garotas, Silvinha, um pouco mais velha que eu, e sua irmã Ana Maria, que regulava em idade com minha irmã. Tudo ia mais ou menos civilizadamente até que sobrou para mim a carta do mico preto, com gozações ofensivas de Silvinha em relação à minha falta de cálculo. Eis que Virgínia pula no pescoço da menina e soca-lhe repetidamente a cabeça no chão até desacordá-la. Voltamos correndo para casa e nos escondemos debaixo da cama esperando a qualquer momento a polícia chegar e nos levar presas pelo assassinato de Silvinha. Tudo foi resolvido quando a mãe da menina foi conversar com a nossa exigindo que proibissem o tal jogo, a fim de evitar um mico maior entre as famílias. Nada como ter uma irmã para encarar um bullying. Virgínia tinha um talento excepcional para trabalhos manuais, uma época se deu bem vendendo ratos esculpidos em Bombril para os moleques da rua assustarem suas mães. Em outra ocasião, catava o lixo de uma fábrica de miçangas e transformava em bijuterias preciosas. Ganhou uma boa grana das amigas de minha mãe.

O RONCADOR

Certa vez, Charles e o primo Cícero ouviram falar de uma entrada para o centro da Terra onde uma civilização de altíssima inteligência vivia em perfeita harmonia. Chamava-se serra do Roncador e ficava "logo ali" no Mato Grosso. Fizeram uma vaquinha e por intermédio de não-sei-quem compraram um terreno não-sei-onde, que era vizinho da misteriosa montanha e ponto de partida para uma aventura supimpa nunca dantes navegada. A lenda dizia que os guardiões da tal entrada intraterrestre eram uma tribo de bugres que não hesitaria em matar o faraó caso tentasse entrar sem ser convidado. A lenda também dizia que em tempos idos o explorador inglês Percy Fawcett havia conseguido o feito e nunca mais saíra de lá. A serra do Roncador tinha esse nome porque se ouvia um ruído forte vindo das profundezas do lugar.

Durante meses, os primos ufólogos se prepararam para a expedição comprando barraca, mapas, instrumentos de medição, mantimentos, até moedas de ouro para trocar gentilezas com os bugres. Iriam acampar no terreno recém-comprado e aos poucos descobririam o segredo, mesmo que para isso levassem anos. Iriam de trem até sabe-deus-onde e de lá pegariam carona ou iriam a pé mesmo. O espírito de Rondon os protegeria. Parece que até aí aconteceu mais ou menos como previram, a coisa toda só desandou quando, munidos do comprovante de venda, chegaram ao tal terreno e os posseiros, já donos do pedaço, os receberam a bala. A única saída foi voltar ao lar, engolir a derrota e ouvir gracinhas do harém.

GUARUJÁ

Movidos pela vontade de desbravar regiões isoladas, os primos desta vez foram explorar o litoral paulista, algo bem menos perigoso, uma vez que já conheciam Bertioga por conta de suas pescarias. Eis que um irmão de Chesa, tio Nicodemo, na época um dos diretores do Palmeiras, deu uma bela dica aos primos corintianos: a ilha de Santo Amaro, conhecida hoje por Guarujá, um lugarejo tranquilo onde só se chegava de balsa e onde havia um único prédio de três andares pertinho da igreja de Santo Amaro, a quatro quarteirões da praia. O último apartamento do térreo estava à venda e, para delírio do harém, Charles fechou o negócio.

Nas férias de verão, o Guarujá era o paraíso perdido. Uma peixaria, uma sorveteria, uma quitanda, um armarinho, um pronto-socorro, um microcineminha e uma central telefônica era tudo que os poucos nativos precisavam. O mais bacana era que nas férias o harém estava *free* da presença de Charles, que ficava trabalhando em Sampa. Ele jamais admitiria que botássemos nossas asinhas de fora, nem nas férias. A ausência dele, portanto, significava nosso "*libertas qæ sera tamen*" até as últimas inconsequências, tipo não escovar os dentes depois de comer, ficar na praia depois das dez horas da manhã, dormir de madrugada e espiar os artistas pelo muro do cassino. Sim, nos anos 1950 o Guarujá era conhecido internacionalmente pelo Gran Cassino, uma espécie de ilha da fantasia dentro da ilha de Santo Amaro. Celebridades planetárias lá se hospedavam e festas nababescas aconteciam num contraste surreal com o resto da aldeia. Seu Julio, um vizinho nativo que trabalhava lá de garçom, nos contava as fofocas que rolavam, das guloseimas chiques que eram servidas, dos figurinos glamourosos que os artistas desfilavam. O cara era um tesouro de informação para nós.

Havia também uma figura nativa chamada Maria Louca (sempre tem uma) que desfilava em trapos e declamava poemas de protesto contra o luxo, escandalizando frequentadores do cassino e sendo aplaudida pelos conterrâneos. Outra Maria, a Fumaça, era um trenzinho meio Disney que transportava até a balsa os trabalhadores do cassino que moravam em Santos. Do nosso prédio até a praia, dava para contar nos dedos as casinhas dos moradores locais entre terrenos e mais terrenos baldios, coisa de presépio. Flamboyants exalavam seu perfume pelas ruas desertas do Guarujá e suas sombras eram uma trégua para nossos pés descalços sob sol escaldante a caminho da praia. Numa das festas do Gran Cassino, a atriz Rhonda Fleming teria enchido a cara e literalmente caído de boca, quebrando o dente da frente, algo dramático para a bonitona. O consulado americano entrou em contato com meu pai, pois Rhonda só falava inglês e precisava explicar o procedimento estético que o dentista tupiniquim deveria seguir e coisa e tal. Chegou a São Paulo direto para o consultório, onde a primeira coisa que disse antes de bom-dia foi: "*I hope you can properly handle this with hability*",* ao que ele respondeu: "*Of course madam. Will you please remove this greasy lipstick off your lips before I can do my job?*".**

Quando Charles contou essa história para um harém hipnotizado, em vez de ganhar palmas pela resposta bacaninha, levou um desaforado "Por que você

* "Espero que o senhor seja capaz de realizar o serviço da forma correta e habilidosa." (N. E.)
** "É claro, minha senhora. Mas será que antes você poderia tirar esse batom gorduroso dos lábios para que eu possa fazer o meu trabalho?" (N. E.)

não guardou o lenço no qual Rhonda limpou o batom?". A ideia seria grudar o precioso troféu nas paredes do porão, mas meu pai não teve tal sensibilidade.

Certa vez, numa dessas férias no Guarujá, eu devia ter uns sete anos e entrei na turma dos moleques de rua que a cada dia combinava de roubar uma maçã dali, uma banana de lá, um pãozinho acolá para um lanchinho dividido entre todos. Naquele dia, descobriram uma goiabeira carregadinha, e minha missão seria afanar algumas. Eu era magrelinha e passava com folga entre as grades do portão do quintal. Só esquecemos de combinar com o cachorro bravo que, assim que colhi as goiabas e fui descer da árvore, *nhac*! Levei dois pontos na bunda e tive que tomar antirrábica na barriga.

DENTISTA PÂNICO

Um famoso do qual Charles tratou os dentes foi o ator Sérgio Cardoso, o Laurence Olivier tupiniquim. Assim que marcou a consulta, Carú tratou de avisar o harém, pois no momento estava em cartaz uma novela na TV Tupi com Sérgio no papel do esquisitão dr. Valcourt, *mezzo* vampiro, *mezzo* galã sentimental, e a mulherada em casa achava o personagem perigosamente romântico. Para não virar uma chacrinha, meu pai liberou apenas uma de nós para ir ao consultório conhecer o ator, e Mary foi a escolhida. A atriz Nydia Licia, mulher de Sérgio, também estava lá segurando a mão do cara, visivelmente transtornado na cadeira, quando meu pai anunciou que precisava extrair um molar. A pedido de Nydia, Carú preparou um chazinho de camomila enquanto Charles explicava que com anestesia ele não sentiria dor alguma. Nada feito! O sensível dr. Valcourt pediu desculpas e saiu voando pela porta, seguido pela esposa constrangida.

Outra famosa que um belo dia apareceu no consultório em caráter de urgência foi a sensacional cantora *noir* Maysa Matarazzo. Dessa vez, Carú, única testemunha do harém, guardou o lencinho onde, novamente a pedido de Charles, a bonitona carimbou o batom vermelhão. Deslumbradas, pregamos o troféu num lugar importante na parede do porão.

DENTISTA DESCOLADOR

Às vezes meu pai trocava consultas por convites de teatro e eventos para o harém, e foi assim que assistimos a Bibi Ferreira e Paulo Autran em *My fair lady* e Cacilda Becker em *Esperando Godot*. Todo ano ganhávamos entradas para o *Holiday on ice* de um dos pacientes que trabalhava na produção do espetáculo. Num determinado ano, fomos assistir três vezes porque Mary se apaixonou pelo patinador que fazia o papel do príncipe da Branca de Neve. No *book* do show que a gente ganhava na entrada havia o nome de todo o elenco, o dele (não sei como lembro disso!) era Dieter Langer, um alemão alto, lindo e loiro. Na terceira vez, depois do show, Mary tomou coragem e foi pedir autógrafo ao galã na saída do ginásio do Ibirapuera, onde a trupe embarcava no ônibus de volta ao hotel. A paixão se evaporou quando ela viu o príncipe dando um beijo de língua no caçador da floresta, aquele que levaria o coração de Branca à madrasta.

Mary sempre foi chegada em príncipes gays. Outro por quem se apaixonou foi um coroinha francês, paciente do meu pai, Bernard, lindo e loiro, que sempre ajudava o mesmo padre na missa das dez numa outra igreja. Um belo dia, fugiram juntos. Mary e a mãe do coroinha, ingênuas e tolinhas, acreditaram que os rapazes tinham ido trabalhar como missionários numa paróquia africana.

PEQUENO EQUÍVOCO

Uma farra familiar aos sábados depois da feira: ir ao aeroporto de Congonhas ver avião subir e descer. No segundo andar do prédio central havia uma varanda para visitantes bem em cima do portão de embarque. Era de praxe famílias acompanharem o viajante até o aeroporto e depois acenar da varanda enquanto os passageiros desfilavam pela pista até o avião, sem esquecer o famoso tchauzinho na escadinha antes de entrar. O harém fingia que estava lá se despedindo de alguém importante e se um desconhecido acenasse para a varanda, todas nós acenávamos de volta. Uma vez o harém avistou um famoso jornalista entre os que iam embarcar. Eu não sabia quem era, o harém repetia o nome dele sem parar, mas aos meus ouvidos soava um tanto esquisito. De qualquer maneira, para chamar a atenção do cara e fazer o harém feliz, comecei a berrar: "Sete em ponto! Sete em ponto!". Sérgio Porto ouviu, virou-se para nós e acenou de volta.

"BÍZNIZ"

Em casa, quando uma das filhas queria um sapato novo, meu pai negociava: "Tudo bem, mas só depois de você engraxar todos os meus sapatos". Querem ir ao Cine Leblon assistir *Tom e Jerry*? Molhem a horta e lavem o quintal. Querem sorvete? Comecem a juntar moedas. Querem um vestido? Ajudem sua mãe a cerzir suas meias furadas. Não havia mesada, tudo rolava na base da troca de favores. No máximo Charles dava grana para comprar passes de bonde e ônibus e olhe lá.

As mulheres se viravam para levantar uma graninha extra tricotando casaquinhos de bebê, fazendo bolos de aniversário e massas caseiras, costurando vestidinhos para as donas de casa da vizinhança e cortando o cabelo de crianças. Eu gostava de imaginar que Chesa, Balú e Carú eram as três fadinhas que protegiam Cinderela (eu), enquanto Mary e Virgínia seriam as irmãs invejosas das quais eu herdava roupas usadas e rasgadas que não lhes serviam mais. Toda caçula de três irmãs tem complexo de Cinderela.

JECAS ESTRIPADORES

Quando íamos de Jeep para o Guarujá, meu pai sempre dava uma paradinha nos vendedores de caranguejo no fim da Anchieta. Os bichos pendurados por um barbante balançavam as perninhas num frenesi alucinado, implorando por água, um horror. Comprava duas fileiras e, chegando em casa, lavava os cascos deles ainda vivos, mergulhava todos num caldeirão com água e fechava a tampa com um peso em cima. Dava para ouvir os bichinhos se debatendo no fogo do inferno, tadinhos. Quando o barulho cessava, imediatamente minha aflição em querer salvá-los dava lugar à gula em comê-los. Charles me ensinou a técnica de dissecar caranguejos: "Isso é o pulmão, tem gente que come, eu não recomendo. Remova o intestino debaixo da água corrente, quebre a casca com cuidado para não sobrar uma lasquinha da cartilagem e machucar sua gengiva. As patolas e as perninhas a gente quebra, dá um chupão no buraquinho e a carne se solta". Só ele e eu nos banqueteávamos, enquanto o resto do harém fazia cara de nojo. A limpeza da lambança também era por nossa conta. As cascas cinzentas ficavam vermelhas depois de cozidas, cada uma com um padrão diferente, e Charles escovava uma a uma e as deixava secando ao sol. Nossa ideia era colecionar as maiores para montar um painel tipo catacumba de San Calixto que nunca foi adiante, dois votos nossos vencidos contra os quatro do harém.

DESCONGELANDO

Tudo o que Chesa, Balú e Carú tinham de nos pegar no colo e encher a gente de beijo, Charles tinha de "não chega perto de mim que eu não gosto de intimidade". Seu papel era o de provedor da "cambada", como nos chamava. Para ele, que cresceu sem qualquer paparicação (os americanos eram rígidos e frios), demonstrações de carinho como aquelas eram "garra-garra de italianos". Quando comecei a sacar que o Sargento jamais daria o primeiro passo para me fazer um carinho, passei a grudar numa das pernas dele e só saia de lá se me pegasse no colo. Se chacoalhasse a perna apareceriam duas de mim, tipo desenho animado. Uma vez no colo, eu grudava no pescoço e fingia que queria dar um beijinho, ele oferecia o rosto e eu dava uma lambidinha. Contando assim parece que tudo aconteceu de uma só vez, mas o ritual de descongelamento levou meses, até que ele cedeu e aceitou o teatrinho diário da filha-bicho que lambia o pai-bicho quando chegava em casa. Eu só precisava esperar na porta do banheiro até que ele saísse do banho, depois que se "desinfetasse dos pacientes", para pegar a pentelha no colo. Por essas e por outras posso dizer sem modéstia e sem sombra de dúvida que fui *my daddy's little girl.**

RIO CLARO

Nas férias de julho, a família Buscapé ia a Rio Claro visitar a sede dos Padula. Para nosso alívio, Charles também ficava em Sampa trampando. Dessa vez o harém ia de trem, e a impressão de entrar na majestosa estação da Luz construída pelos ingleses era a de um filme europeu em branco e preto da Segunda Guerra. Tudo para nós era cinema, principalmente na pequena Rio Claro, onde o irmão mais velho de Chesa, tio Nico, além de comandar a alfaiataria Padula, também era dono dos Cines Excelsior e Tabajara. Isso significava que as meninas da Chesa podiam assistir a todas as sessões e ainda encher a cara de drops de anis, tudo grátis! Não bastando tal felicidade, ficávamos todas hospedadas no casarão do vovô Domenico no meio de uma trupe de trocentos tios, tias, primos e primas, todos festeiros e alegres. A mania de forrar paredes e tetos com artistas veio dos italianos, que nesse quesito levavam vantagem com pôsteres e fotos originais distribuídos pela divulgação dos filmes que eram exibidos na cidade. De dois em dois dias mudava a programação. O Excelsior não deixava nada a desejar comparado às salas de São Paulo. Tio Nico era um cinéfilo antenado.

Uma única vez fomos passar o Carnaval em Rio Claro, conhecido como um dos mais quentes do interior paulistano, e como meu pai jamais comparecia a tais eventos, pudemos conhecer de perto o lado malandro dos bailes e dos corsos que rolavam nas ruas. É que nosso costumeiro Carnaval em Sampa era sob prisão domiciliar, ou, quando muito, assistir a prova da

* A garotinha do papai. (N. E.)

Resistência Carnavalesca no Ginásio do Ibirapuera, onde casais competiam para ver quem conseguia ficar em pé depois de três dias e três noites dançando abraçadinhos sem comer, beber, dormir e ir ao banheiro. O último a despencar no chão ganhava. Mardi Gras no Holocausto. O lado bom de passar o Carnaval trancada em casa era que Charles liberava confete, serpentina e... Rod'Ouro, a bisnaga metálica de lança-perfume, para o harém se esbaldar no porão! Momento lencinho geladinho, desmaios e gargalhadas. A única coisa que em Rio Claro não tinha era lança-perfume. Imperdoável! A outra ocasião em que os Rod'Ouros também eram liberados pelo Sargento era quando o Corinthians ganhava um campeonato. O primo mais gente fina do lado italiano era Tinô, que regulava em idade com Chesa, o primogênito da irmã mais velha dela já falecida. Era ele quem nos acompanhava ao cinema e fazia questão de ir vestido impecavelmente como lorde inglês, usando casaca e luvas. Em casa, fantasiava-se de "uê uê uê paisano" da roça e pilotava a cozinha cantando e fazendo graça enquanto produzia pães, bolos e tradicionais quitutes italianos, sempre com um toque *platinum plus*. Nas horas vagas, era um mestre do nanquim, jardineiro dedão verde, colecionador de quinquilharias preciosas, aficionado por limpeza. Naquela época os italianos o descreviam como *molto sensibili,** um jeito familiar para gay.

Em Rio Claro também ficava a fábrica da Caracu, não sei se ainda continua lá. A cidade rescendia a malte, meu avô era louco por cerveja preta e, sem que os adultos vissem, me oferecia um copinho acrescentando uma colher de açúcar que imediatamente formava uma espuma de transbordar o copo. Quando ficava meio altinha e saía pela casa dançando, vovô dizia que eu era "nina *bella ballerina*". Na macarronada domingueira, depois da missa, as crianças bebiam caçulinha da Caracu. Para mim o *nonno* liberava uns goles de vinho por baixo da mesa, sempre com uma colherzinha de açúcar. Rolava uma cumplicidade etílica entre nós. Depois do almoço, tinha matinê dos filmes da Atlântida e festival do Gordo e o Magro no Cine Excelsior, enquanto o Cine Tabajara exibia Mazzaropi e Jerry Lewis. Era sair de um cinema e entrar no outro.

* Muito sensível. (N.E.)

Férias em Rio Claro eram sempre emocionantes. Os italianos eram liberais e bem-humorados e nos deixavam aprontar, tipo mergulhar na fonte da Diana Caçadora no jardim central da cidade, convocar as crianças vizinhas para torneios de peteca em frente ao número 456 da avenida 2, onde ficava o casarão dos Padula, montar barraquinhas na rua para vender as guloseimas do Tinô ou desamarrar os cavalinhos que puxavam as charretes. Assim que as três filhas de Chesa desembarcavam do trem, os nativos saudavam: "Xiii... Chegaram as terríveis!".

Quando vovô morreu, estávamos em Rio Claro. Ele vinha demonstrando fragilidade e a família meio que já se concentrava para o *gran finale*. O corpo foi colocado no centro da sala de jantar para a confusão das crianças, que acreditaram se tratar de uma festinha diferente, uma vez que na mesma sala eram comemorados almoços domigueiros, aniversários, Natal, Páscoa, rodadas de tômbola (bingo) e concursos de fantasia. Naquele dia, porém, o ambiente estava mais para "Fellini *goes* Halloween". Empunhando imagens de Jesus crucificado, uma procissão de carpideiras italianas vestidas de preto da cabeça aos pés chorava e berrava diante do defunto fofinho, causando risos e pavor entre os pequenos que se perguntavam quando vovô iria levantar e soprar as velinhas que o rodeavam. Os homens, mais comportados, mas não menos sofridos, com terços nas mãos e figurino máfia *style*, se aproximavam várias vezes para beijar a testa do velhinho e consolar as mulheres.

De madrugada, já com os ânimos baixados, a família se retirou para repor as energias antes de encarar os preparativos do enterro no dia seguinte. Alguma agitação interior me fez levantar da cama e ir dar uma espiada naquele corpo deitado sobre a mesa. Eu ainda não entendia a diferença entre dormir e morrer. A cena que presenciei foi linda: Tinô conversando baixinho com vovô enquanto pintava as unhas do velhinho de cor-de-rosa. "Prometo que o senhor vai acordar lá no céu bem bonitinho. *Va bene così questa colore, nonno?*"* Fellini *goes* Disney.

* "Está boa essa cor, vovô?" (N. E.)

AMERICANA

De dois em dois anos, íamos a Americana participar de um evento pra lá de surreal, em que os descendentes das famílias americanas sulistas se reuniam para um piquenique no cemitério particular deles, não muito longe da cidade. Inconformados com a derrota na Guerra de Secessão, alguns rebeldes migraram para o Brasil sob proteção de Dom Pedro II, que, assim como eles, também era maçom. Escolheram essa região paulista por entenderem que o solo local era muito similar ao da terra-mãe, onde cultivavam plantações de algodão. Na Reunião do Campo, como era chamado o evento, cada família dividia com os descendentes pelo menos dois pratos típicos da culinária sulista, expostos numa mesa principal e proibidos de serem atacados até encerrarem o demorado culto religioso. Um sino anunciava o fim da fome e alguém gritava: "*Come and get it!*".*

*Corn on the cob*** com manteiga feita em casa, várias receitas *de fried chicken, biscuit* com *gravy, baked potatoes with whipped cream,**** dúzias de geleias e queijos caseiros, *cakes***** de frutas dos pomares particulares e, como não poderia faltar, um caminhão de melancias. Rolava muita troca de sementes e mudas de todo tipo. Rolava um jornalzinho da comunidade que se chamava *The Liberal*, trazendo notícias de mortes e nascimentos de descendentes, matérias sobre os que retornavam aos Estados Unidos e os novos que chegavam, ofertas de emprego, indicações de médicos e dentistas que falavam inglês, aulas de português e receitas mil.

O mais sensacional de tudo era que todos os participantes da Reunião do Campo, homens, mulheres e crianças, deveriam ir vestidos a caráter, ou seja, com figurinos confederados da época da guerra. Alguém menos avisado que passasse por lá pensaria se tratar de um episódio da série *Além da ima-*

* "Venham e sirvam-se!" (N. E.)
** Espiga de milho. (N. E.)
*** Frango frito, pãezinhos salgados com molho e salsicha, batata assada com creme de leite. (N. E.)
**** Bolos. (N. E.)

ginação. E tudo isso acontecia entre os túmulos com o símbolo da régua e compasso, que eu achava tratar-se do material escolar dos mortos.

Crescer sendo brasileira entre americanos protestantes/maçons e italianos ultracatólicos me deu uma panorâmica existencial de valores e bizarrices. Não é à toa que sou bipolar com um pé no trifásico.

O AVÔ ÍNDIO

Charles contava que seu pai, Cícero (mesmo nome do primo dele), era mestiço, filho de uma índia da tribo Cherokee com um cara-pálida americano de ascendência escocesa. Dizia que, certa vez, Cícero se envolveu numa briga num bar e acabou matando um branco no Alabama e, para fugir da prisão, entrou de gaiato num navio onde embarcavam para o Brasil as primeiras famílias confederadas que não concordavam com o resultado da Guerra de Secessão. Nesse navio, estava meu bisavô, dr. Robert Norris, médico renomado, que vinha cultivar uma das terras cedidas por Dom Pedro II trazendo com ele máquinas de beneficiar algodão. Já em alto-mar, eis que um passageiro da primeira classe começa a passar mal no convés e quem o atende prontamente é Cícero, providenciando uma infusão de ervas da cozinha do navio, fazendo o cara vomitar e subitamente passar o mal-estar. O dr. Norris assistiu à cena e se aproximou do jovem curandeiro, querendo saber que infusão era aquela que fez efeito tão rápido. Cícero então lhe confessou o truque: "Apenas água quente salgada com um pouco de camomila, forçando-o a pôr pra fora o que havia ingerido. Quando golfou, joguei uma barata morta no meio do vômito para ele "visualizar" a causa do seu mal-estar e se sentir definitivamente curado". Impressionado com aquele mestiço perspicaz sem lenço nem documento, o dr. Norris o convidou a integrar o que seria a maior migração norte-americana da história.

Chegando ao Brasil, meu bisavô tratou de lhe conseguir um diploma de médico e acrescentou um "Jones", por ser um sobrenome supercomum e difícil de ser traçado. E assim foi até que, um belo dia, o dr. Cícero Jones, o sedutor, se casou com a filha mais velha do dr. Norris, Mary, e com ela teve Nanette, que ainda bebê foi morar nos Estados Unidos com parentes que ficaram por lá, e (pasmem!) a menina cresceu e virou policial. Quando a primeira esposa faleceu, o fogoso Cícero se casou com a cunhada, Martha, com quem teve nove filhos, entre eles meu pai.

Imaginei um novo final para *E o vento levou...* com minha avó Martha no papel de Scarlett O'Hara e Cícero no de Rhett Butler fugindo para o Brasil onde viveriam felizes para sempre e, juntos, diriam o famoso bordão do filme: *Frankly, my darling, I don't give a damn!**

O NOME DA ROSA

Lee não é sobrenome de família; meu pai foi o primeiro a acrescentá-lo ao nome das três filhas em homenagem ao general confederado Robert E. Lee. A partir de então, primos e primas de todos os graus passaram também a adotá-lo. Aliás, a quantidade de "primos e primas" Lee que aparece por aí não está no gibi, virou tendência, alguns até entravam em contato pedindo um dinheirinho ou um empreguinho, se achando íntimos e crentes que a "prima famosa" estava milionária. Depois que Charles e Chesa se foram, perdi contato com os parentes, não conheço as novas gerações dos descendentes de nenhum dos lados. Hoje casamentos entre americanos e entre italianos se abrasileiraram e não sobrou qualquer sotaque.

NEGONA FODAÇA

Quando eu era criança, quem frequentemente vinha nos visitar em São Paulo era Olímpia, uma ex-escrava da família do meu bisavô Norris que

* Francamente, minha querida, eu não ligo a mínima! (N. E.)

preferiu vir junto com ele ao Brasil a recomeçar a vida do zero no Alabama. Já era bem velhinha, com cabelinho pixaim todo branquinho. Quando ela e Charles se encontravam, difícil era entender alguma frase do dialeto "americanês-crioulo" que falavam entre si. Uma vez, eu quis saber o que significava a palavra "gódemi" que Olímpia sempre usava no final de algumas frases, e meu pai explicou que quando ela se referia às agruras que passou durante a Guerra de Secessão, emendava um "*God damn it!*"* a fim de exorcizar a coisa. Olímpia nunca se casou, foi dama de companhia da minha avó Martha até sua morte e depois os Jones se revezaram nos cuidados até que ela também se foi com mais de cem anos de idade. Fofa.

OS VIZINHOS

Na casa geminada à nossa morava uma família hispano-polonesa fugida da guerra, os Czankowskys. O velho Feliciano morreu logo após a chegada, e a recém-viúva, *doña* Mercedes, uma rica espanhola altiva e empetecada, abraçou a nova terra com entusiasmo junto dos quatro filhos já adultos: Constante, Stanislaw, Tadeu e Felix. De quebra, trouxe também sua irmã solteirona, *doña* Elenita, meio desapegada da matéria e louca por cachorros. Não demorou para *las hermanas* se apaixonarem pela nossa família Trapo e vice-versa. Era um tal de *Nuestra Señora de las Mercedes* pra cá, Nossa Senhora Aparecida pra lá, pão de aliche pra cá, farofa de mandioca pra lá. Nem precisava sair de casa, as muambas eram trocadas pelo muro entre as cozinhas de cada casa.

Esperto mesmo foi Felix, o Felito, o caçula gay de *doña* Mercedes, que se instalou no porão deles e fez do seu quarto uma boate caseira, organizando festinhas regadas a sexo, drogas e castanholas. Os vizinhos faziam vista grossa para as farrinhas *privés*, em troca curtiam as festanças que Felito bancava e organizava nos Natais da nossa rua. Todo ano se superava nos

* "Droga!" (N. E.)

presépios hollywoodianos montados na espaçosa sala de jantar de *doña* Mercedes, verdadeiros "Jesus no país gay ostentação" e sempre abertos à visitação pública. Claro que Virgínia aproveitava e montava uma barraquinha na calçada para vender seus produtos aos "romeiros".

Do meu lado, a sorte grande era que Felito fazia aniversário no mesmo dia que eu, o esquisito 31 de dezembro. Pela proximidade das datas, eu já estava acostumada a receber um só presente de Natal+aniversário, injustiça finalmente quebrada quando no réveillon ganhei de Felito um tico-tico com passe livre para andar na calçada em frente às duas casas, meu *début* na molequice rueira. Dias depois, "fugi" de casa até a esquina com o tico-tico e um bonde quase me pegou. Me botaram de castigo. Felito, passando em frente ao nosso portão, me viu triste espiando a rua com a cabeça entre as grades e perguntou o que eu estava fazendo lá em vez de pedalando na calçada. Contam as boas línguas que eu lhe teria respondido: "Tô aprendendo a falar nome feio com os moleques para xingar minha mãe".

Nascer no 31 de dezembro é sacanagem. Levo um ano literalmente nas costas para fazer aniversário e ouvir: "hoje a festa é sua, hoje a festa é nossa, é de quem quiser, quem vier". Quando criança, o que me consolava era o ditadinho "os últimos serão os primeiros", até que um primo engraçadinho riu na minha cara: "Sim, os primeiros a chegar por último, dããã!".

Nossa casa era geminada com a dos Czankowskys, mas os sótãos eram em comum, perfeito para espionagem. Virgínia teve duas ideias:

1. Assombrar *doña* Mercedes, que todos os dias no mesmo horário se retirava em seu quarto para uma prece ao falecido marido.
2. Descer na moita pela escadinha que saía do sótão deles e assaltar o quarto de *doña* Elenita, lotado de bibelôs de cachorrinhos.

Participei das duas aventuras como coadjuvante e me senti importantíssima. Na primeira, ajudei no coro dos "fantasmas" e bati o pé no chão do sótão enquanto Virgínia gritava: "Merceeeedes! Merceeedes!". Na segunda etapa, afanei um cachorrinho de pelúcia de *doña* Elenita que balançava o rabinho, irresistível. Virgínia, num arroubo mais ganancioso, roubou um colarzinho de pérolas. Os dois casos foram comentados com minha mãe pelas irmãs espanholas, dando a entender que a desconfiança sobre as reinações das irmãs brasileirinhas procedia. Parece que deixamos pistas importantes, tipo esquecer de fechar a portinha do sótão. Diante da elegância das vizinhas e da nossa *mea culpa*, tanto o cachorrinho de pelúcia quanto o colarzinho foram devolvidos na caixa do correio e não se falou mais do assunto.

Doña Elenita tinha três cachorros de verdade, Fox, Duque e Lobinho. Fox e Duque eram bravos pra cachorro, daqueles que rosnam para mosquito, mas Lobinho era gente finíssima. O rango canino preparado e servido com requintes de realeza por *doña* Elenita constava de pedaços nobres de filé-mignon na manteiga e arroz com legumes. O aroma entrava nas narinas pelo muro causando salivações gerais. Em casa, filé-mignon era coisa rara, Charles dizia que carne moída rendia mais e estava de bom tamanho em termos nutricionais. Aconteceu que, um dia, Virgínia e eu não seguramos a gula e num movimento rápido e perfeito pulamos o muro e avançamos na comida de Lobinho, que esfriava sobre a pia. Dessa vez o plano funcionou, mas de comum acordo decidimos nunca mais repetir a façanha por sermos contra abusos contra animais. Lobinho não merecia passar fome.

SANTINHA

Quando eu tinha mais ou menos cinco anos de idade, uma menina brasileira, não lembro de qual cidade do interior paulista, morreu e virou *trend* nas igrejas como Santa Izildinha. Quando seus santinhos começaram a ser distribuídos nas missas, o que eu vi foi uma separada no berço de Luluzinha. Passei muito tempo confusa perguntando: "Será que o Bolinha vai no enterro dela?". Todas as meninas da época queriam morrer pra ser cultuadas, o marketing era tipo "morra e vire santinha". Nos anos 1950, Santa Izildinha/ Luluzinha foi minha *superstar*. Só que morta.

A BENZEDEIRA

Havia um médico na nossa rua que, quando atendia um chamado de urgência na vizinhança, o remédio para todos os males era só um: Veganin. Certa vez, Virgínia ficou semanas de cama por conta de um herpes-zóster na perna. A ferida aumentava dia a dia e o dr. Albano, claro, receitou Veganin, que, claro, não surtiu resultado. Eis que minha mãe, no desespero, passou por cima dos conselhos da igreja e chamou dona Anunciata, que além de costureira, cabeleireira e macumbeira também era benzedeira. A mulher era obesa, mal passava por uma porta sem que alguém a empurrasse, usava uma peruca preta tipo lutador de sumô, porque, diziam, perdera os cabelos num processo de alisamento com água sanitária.

Se Anunciata se mostrava péssima cabeleireira, no quesito benzedeira era indiscutível. Acompanhada de um sobrinho magrelinha (com a sofrida missão do empurra-empurra), a mulher "estourou" no quarto onde Virgínia estava acamada e imediatamente pediu uma caneta-tinteiro vermelha — não podia ser azul —, e circundou a ferida da perna enquanto rezava Ave-Marias entremeadas de palavras africanas entre outros salamaleques. Essa cena deve ter durado não mais que uma hora, mas para mim pareceu o dia inteiro. Pois bem, só sei dizer que depois de três dias a ferida secou completamente, talvez pelo susto de ter ficado cara a cara com Anunciata, ou porque o Veganin do dr. Albano finalmente fez efeito. Em agradecimento, minha mãe levou para a milagreira um bolo de fubá que, claro, foi devorado no ato em um minuto, sendo que para o sobrinho empurra-empurra que a tudo assistia não sobrou nem um pedacinho.

AS TERRÍVEIS

As duas filhas mais novas de Chesa passaram a não ser convidadas para nenhuma festinha de aniversário das crianças da rua; além de roubarem presentes dos aniversariantes, se divertiam alfinetando bexigas na cara dos adultos até que uma avó teve um enfarte e foi parar no hospital. Mas façamos justiça aqui: Virgínia e eu não só roubávamos presentes, nós também distribuíamos. Uma caixinha de bom parecer bem embrulhadinha com lacinho de fita era "abandonada" na calçada em frente à nossa casa. Por uma fresta da janela, as *sisters* ficavam de tocaia à espera do "sortudo" que a pegasse para então sair de casa e seguir o curioso até desembrulhar o mimo e dar de cara com um cocô de gato, atirado longe com um grito de nojo. Também nosso xixi era engarrafadinho e colocado na porta de algum vizinho com o nome do próprio e a indicação do médico que morava num sobrado perto de casa e que todos conheciam. O "elixir" deveria ser ingerido todas as manhãs em jejum. Como nesse trote não dava para saber o final feliz, as *sisters* se contentavam em imaginar que a vítima surgiria um dia com a aparência mais amarelada.

Sem contar que nós duas, travestidas de aleijadinhas, fomos algumas vezes pedir esmola em frente à saída da missa das onze da igreja de Nossa Senhora da Saúde e também entrar na fila de agasalhos distribuídos pela paróquia para crianças pobres.

Na época do Natal, tio Cícero, que também tinha três filhos, duas meninas mais velhas e um menino que regulava em idade comigo, costumava visitar nossa casa com malas e malas de roupas quase novas que suas crianças não usavam mais. Virgínia e Mary herdavam os vestidinhos das primas, e eu, as calças e camisas do priminho. Por estar sempre vestida de menino, ganhei de Mary o apelido de Rito.

IN LOVE

Eu criança perguntei à minha mãe porque a Sexta-Feira da "Paixão" de Jesus era um dia triste se ele estava apaixonado. Minha mãe disse que a paixão dele era por Deus, não por uma namorada.

"E Deus era apaixonado por Jesus também?"

"Sim, Jesus era filho de Deus."

"Então por que Deus deixou o filho dele apaixonado morrer na cruz?"
"Para pagar pelos nossos pecados."
"Mãe, é pecado eu achar que Deus é ruim?"
"É."
"E Jesus vai pagar pelo meu pecado?"
"Não, você é que vai."
"Mas... mas... mas..."

FLORESTA ENCANTADA

Antes de virar parque, a floresta do Ibirapuera era o lugar perfeito para os piqueniques dos Jones, domingo sim, domingo não. Socadas no Jeep com Charles pilotando, as seis mulheres equilibravam cestas de comidas e ferramentas de jardinagem. Estacionávamos em frente ao Instituto Biológico e de lá seguíamos a pé dois quarteirões até a entrada da floresta. A imensidão do lugar nos convidava a abrir pequenas clareiras em pontos diferentes, onde montávamos um pequeno acampamento. Cada um de nós escolhia uma árvore ou planta para "tomar conta", limpando ervas daninhas, juntando folhas mortas e batizando as plantas, por exemplo: pela exuberância, samambaias eram *doñas* Mercedes; eucaliptos eram Horácios, um primo nosso alto e magro com pele descascada; Carmens Mirandas eram as bromélias. Flores levavam nossos nomes por "usucapião estético"; e Ritas, claro, eram as marias-sem-vergonha. A família Buscapé plantava milho, cana, melancia, café, banana, verduras, legumes. Podia-se dizer que vários cantinhos do Ibirapuera viraram uma feirinha para chamar de nossa.

O sonho acabou no quarto centenário de São Paulo, quando grande parte da floresta virou asfalto, cimento e construções de gosto duvidoso. Charles, inconsolável, se recusou a comparecer à festa de abertura. O harém foi, ficamos encantadas com as flâmulas prateadas que os aviões despejavam sobre o povo e tristes de ver nossas hortinhas destruídas. Quando chegamos em casa, Charles disse: "Vocês por acaso sabem o que significa a palavra Ibirapuera em guarani? Ibirá = árvore, puera = lugar onde havia. Ou seja: lugar onde havia árvore. Os índios previram essa catástrofe e vocês foram lá aplaudir".

Um minuto de silêncio vergonhoso.

MISS MAGOO

Aos seis anos mais ou menos, quando comecei a ler, minha vista começou a dar treta, um ligeiro estrabismo me deixava vendo o mundo meio trêbado. Fui ao oculista e saí de lá com um tampão que usei por uns meses, não lembro se no olho esquerdo ou direito. O estrabismo deu lugar à hipermetropia e ao astigmatismo, que só pioraram com a idade. Primeira coisa que faço quando acordo é botar óculos e só noto que estou com eles quando entro no chuveiro ou vou dormir. Parece que ainda não existe cirurgia para os "hipermetropiocoastigmáticos" e, mesmo se houvesse, não faria, me acostumei ao pesinho extra dos óculos e tenho carinho pelos calos nas laterais do nariz onde se apoiam. Já mais velha, experimentei lentes de contato e os pelos do meu corpo se arrepiaram com aquela geleca grudada nos olhos que uivei de aflição. Com o tempo, adquiri uma certa fotofobia e passei a usar óculos escuros até em dia de chuva, me apelidaram de Lady Laura.

Uma vez me convidaram para sair pelada numa revista masculina e eu respondi que faria, sim, mas com três condições: vestida de freira, sem óculos e sem franja. Era essa minha ideia de nudez.

A PIANISTA

Um dia meu pai chegou em casa animado: ganhou uma paciente famosa, a maior pianista do momento, Magdalena Tagliaferro. Fechou-se um acordo entre eles: o tratamento dentário em troca de aulas de piano para a filha caçula. Crente que a mestra ia dar valor às minhas composições pianísticas a três dedos, como "O esqueleto da borboleta" ou "A barata da lua" entre outras obras-primas, fui recebida na primeira aula com impaciência diante da minha falta de talento com escalas básicas. O tempo passou e dei uma boa guinada. A mestra até elogiou meu esforço ao meu pai. Mais adiante, eu já despontava como uma boa aluna e fui escolhida para participar da próxima audição dos alunos da Escola de Piano Tagliaferro. Minha mãe fez um vestido cor-de-rosa com babados e passamanaria de renda branca um tanto desconfortável, mas charmosinho. No grande dia, eu estava lá na coxia assistindo aos alunos ganhando aplausos e aguardando a hora do meu Oscar de melhor infanto-pianista da noite, quando percebi minhas mãos suando e a boca seca tipo "o sucesso me subiu à cabeça antes mesmo que aconteça", pensei eu, já começando a hiperventilar. Lembro de ter entrado no palco quando anunciaram meu nome e caminhado meio tensa até o banquinho. Eu devia ter uns seis ou sete anos. Assim que sentei, deu branco, me ocorreu: "O que eu estava fazendo ali mesmo? O que aquelas pessoas esperavam que eu fizesse?". Pois bem, eu fiz... Eu fiz xixi no banquinho e só me dei conta quando ouvi um "óóóhhh" da plateia. Retirada de cena petrificada, ainda ouvi a mestra dizer para minha mãe: "Sinto muito, sua filha tem o que chamamos *stage fright*, medo do palco. Ela é boa, mas não aconselho seguir na música".

*Oh, it's me, shame and scandal in the family.**

ANJO MAU

Para compensar minha canastrice pianística, Chesa me inscreveu no teatro da igreja de Santo Ignácio para o papel de anjinho que seguia no andor de Nossa Senhora das Dores na procissão da Sexta-Feira da Paixão. Dei graças por não terem me escolhido para o que transportava Jesus crucificado na

* Oh, essa sou eu, a vergonha e o escândalo da família. (N. E.)

dianteira da procissão, morria de medo da imagem dele balançando duro, tipo boneco de Olinda.

Meus lindos cabelos até a cintura contaram pontos na escolha do anjo que consolaria a Virgem durante a via-sacra. Minha mãe, a ex-Verônica, ficou orgulhosa quando tomei gosto pela igreja, passando a frequentar também o cineminha da paróquia, que exibia filmes tipo *Marcelino pão e vinho*, *A vida de Santa Bernadette* e outros do tipo. Aos domingos, assistia a missas seguidas em latim. Minha meta era ser coroinha e depois "padra", precisava descobrir o que ambos faziam lá no altar ao darem as costas aos fiéis. Fosse hoje, saberia também o que fazem fora dele. Como esses dois papéis eram proibidos para meninas, a maneira que Chesa encontrou de não desanimar o "chamado espiritual" foi me colocar no catecismo com dona Lila, uma mulata belíssima, altíssima, magérrima e bocão Mick Jagger. Era pra lá de complicado entender aquele monte de explicações inexplicáveis, ainda mais para uma criança educada na cultura bem mais realista dos contos de fada, então parti para a decoreba. Minha expectativa de receber a hóstia equivalia ao poder de voar do pó de pirlimpimpim, nada seria como antes. Na primeira confissão, inventei uns pecados leves para não dizer que não falei das flores e omiti todos os roubos verdadeiros.

Pois bem, na véspera da cerimônia, minha mãe, em conversa com uma vizinha invejosa cuja filha era obesa, soube que cabelo muito comprido enfraquece e causa magreza. Dalila das boas intenções, Chesa passou a tesoura nas minhas madeixas, meu único motivo de orgulho. O corte "cuia diacuí" me rendeu de Virgínia o cruel apelido de "menino baiano". Daí que virei *tomboy* de verdade e fui buscar minha turma com os moleques da rua. Dia seguinte, Rito, o menino baiano, entrou na igreja de branco por fora e de exú-tranca-rua por dentro. Entrei na fila, recebi e guardei o "corpo" de Cristo na língua como aprendera com dona Lila, me ajoelhei e mordi a hóstia esperando o sangue de Jesus escorrer pela boca, me transformando na frente de todos na vingança da filha de Belzebu. Nada aconteceu, fui duplamente traída por Deus e por Belzebu. Ao menos o gosto de waffle da hóstia era delicioso, com patê ou doce de leite daria um quitute de primeira. Guardei a ideia.

Quem olha minha foto de primeira comunhão pode até ver uma ex-anjinha fofinha, mas, observando melhor, dá para enxergar uma menininha puta da vida.

CRIANÇA-MALA

Para atenuar o crime do cabelo, Balú levou Rito, o menino baiano, para passar uns dias na fazenda de tia Mary, irmã de Charles, em Porto Feliz, perto de Itu. O lugar era paradisíaco e tinha horta, pomar, galinhas, patos, cisnes, pavões, cavalos, vacas, o macaquinho Tião, mascote da casa, e até um caudaloso e limpo rio Tietê correndo ao lado do terreno, verdadeiro cartão-postal do sítio da vovó Donalda. Passei os dois primeiros dias com um soluço ininterrupto que só passou com uma simpatia local: tomar três goles de água de ponta-cabeça. Vazou tudo pelo nariz e quase morri afogada. O soluço passou mesmo foi de susto. Para comemorar meu restabelecimento, tia Mary e Balú prepararam uma baita fornada de bolo de chocolate daqueles de virar os zoinhos. Só eu comi metade, daí que passei a noite vomitando uma guloseima marrom. A partir de então, bolo de chocolate foi proibido de entrar na minha santa boquinha para sempre.

Para não dizer que era criança *non grata*, comecei a colaborar nos afazeres da casa catando ovo, molhando as flores, batendo manteiga, varrendo o quintal, dando milho para os bicos, enfim, uma garota bacaninha... até visitar o alambique na beira do rio: caldo de cana, melaço, rapadura, tudo da boa e, claro, uma cachaça de primeira. E assim foi que aconteceu meu primeiro megaporre e, junto, um cartão vermelho para tirar o time de campo da fazenda. "*Oh my God!** O defeito da Ritinha é não saber quando parar", profetizou tia Mary. *Back in* São Paulo, fiquei de mal do mundo, eu seria para sempre da turma dos *Lost boys* da Terra do Nunca, dava escândalo na hora do banho, rasgava lençol para fazer barraquinha no quintal, passava horas enfurnada no porão com tromba, tirei o tampo da máquina de costura Singer para os mole-

* Oh, meu Deus! (N. E.)

ques me fazerem um carrinho de rolimã. *Birds of a feather fly together** e com eles aprendi uma musiquinha baixo calão tolinha, me sentindo a delinquente. O velho hino constitucionalista da Revolução de 1932 ficou assim:

Sonhei com a imagem tua
Caguei na cama e joguei na rua
A bosta endureceu
Passou um carro e furou o pneu
Chamaram radiopatrulha
Examinaram: era bosta pura
Botaram "eu" no xadrez
E eu de raiva caguei outra vez
(Refrão)
Cago e ando
Cago e ando pra você
Pego o bonde
E não pago
Pau no cu da CMTC

AVISTAMENTO

Num dia de total desespero, fui ao terraço no segundo andar do casarão, que dava para os fundos da vizinhança, e comecei a gritar para Peter Pan vir me buscar. Eis que eu vi, com estes olhinhos que a terra não há de comer porque serei cremada, três luzinhas metálicas fazendo acrobacias divertidas no céu. Ao avistar aquilo, parei de gritar por dez segundos para observar, depois dobrei a meta e recomecei a gritar mais alto ainda, até que meu pai chegou ao terraço esbaforido, crente que eu havia despencado de lá.

* Expressão em inglês que significa algo como "aqueles que são parecidos sempre andam juntos". (N. E.)

Diálogo do pai com a filha:
"Rita, o que está acontecendo por aqui?"
"Peter Pan! Peter Pan! Eu vi o Peter Pan!"
"Onde?"
"Logo ali no céu, pai!"
"Me conta como era."
"Três luzinhas."
"O.k. De que cor?"
"Coloridas."
"O que elas faziam?"
"Uma dancinha."
"O.k. Como era essa dancinha?"
"Mudavam de lugar uma com a outra."
"O que aconteceu depois?"
"Sumiram de repente. Juro que eu vi, pai. Não é mentira!"

"Rita, eu acredito em você e vou te contar uma verdade: Papai Noel, Coelho da Páscoa, Deus e o Diabo, Céu e Inferno, essas bobagens não existem, quem compra os presentes é sua mãe. O que você viu não foi o Peter Pan. Você viu um disco voador, minha filha!"

Da série "a verdade dói, mas liberta". O primeiro disco voador a gente nunca esquece. Já avistei vários, sóbria e nem tanto. *Pero que los hay, los hay.*

ADENDO SCI-FI

A raça humana tem DNA extraterrestre. Acreditamos na teoria da evolução até a página três. Houve uma evidente interferência genética externa em terráqueos primitivos, somos descendentes do homo-atlante, conscientes da nossa morte física e do propósito maior de nossa imortalidade espiritual. A existência de extra/intraterrestres tem sido desde sempre ridicularizada pela grande imprensa e seus amigos, os quais eu chamo de "illumi'nutties".

Nossos primos interestelares, zilhões de trilhões de anos-luz mais avançados, querem é distância de nós, os carcamanos mal programados que ainda matam antes de dizer bom-dia.

A PRAGUINHA

De volta à infância.

Certa vez, Balú começou a namorar um moço da igreja, um tal de Wilson, vulgo "Virço". Costumavam assistir juntos à missa aos domingos, depois ele a trazia em casa, davam um tempo conversando no portão e se despediam. Dizem que um dia eu teria me metido no meio da conversa pedindo ao rapaz para me pegar no colo, queria lhe dar um beijinho (técnica infalível para conquistar adultos). No que ele me pegou, *nhac*! Uma mordida generosa na bochecha. "Virço", humilhado, nunca mais deu as caras. Balú contava essa história cheia de orgulho da afilhada dizendo que eu a havia salvado de um casamento infeliz. Fofa.

O XERIFE

Quando Cícero, primo favorito-e-melhor-único-amigo do meu pai, um belo dia pirou e deu um tiro na cabeça (nunca se soube o motivo), Charles, que já não fazia o tipo social, se exilou no quarto tipo preso político em greve de fome. Sem seu maior parceiro de pescarias e cesarianas, porto seguro de suas aflições, meu pai não se conformou e também pirou. Se desfez da coleção de varas, anzóis, molinetes e passou a abrigar embaixo do travesseiro a Smith & Wesson (presente do cônsul americano por um trabalho), obrigando Chesa a se mudar rapidinho de quarto. Naqueles dias, o harém mal respirava aguardando a qualquer momento a tragédia anunciada. Nem às reuniões de segundas-feiras da loja maçônica ele comparecia mais. Quem sabe as mulheres descobririam então o conteúdo misterioso que Charles carregava dentro da maleta preta maçônica na qual éramos proibidas até de tocar. Nada feito, estava trancada com ele na cela junto com uma pilha de livros sobre a Segunda Guerra. Passou semanas enfurnado lá, à base de água e frutas.

Num sábado de manhã, meu pai saiu do quarto vestindo um terno preto, magérrimo, com a cabeça raspada e anunciou: "Vou prestar concurso para delegado, volto para o jantar".

Dias depois, o *skinhead* recebeu sua "estrela de xerife", causando ainda mais pânico no harém, agora que ele andava permanentemente armado. Aproveitou a ocasião para tirar novos documentos e nessas abrasileirou o nome Charles: "*My name is Jones, Carlos Jones*". Todo Nove de Julho ele costumava desfilar com seu capacete *vintage* em frente ao obelisco do Ibirapuera com seus companheiros da Revolução de 1932. Nesse ano de 1959, o Sargento Morcego também pendurou na lapela o distintivo de delegado, causando inveja nos colegas.

AÇÚCAR CANDY

A estação dos bondes ficava no fim da rua Vergueiro com a Domingos de Morais. Na esquina em frente, lado a lado, ficavam a panificadora ABC e a doceria Kopenhagen. Depois de assistirmos aos bondes descarrilarem e serem conduzidos feito jabutis gigantes para o pernoite, nossos narizes trocavam o cheiro acre das ferragens pelo hipnótico perfume doce que exalava das duas lojas de guloseimas do outro lado da rua. Uma bomba de creme da ABC ou um saquinho de Açúcar Candy da Kopenhagen? Escolha de Sophia, uma eliminaria a outra, a grana era curta. Entre enfiar a bomba de creme na boca e chegar ao paraíso em cinco segundos para depois morrer de tédio, eu sempre me decidia pelos pedaços de cristais de açúcar que duravam horas até acabar. Vinham pendurados num barbante, a cada lambida mais transparentes. Era como chupar as pedras de diamante dos anões da Branca de Neve.

Assim do nada, sem qualquer aviso prévio aos viciados, a Kopenhagen simplesmente deixou de produzir Açúcar Candy, a mais completa tradução da melhor porcaria da minha infância.

Arquivo pessoal

Família Jones unida e jamais vencida.

Chesa, a colombina italiana, cheia de charme para Charles, o arlequim gringo.

Fotos: arquivo pessoal

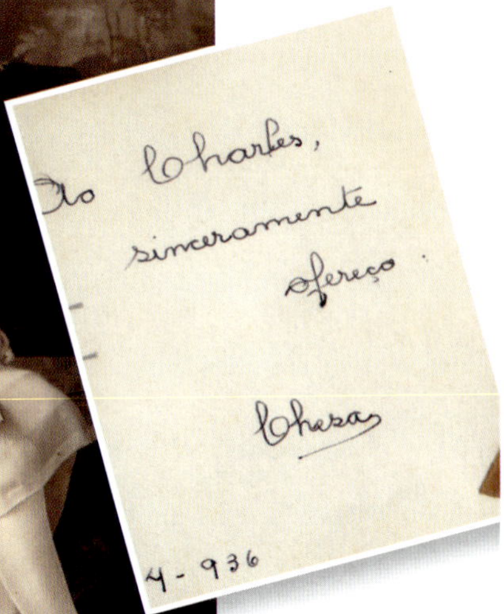

Fotos: arquivo pessoal

Noivos sorridentes
e apaixonados.

Chesa e Charles *très chic* cruzando
o viaduto do Chá com Mary. Ali do
ladinho ficava o consultório dele.

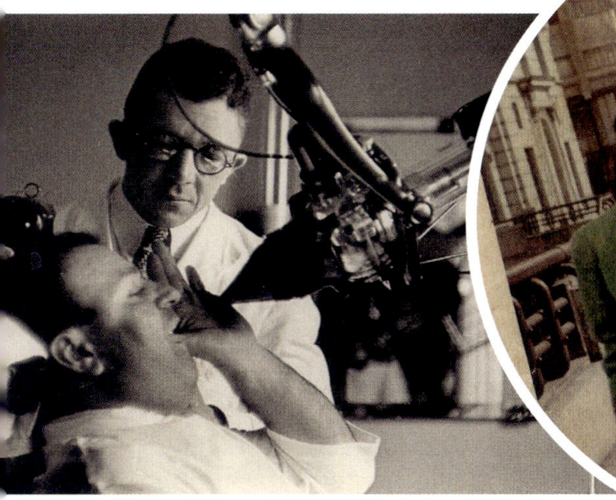

Fotos: arquivo pessoal

Virgínia e Mary no quintal do casarão. Eu ainda não havia nascido.

A caçulinha ganhando colinhos.

Arquivo pessoal

Eu, de olho arregalado no meu batizado, e uma anotação fofa de Chesa.

Fotos: arquivo pessoa

Nas ondas do Guarujá,
onde aprendi a andar.

Fotos: arquivo pessoal

A princesinha de organdi *versus* o *tomboyzinho* com as roupas herdadas do primo.

Fotos: arquivo pessoal

Charles, no seu melhor estilo Jeca Tatu, orgulhoso do megatomate.

As couves adubadas de Charles.

Charles e seu filho predileto, o Jeep.

Arquivo pessoal

A família Buscapé na floresta do Ibirapuera, sob o olhar atento do Sargento.

Fotos: arquivo pessoal

O harém das banhistas lindas, leves e soltas no Guarujá.

Carú, Balú e as irmãs *sisters* em frente ao portão do casarão na pacata Vila Mariana.

Arquivo pessoal

Com uniforme do colégio numa roda de conversa com *uncle* Carol, Chesa e Charles.

A anjinha meiga
antes de cortar
os cabelos para
a comunhão.

Fotos: arquivo pessoal

Meu caderno de recortes: mania de James Dean, o deus.

Virgínia, Balú e eu nas férias do Guarujá

Arquivo pessoal

Comunhão: o dia em que chegou Rito, o menino baiano, que mordeu a hóstia.

Fotos: arquivo pessoal

O menino baiano dentro de um vestido no terraço em que avistou Peter Pan, que na verdade era um disco voador. Acima, meu álbum completo de Peter.

Chesa e seu piano.

Arquivo pessoal

O menino baiano na fazenda da tia Mary.

Fotos: arquivo pessoal

A mureta do apartamento térreo do Guarujá e o muro de *doña* Mercedes e *doña* Elenita.

CINES

Perto do casarão havia quatro cinemas que o harém costumava frequentar. O pulguento mas charmoso Cine Phoenix ficava bem na esquina da nossa rua com a Domingos de Morais. Era lá que, além da programação normal, rolavam bailes de Carnaval do bairro, sábado para adultos e domingo a matinê para a criançada. Charles proibia as filhas de participar. Pelas grades do portão, assistíamos ao desfile de crianças fantasiadas caminhando até o Cine Phoenix. Quem passasse diante da nossa casa levava banho. Mocozadas atrás do muro, as irmãs *sisters* surgiam de repente com bisnagas de "sangue de diabo" (água com corante vermelho de bolo) e as esvaziavam em cima delas. A ideia era destruir ao máximo as fantasias.

O Cine Cruzeiro, menos pulguento, ficava a três quarteirões de casa, na esquina da praça Ana Rosa, cuja programação era de faroestes e chanchadas da Atlântida. Na rua Vergueiro, a duas estações de bonde sentido Centro, ficava o Cine Leblon, bem mais limpinho, onde aos sábados aconteciam os festivais de *Tom e Jerry*. Duas estações de bonde no lado oposto da mesma rua Vergueiro ficava o Cine Liberdade, com uma programação só para adultos, não que Mary e Virgínia não tivessem à mão uma carteirinha falsificada. Em compensação, na época dos Beatles, eu encarava legal uma buzanga até o centrão para acampar na frente do Cine Metrópole.

PAPAI SABE TUDO

Meu pai podia economizar na carne moída em vez de filé-mignon, mas em matéria de educação não poupava tostão. Para as filhas, nem pensar colégio de freiras. Entre a escola italiana Dante Alighieri e a americana Graduada, Charles deu uma de suíço e escolheu a francesa Liceu Pasteur.

Na opinião de Mary, o colégio era um lugar onde a gente conhecia garotas legais e garotos bonitinhos. Já na de Virgínia, aquilo era um castigo sob o comando de professores cruéis e alunos chatos.

A programação televisiva, ainda em branco e preto, deu um *upgrade* com *I love Lucy, Bonanza, Perry Mason, Lassie, Rin-Tin-Tin, Gincana Kibon, O cirquinho do Arrelia e Pimentinha, Vigilante rodoviário, Sessão Zás-Trás, Laramie, Bat Masterson* e, nosso predileto, o incomparável *Além da imaginação*. Já no cinema, meu coração Peter Pan foi substituído pela minha alma James Dean...

JAMES DEAN, O DEUS

Sei perfeitamente o que é ser fã. O ídolo entra em nossa vidinha besta sem pedir licença e babamos de amor sem o menor pudor. O rapto da minha alma por James Dean se deu quando o encontrei num sonho dias depois de sua morte. Eu tinha oito anos. Meu inconsciente se atirou de joelhos beijando-lhe os pés com prazer inenarrável. Acordei e a epifania estava feita, *point of no return.** Confesso que o "eu-fã" sempre foi chegada numa celebridade defunta. Mais uma vez, Virgínia e eu nos digladiávamos pelo mesmo ídolo e passamos a colecionar tudo o que saía sobre ele no Brasil, um trabalho arqueológico. Quem nos salvava era uma prima americana e também fã que nos mandava semanalmente pérolas tipo "nunca antes *nêztepaíz*", como, por exemplo, a ficha de inscrição para fazermos parte do Fã-clube das Viúvas de James Dean, que ficava em Indiana, onde Dean nasceu. Que eu saiba, somos suas únicas duas viúvas brasileiras. Nessa época, o coração de Mary batia por Robert Wagner, um galãzinho meio mixuruca casado com Natalie Wood e mais que depressa as três irmãs *sisters* decidiram juntas eleger a moça como nossa grande rival. Ninguém mandou ter feito papel da "namoradinha" de Dean em *Juventude transviada*. Todo dia 8 de fevereiro festejá-

* Não tinha mais como voltar atrás. (N. E.)

vamos o aniversário de Dean espetando alfinetes numa bonequinha de pano simbolizando a inimiga. Curiosamente, dias depois de Mary morrer, Natalie se afogou em circunstâncias pra lá de suspeitas. Virgínia e eu acreditamos que Mary teria vindo do mundo dos mortos e dado o empurrão fatal, fazendo a outra cair do iate e *glub glub*. Fã é meio vingativo quando se trata da vida amorosa do ídolo.

Se nos anos 1960 cheguei a lamber a maçaneta onde os Beatles puseram a mão, hoje eu ainda não hesitaria em beber o xixi de James Dean, ídolo maior, santo pecador favorito, anjo da vanguarda roquenrou.

ADENDO "SINISTRO"

Desde criança tenho fascínio por canhotos, achava que moravam do outro lado do espelho. Uma época, tentei fazer tudo com a mão esquerda, mas fui barrada na escola. O que para mim era um charme misterioso, para os "educadores" seria defeito. Cheguei a encher dois cadernos com nomes de celebridades "sinistras". Uns colecionavam selos, eu colecionava canhotos. Hoje sou bamba em detectá-los nos mínimos gestos e continuo fascinada. Não nasci canhota, eu fui ser *gauche* na vida. Sim, James Dean era canhoto.

PRIMÁRIO E GINASIAL

Minha mestra no primário foi dona Lourdes, uma gorduchinha enérgica e democrática. Não baixava a cabeça para os alunos franceses quando extrapolavam as boas maneiras com os brasileiros. Quem me levava e buscava de bonde era Balú, e a ela coube a saia justa de comparecer à diretoria para explicar por que sua afilhada subia na árvore durante o recreio e só descia de lá na saída da escola. Difícil trocar Monteiro Lobato sentada num galho da mangueira majestosa do pátio pelas aulas insossas de dona Lourdes.

Enquanto estive no primário, concordei com Mary: o colégio realmente dava uma liberdade que não tínhamos em casa. Chegando ao ginasial, percebi que Virgínia tinha razão: o lugar era sufocante e merecia confronto. Sendo assim, resolvi aproveitar a fama de Mary de melhor aluna do colégio e ao mesmo tempo me aprofundar no comportamento rebelado de Virgínia, afinal, nosso ídolo da vez era Elvis, The Pelvis, discípulo confesso de James Dean.

Toda semana Charles dava dinheiro para o bonde e comecei a me achar independente. Não demorou muito para economizar a grana indo a pé para a escola e torrar tudo em "machadinhos", um doce cor de rosa deliciosamente duro, cortado em pedacinhos, vendido em frente ao colégio e que arrebentava com os dentes. Duro mesmo era ter que levantar às cinco da matina para chegar na hora da rígida inspeção do uniforme antes de poder entrar no pátio. Morria de inveja da minha mãe, que de todos nós era a única que podia continuar dormindo mais um pouco. O castigo maior pela overdose de machadinhos seria encarar o Sargento Charles na cadeira de dentista de quinze em quinze dias para consertar as cáries, sempre aos domingos e sempre sem anestesia. "Isso é para você aprender que doce em excesso dá cárie e seu pai não vai aliviar na broca." Fofo.

Fui uma ginasiana medíocre, sempre passando de ano raspando, sempre me sentando no fundão, sempre conversando muito e sempre sendo expulsa da classe. Tinha que manter a minha fama de mau. Dona Ivette Chabassous, a professora de francês com dentinho de ratinho, já entrava na classe anunciando: "*Alors, mademoiselle Rita, si vous voulez bavardez vous sortez de la classe*".* E eu "bavardava" e "sortia" da classe.

Meu mestre predileto era o de português, seu Nestor, um velhinho bem-humorado e fofinho que conquistava a plateia imitando Jânio Quadros de pileque. Dois professores de matemática faziam rodízio ano a ano. Tinha o Meyer, baixinho, careca e manco, cujo apelido não poderia ser outro que não "Deixa Que Eu Chuto" e que diariamente fazia a mesma reclamação em seu sotaque caipirês: "A gente põe o barrrde pra ocês jogá papérrr..." e a classe completava em uníssono: "... e ocês joga papérrr no chão". E tinha Maria Lídia, a peluda, que anos antes havia perseguido Virgínia e agora me fazia marcação cerrada desde quando lhe chegou às mãos uma caricatura

* "E então, senhorita Rita, se continuar conversando vai ter que sair da sala." (N. E.)

que fiz dela como Medusa, em vez de cobras desenhei uma farta cabeleira de números e um bigodinho feito de + – x : = %.

Fiquei de segunda época e repeti em matemática. Dane-se, porque nesse mesmo ano ganhei três medalhas em atletismo numa dura competição entre francesas e brasileiras. Se em matemática levei pau, no salto, corrida e arremesso levei ouro, o que me fez ganhar um beijo do menino francês mais bonito do colégio. *Suce*! (Chupa, em francês.)

Acontece que eu já vinha chamando uma certa atenção nas aulas de ginástica, eventualmente fazendo xixi nos sapatos das meninas, fumando no banheiro ou derramando tinta vermelha no assento das CDFs, que quando se levantavam pareciam menstruadas. Num momento *vendeta* cheguei a tacar fogo no cenário do teatro do colégio porque fui preterida no papel de Julieta. Não houve provas suficientes para me expulsarem e, em consideração à fama de Mary de melhor aluna da escola, salvaram minha barra. Algumas vezes empunhava um bastão de beisebol que ganhei de um primo de Americana para encher o saco dos franceses que não simpatizavam com meu sobrenome gringo. No recreio, ficava de tocaia no barzinho para afundar nhá-benta à primeira mordida na fuça das gulosinhas. Uma boa explicação para essas contravenções é que todas as meninas da minha idade já usavam sutiã, tinham pentelhos e já eram "mocinhas", enquanto eu continuava uma tábua despelada e masculinizada, aquela que os meninos por quem se apaixonava tratavam como uma igual.

Tudo mudou quando estava eu andando na bicicleta de um moleque da rua e ouvi um grito: "Olha, a Rita tá com a bunda sangrando!". Fino ele. Eu sabia mais ou menos que "ficar de chico" acontecia com o harém, mas nunca aconteceria comigo, Rito, o menino baiano. Dia seguinte fui de sutiã à escola, devidamente preenchido com meias nylon e exibindo três "toalhinhas" dentro na mala. Modess ainda não existia.

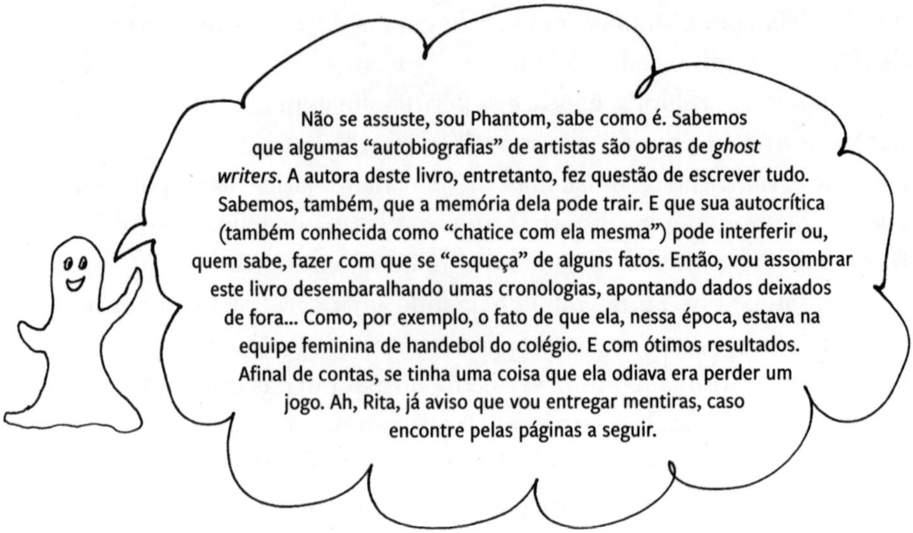

MUSICALIDADES

Nem só de sacanagem vivia minha ginasiana medíocre. Eu também dava meus primeiros trinados participando do Tulio Trio em apresentações semanais no auditório da Folha de S. Paulo. Tulio, exímio pianista, imitava Ray Charles à perfeição enquanto eu e mais outra menina fazíamos os vocais das "negonas" que cantavam com ele. Tulio morreu num acidente de carro a caminho do nosso ensaio e acabou-se o que era doce. Cheguei a pensar que meu negócio não era música, e sim o esporte. Ou um convento.

De repente lá estava eu, órfã do ex-rebelde Elvis já "domesticado" por Hollywood. Eu, que roubava discos dele que os alunos franceses descolavam para ouvir no foyer do colégio. Eu, que precisava tanto encontrar um novo amor.

Meu apocalipse musical só foi ter final feliz com os Beatles, e mais que depressa montei no colégio um quarteto só de meninas, as Teenage Singers, com a belezinha Jean Ellen no teclado, a lindinha Beatrice no baixo, a mulatinha Suely na guitarra e eu, a canastronazinha, na bateria. Cantávamos bonitinho, tocando éramos um desastre, não tínhamos instrumentos próprios, ensaiávamos com emprestados e mal sabíamos mexer no volume. Começamos a participar de festivais escolares no teatro João Caetano, às vezes recebendo aplausos inesperados. Até que as meninas faziam bonitinho.

Em casa, toda noite era assim: depois do banho, as irmãs jantavam já de camisola, assistiam TV por uma hora e já pra cama. Para participar dessas festinhas colegiais que aconteciam tipo oito da noite, eu vestia meu modelito roqueiro debaixo da camisola e, quando o Sargento fechava a porta do seu quarto, eu abria a janela do meu e descia pelas grades das janelas até chegar ao chão, anos de treino. Tudo com a devida bênção de Balú, é claro. Numa dessas vezes, estava eu linda-leve-solta tocando bateria numa festinha quando sinto minha perna repuxar e travar. Desta vez não fiz xixi no banquinho da bateria, eu caí dele no meio da música e fiquei rolando no chão de dor. Telefonaram para a minha mãe, que contou para o meu pai, que pegou o Jeep e foi me buscar levando direto para o hospital Samaritano, onde nasci. Diagnóstico imediato: apêndice supurado, já pra faquinha. Do teatro João Caetano até o hospital Charles ficou mudo e eu deitada no banco duro atrás, aguardando um esporro a qualquer momento. Nada. Nem na frente do médico, nem na sala de cirurgia, onde fez questão de entrar para assistir, meu pai perdeu as estribeiras. Já no quarto, ainda meio zonza da anestesia, vejo o Sargento abrir a porta e entrar. Tentei fingir que dormia, mas não colou. "Vixi, o pai vai soltar os cachorros", pensei eu, simulando a filha fragilizada. Ainda sem dizer uma palavra e com um meio sorriso, Charles puxou de uma cartola um violão Del Vecchio de verdade e me mostrou. Antes que eu avançasse no brinquedo novo, ele disse: "Bateria nem pensar, faz muito barulho. Melhor você gastar seu tempo no violão e poupar meus ouvidos".

Assim que voltei para casa, retomei minhas articulações na escola e na música.

BAILANDO

Certa vez, nas férias no Guarujá, conheci um garoto americano gato, David Skinner, que me ensinou os últimos *trends* de dança ainda desconhecidos no

Brasil, The Bird e The Mashed Potato. Fui uma parceira tão jeitosinha que o gringo até nos inscreveu num concurso de dança do programa do Miguel Vaccaro Netto, no teatro Record. Fomos apresentados como "um casal norte-americano que vai ensinar as mais recentes novidades dos salões, com vocês: David e Danny!". Sim, eu tinha que fingir que era americana e o nome Rita soava meio latino, segundo meu parceiro. Confesso que acho Rita um nome meio "sorridente" demais. Pela participação ganhamos um engradado de Crush. Gostei tanto do meu novo nome que aproveitei e montei um trio com Virgínia e mais um vizinho: Danny, Chester and Ginny, trio esse que acabaria semanas depois entre tapas e nenhum beijo. Paralelamente, as Teenage conseguiram um *upgrade* fazendo *backing vocal* numa gravação com Tony Campello, irmão da fofinha Celly, sucesso nas rádios com a versão em português de "Stupid cupid", do Neil Sedaka.

Em troca do baile de formatura do ginásio, tornei a pedir uma bateria e dessa vez meu pai comprou uma Caramuru de segunda mão: bumbão, caixa sem esteira e um pratinho com som de panela velha. Junto com a batera, o pacto de não tocar quando ele estivesse em casa. Sem dúvida foi uma bela aquisição para as Teenage Singers, que iriam se apresentar no show de fim de ano do teatro João Caetano.

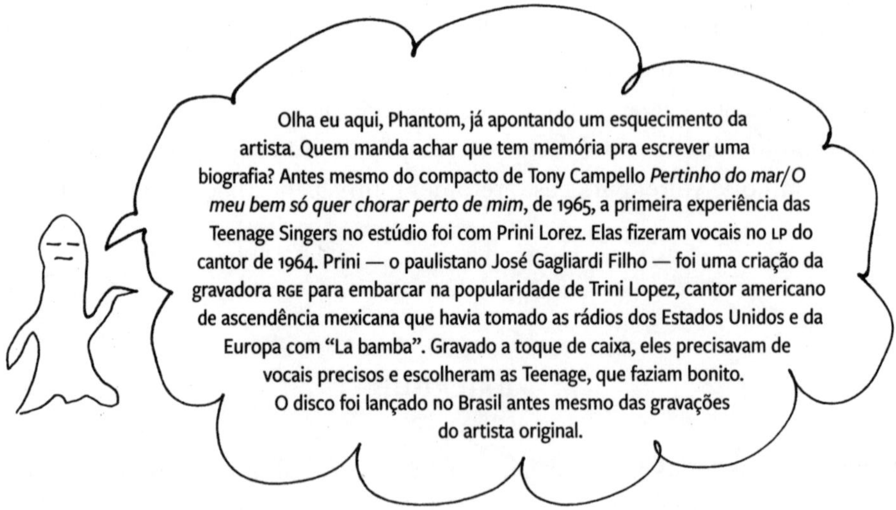

MIRAGEM

Não compareci à minha colação de grau ginasial, o *upgrade* escolar seria apenas na troca no uniforme da faixa vermelha do ginásio pela azul do colegial. Por essa época, os Beatles já eram os donos exclusivos dos meus sonhos, a tal ponto que um dia enxerguei entre os alunos da classe vizinha ninguém menos do que George Harrison! Hipnotizada, segui o menino na moita depois das aulas, peguei dois ônibus, fui parar num cafundó sem tamanho, tudo para descobrir onde Harrison morava em São Paulo e só eu no mundo saberia. Perto do portão da casa dele, ainda de costas, me aproximei do garoto: "*Hello*, George!". Quando ele se virou, os violinos histéricos de *Psicose* começaram a tocar quando vi o rosto do menino que lembrava, sim, o do Beatle, só que com uma tonelada de espinhas. "Hey, garota, você é da minha escola, mora por aqui?" Nãããoooo!

GRINGAS *FAKES*

A adolescência prometia aventuras ainda mais fortes do que a infância. Sou péssima para datas, mas lembro de uma em especial, que rolou na época dos Jogos Pan-Americanos em São Paulo. Virgínia e eu cabulamos aula e fomos dar um rolê nas provas de atletismo nas arquibancadas do Pacaembu. Uns garotos que também deviam estar gazeteando olham para nós e me "reconhecem" como a nadadora americana Alice Mary Driscoll, da qual nunca ouvira falar. Mais que depressa Virgínia toma a liderança e confirma, se credenciando também como minha treinadora. O inglês deles era precário, mas o papo rolava beleza: minha irmã disse que estávamos lá com a comissão americana prestigiando nossos patrícios, que ficamos encantadas com a cidade, que a comida brasileira era deliciosa etc. e tal. Prometemos voltar no dia seguinte e a garotada combinou de nos encontrar novamente com mais amigos e até uns *recuerdos* do "Brésil", como eles pronunciavam. Chegando em casa, mãos à obra: descobrir tudo sobre a nadadora, pintar

"USA" em duas camisetas Hering, branquear nossos Congas da escola e decorar o endereço de um tio que vivia em Washington caso perguntassem onde morávamos. De quebra, roubamos algumas moedas de *cents* do cofrinho de Charles. Atrás das pilastras do Pacaembu, ficamos de tocaia esperando a turminha chegar para então entrarmos triunfantes na arquibancada. Deu certo. Demos autógrafos, posamos para fotos, trocamos moedas, "aprendemos" algumas palavras em português, miss simpatia total. Mais uma vez nos despedimos e os convidamos a torcer por nós nas provas de natação. Ficamos um tempo escondidas no banheiro do estádio enquanto o público esvaziava e saímos. Ainda gargalhando, subimos no ônibus de volta para casa, e eis que no próximo ponto entram dois da turminha e dão de cara com as *sisters* "atletas" sentadinhas como se nada houvesse. Antes que rolasse uma Gestapo e nos crucificassem lá mesmo, demos um *bye-bye* e saltamos com a buzanga andando. Nos esborrachamos na queda, mas evitamos um apedrejamento público. *Meno male.*

MANAS PARCEIRAS

Às vezes, tipo uma vez por mês, acontecia de algum vizinho organizar bailinhos nos porões de suas casas onde eram os *points* prediletos da rapaziada para dar festinhas e quase todas as casas tinham um. Guaranás, brigadeiros, quindins, empadinhas, pés de moleque aos montes. Mas legal mesmo era quando um convidado levava na moita uma garrafa de rum e rolava cuba-libre. Eu sempre vomitava em festinhas. Mary geralmente ficava em casa lendo, mas Virgínia e eu éramos assíduas frequentadoras. Dançar era quase tão bom quanto lamber Açúcar Candy. Enquanto rolava Ray Conniff, as manas permaneciam sentadinhas só observando os pombinhos, mas bastava tocar um roquinho que as duas acordavam. O lance era que só quem me tirava para dançar era Virgínia e vice-versa, modestamente as irmãs *sisters* arrasavam na pista e inibiam os rapazes, que se sentiam inadequados no quesito pernas para o ar. A intenção era empurrar para fora da pista os comportadinhos e apresentar nosso balé roquístico (ensaiadíssimo em casa), algo audacioso demais para casais normais, ainda mais pelo fato de o "nosso casal" ser formado por duas garotas que não estavam nem aí para ninguém. Nosso número virou atração nos bailinhos. Assim que Virgínia e eu levantávamos da cadeira, a pista já automaticamente esvaziava e formava uma plateia ao nosso redor. "As filhas de dona Chesinha e do dr. Charles são bem esquisitinhas, não?" E tinha também o fato de Virgínia ter mania de se apaixonar loucamente por um garoto que acabava de conhecer, sendo que as paixões duravam no máximo uma semana. Mary e eu até fizemos uma lista com todos os candidatos a marido para explicar o porquê de nós duas bocejarmos quando ela chegava excitadíssima dizendo que tinha encontrado o amor de sua vida. "Anota aí o nome do trigésimo oitavo ex-futuro noivo da Virgínia."

PRIMEIRO EMPREGO

Mary se formou em Letras pela Universidade Mackenzie e foi trabalhar na firma inglesa Atlantis. Tratou logo de conquistar seu chefe e ficar noiva rapidinho, certamente para fugir das rédeas curtas do meu pai. A família deu um jantar para reconhecer o noivado. Brian William, um inglês bem-apessoado e educadíssimo, encantou o harém elogiando a comida, presenteando as futuras cunhadas com o primeiro *single* dos Beatles *made in England*, conversando sobre a Segunda Guerra com Charles e acalmando Chesa no quesito neutralidade em religião. Aprovadíssimo. Casamento à vista.

Virgínia e eu fomos damas de honra, *doña* Mercedes e Felito, os padrinhos. Foi uma pequena recepção em casa e os noivos partiram de navio para a Inglaterra. Na volta foram morar num apartamento no mesmo bairro para felicidade de minha mãe. Virgínia, recém-formada do colegial e com diplomas extras de datilografia e taquigrafia, pegou a vaga de Mary na firma inglesa. Vendo minhas irmãs se dando bem, tomei coragem e, nas férias do colégio, propus ao meu pai procurar um trabalho e ajudar nas despesas. Eu era “dimenor” e aquilo não podia dar certo, mas estranhamente Charles concordou e lá fui eu ser recepcionista num escritório que organizava permutas entre estudantes de diversos países.

Pegava um ônibus na rua Vergueiro até o centrão me achando a executiva com futuro brilhante pela frente, e adeus escola. Na primeira semana, até que fui bem. A coisa degringolou depois que derrubei café num arquivo importante, na tentativa de enxugar tirei tudo do lugar e ao colocar de volta misturei fichas, rasurei documentos, empastelei as papeladas. Pagaram metade do salário e me mandaram pastar. Para a família, contei que me demiti por achar o salário baixo demais para meu talento e, me fazendo de ocupada, me matriculei no curso de datilografia na Domingos de Morais. Até aí as férias já estavam no fim e eu me ruminando por voltar a ser apenas uma estudante dependente do papai e da mamãe.

BANDA VAI, BANDA VEM

Foi nas apresentações colegiais do teatro João Caetano que surgiu um grupo de rapazes que mudou o curso da história. Nós, as meninas do Teenage Singers cantávamos bem, mas tocávamos mal. Eles, os meninos do Wooden Faces, tocavam bem, mas não cantavam. Garotas do Liceu Pasteur *versus* garotos do colégio rival, o Caetano de Campos. O campo de batalha para as duas bandas era perfeito. O ódio mútuo durou algumas apresentações. Ora eles levavam mais aplausos, ora nós, até que houve uma aproximação nos bastidores entre os gladiadores e, papo vai, papo vem, levantou-se a ideia de irmos todos para um mesmo liquidificador e o milk-shake musical que resultasse dali se chamaria Wooden Singers ou Teenage Faces. Mania de batizar a criança antes de nascer.

A formação dos Wooden contava com o triunvirato dozmano Dias Baptista: Claudio na bateria, Arnaldo no baixo e Serginho na guitarra, além de Raphael e Tobé nas outras duas guitarras. Formamos então nove andorinhas num só bando que não durou um verão, briga atrás de briga, fofocas e namoricos escondidos, ora saía uma e entrava outro ou entrava outra e saía um. Até que sobraram seis no grupo, imediatamente batizado com o sugestivo O'Seis. Na bateria entrou Luiz, Arnaldo continuou no baixo, Serginho numa guitarra e Raphael na outra; no lugar das outras três Teenage entra Moggy, namoradinha de um deles, fingia que cantava porque era bonitinha. E eu lá no meio tocando a saga "mulher também sabe fazer rock".

Chegamos a gravar um *single* pela Continental. No lado A, a música "Suicida" (Raphael e Tobé), e no lado B, "Apocalipse" (minha e do Raphael), ambas falando de morte, a primeira de um jeito brincalhão, a segunda, mais dramática. Chegamos a fazer algumas apresentações esporádicas, mas não deu pra segurar os egos por muito tempo, brigas e mais brigas e do O'Seis sobraram três: Arnaldo, Sergio e eu. Não escolhemos um nome para batizar o trio porque a ideia ainda era encontrar outros músicos para completar a banda. Mesmo assim nos reuníamos na casa dozmano na Pompeia para ensaiar vocais, cifrar músicas de outros e trocar figurinhas com Claudio, que então só se dedicava a construir instrumentos e amplificadores. Fiquei chapa da família Dias Baptista, a casa deles era muito mais liberada do que a minha. A mãe pianista, o pai cantor amador de ópera e secretário particular do Ademar de Barros, facilitavam a baderna 24 horas por dia, sete dias por semana.

Os cinco membros da família sofriam de rinite, respiravam pela boca, babavam muito e cuspiam quando falavam. Arnaldo e Claudio tinham motos e eu meio que remetia essa *boyzice* deles à *Juventude transviada*, apesar de Arnaldo ser fisicamente a cara de Sal Mineo e não de James Dean. Economizei uma graninha dando aulas particulares de inglês para crianças e comprei uma Java de segunda mão, tipo moto-lambreta para principiantes, e tentava alcançar os motoqueiros da Pompeia com suas Triumphs. Aos poucos fui me adaptando aos usos e costumes daquela família que, apesar de não ser muito asseada, me tratava bem e cada vez mais fui conhecendo as idiossincrasias deles.

Claudio, o mano mais velho, apelido Té, era o mais bonito, halterofilista, gênio da eletrônica, rei do bullying. Um dia, alguém chegou à oficina dele na garagem da casa trazendo uma K7 com um misterioso efeito de guitarra. Ele se enfurnou dias e saiu de lá com uma geringonça enorme, mas que fazia exatamente o mesmo efeito do wah-wah do Jimi Hendrix. Claudio não gostava de mim (eu não o reconhecia como gênio apesar de ele ser), pura birra. E eu gostava menos ainda dele por estar sempre conspirando para minha expulsão do bando.

Serginho, o caçula gordinho, apelido Pipa, não completou o ginasial, nunca leu um livro na vida, raramente escovava os dentes, protótipo do caçula pentelho, o Sancho Pança do mano mais velho. Em compensação, tocava guitarra com incrível rapidez e precisão, algo circense até, eu diria 95% técnica e 5% alma. Serginho gozava da minha cara e eu da dele, coisa de irmão mais novo, digamos que rolava uma não camaradagem suportável entre nós.

Arnaldo, o do meio, apelido Krai, era o mano com quem desde os Wooden Faces eu me relacionava melhor. Engraçado e meio tímido, tomava meu partido na maioria das vezes. Tudo bem que não era nada cavalheiro, eu também não era nenhuma dama. O que eu mais valorizava nele era o tratamento de igual para igual, me apresentando macetes do mundo masculino que eu já admirava no meu pai. Arnaldo era o irmão que eu gostaria de ter tido, aquele que te ensina a trocar pneu, dirigir moto, empresta roupa para você se disfarçar de menino e te leva no banheiro masculino.

Começamos a namorar quando o O'Seis virou trio. Ele passou a me buscar na escola e minhas coleguinhas ficavam encantadas vendo-o carregar meus livros enquanto íamos a pé até minha casa de mãos dadas. Eu, *the girl next door*, ele, *the boy on the block*, tão anos 1960, aquela coisa de *puppy love*. Para tirar a prova de que éramos mais que apenas bons namoradinhos, planejamos desvirginar um ao outro no porão do casarão quando a família fazia a feira. Rolou um certo desconforto diante da falta de experiência com nossos corpos nus e a primeira vez não deu a liga que esperávamos. Na verdade, foi decepcionante. Talvez nas próximas vezes, com ambos menos apavorados, pudéssemos enfim ser os Bonnie & Clyde do rock. Paralelamente, aconteceu também de não ter rolado o "sanguinho no lençol" como prova da minha virgindade, o que no meu caso foi por conta daquele episódio da maldita chave de fenda do maldito técnico da máquina de costura da minha mãe enfiada na minha maldita vagina quando tinha meus malditos seis anos de idade. Arnaldo ficou atordoado quando contei o episódio, foi solidário, mas não teve pena de mim, achou "roquenrou" o jeito que perdi a virgindade. Fofo. Das vezes seguintes que tentamos transar, também foi broxante, eu sentia nojinho das babas dele, que por sua vez confessou que comigo era bem menos emocionante do que com uma boneca inflável. Apareceu um novo olhar entre nós, afinal, por que precisávamos trepar sem tesão? Resolvemos então acatar o ditadinho: "minha melhor amiga é um homem, meu melhor amigo é uma mulher" e dane-se o mundo. Para todos ao redor continuamos fazendo papel dos pombinhos apaixonados que não se desgrudavam. Éramos apaixonados, sim, mas pelo nosso grude cúmplice e divertido, dando a entender aos amigos que o sexo entre nós era *mui salvaje*.

Claudio se dizia melhor que Stradivarius, Sergio se dizia melhor que Jimi Hendrix, a mãe se dizia melhor que Chopin e o pai se dizia melhor que Caruso. Arnaldo contemporizava debochando deles por trás e ao mesmo tempo se achando o patinho feio no quesito genialidade, tese com a qual nunca concordei. Na verdade, era o único *sui generis*. Eu o protegia do antiademarismo do meu lado, ele do antijanismo do dele, da série Montecchio *versus* Capuleto tropical, sendo que nós, Romeu e Julieta, achávamos tal rivalidade política bem oportuna. Na casa dele eu me fazia de ademarista e ele na minha se dizia janista. Mentiras sinceras interessavam para apaziguar os ânimos políticos de cada família.

TRIO PARADA DURA

Mesmo sem nome, o trio fazia apresentações aqui e ali, nada que rendesse muita grana, mas valia pelo exercício do "hobby", uma vez que ainda estudávamos. Para transportar nosso equipamento *homemade* até as festinhas, barzinhos e domingueiras onde nos apresentávamos, fizemos uma vaquinha e compramos de terceira mão Dirce, a Kombi, logo promovida a lar doce lar quando íamos acampar. A gente mesmo montava e desmontava o equipamento, éramos nossos próprios roadies.

Uma farra paralela em momentos de tédio, depois do rango na casa deles, era sair na Dirce com um prato cheio das sobras do jantar, restos de arroz e feijão, ossos de frango, farofa, o que tivesse, e tascar nos coitados parados no ponto de ônibus. Estava na moda o lado malvado ser mais cool do que o bonzinho, os crimes em si ficavam em segundo plano. Éramos fãs de Ronaldo & Cássio, os assassinos de Aída Curi que usavam óculos Ray-Ban; de Charles Manson, um popstar fã dos Beatles; do Bandido da Luz Vermelha, um herói do povo; do Chico Picadinho, nascido em Vila Velha e que poderia fazer as vezes de um vilão do Batman, e por aí vai.

Houve também a fase de atirar rojões dentro de farmácias e bancas de jornal. Outra gracinha era emparelhar a Kombi e exibir nossas bundas na janela. Como o pai dozmano era secretário particular do Ademar de Barros, se rolasse uma encrenca de algum guardinha pegar Dirce no flagra, a frase milagrosa que sempre nos salvava era: "Você sabe com quem está falando? Somos filhos do dr. Cesar Baptista, secretário particular do governador!".

Para combinar com a pobreza de espírito dos nossos desacatos infantiloides, batizamos o trio com o infeliz nome "Os Bruxos".

DANNY, A CACHORRA FILHA

Enquanto Os Bruxos tocavam o barquinho musical, eu continuava estudando. Depois do colegial, fiz o Equipe e entrei para Comunicações na USP, lembrando que na casa do pai e da mãe ou se trabalhava, ou se estudava, música era hobby. Com a proximidade do Natal/aniversário+faculdade, implorei ao pai um mimo especial: meu primeiro cachorro, de preferência uma "lassie", e Charles, num repente amoroso, topou. Descobri uma criadora de collies não muito longe de casa e lá fui eu comprar um filhote.

Quase morri de paixão com os *puppies* correndo no quintal da mulher, um mais fofo que o outro. Conversando com ela, fiquei sabendo que a mãe tivera seis filhotes e lá estavam apenas cinco. Perguntei o que tinha acontecido com o sexto. "Foi separada dos irmãos porque nasceu com um defeito na pata e manca, vou mandar sacrificar amanhã mesmo." Pedi para ver a rejeitada e foi amor à primeira lambida. "Pois eu quero esta aqui!" Com surpresa e grande alívio, a mulher me deu a filhotinha de presente recomendando que evitasse dar cria pois poderia parir outros aleijadinhos. Disse à criadora-assassina que não pretendia ganhar dinheiro fazendo a fêmea parir sem descanso e educadamente a mandei tomar no cu, só não emendei um foda-se porque na época tal expressão não me era familiar.

O nome da minha filha cachorra não poderia ser outro: Danny! E, como toda collie, era a cara da Barbra Streisand.

VELAS AO VENTO

Passei um ano bundando na USP (na mesma classe de Regina Duarte, a futura namoradinha do Brasil), na base do "assina a presença pra mim". Pra ganhar uma graninha extra, ora fazia um bico numa loja de calçados na Domingos de Morais, ora dava aula de inglês em casa para crianças da vizinhança. Na verdade, minha maior ocupação era bater ponto na frente da telinha quando a TV brasileira dava uma bela guinada e entrava na fase colorida. *Alô, doçura!* com Eva Wilma e John Herbert, *Qual é a música?, O fino da bossa, Show do dia 7, Show em Simonal* e o concurso de Miss Brasil direto do Maracanãzinho.

A formação em trio para mim não era novidade, mas ozmano demoraram um pouco a sair do luto, testando um ou outro vizinho lá da Pompeia, onde moravam. Nunca dava certo. Enquanto não se resolviam, comecei a acompanhar um programa de TV no teatro Record que trazia novos ares ao rock brazuquês pós Celly Campello, um tal de *Jovem Guarda*. Ao contrário da maioria, meus favoritos eram Erasmo e Wanderléa, ele pela atitude, ela pelo encanto. Roberto era delicado demais para roqueiro, mas tinha lá seu charme. Cheguei a ir ao teatro alguns domingos para espiar a entrada dos artistas e dei meus gritinhos ao ver Erasmo saindo de um carrão vestindo calça de couro *à la* Elvis.

Em casa, Charles continuava xingando a política, Chesa mais católica que o papa, Balú cozinhando divinamente, Carú cada vez mais bela e louca, Virgínia agora bem mais comportada, Mary casada e eu ainda perdida de amor pelos Beatles. Só Danny me entendia.

Enquanto isso, na casa dozmano ainda rolava o mantra "um dia os Beatles aprenderão que nós somos os verdadeiros gênios". Por mim, tudo bem, desde que tivéssemos um lugar e instrumentos bons para ensaiar. Foi mais ou menos por essa época que, por falta de grana, usei papéis que embrulhavam pão, caprichosamente alisados com ferro de passar roupa, e retratei a lápis cada um dos 4Fabs, que guardo até hoje.

DEFININDO-ME

Bons tempos chatos os da ditadura. Bom para quem gostava de rock. Chato para quem morava no Brasil. Bom para tomar ácido e assistir ao cabeludo José Dirceu num palanque imaginando-o um astro de rock. Chato quando passava o efeito assim que os meganhas soltavam os cavalos e a gente caía na real vendo que Dirceu não era nenhum Jimi Hendrix. Sexo, Drogas & Rock'n'roll não combinava com Tradição, Família & Propriedade, ou você era esquerdette ou direitette. Para acomodar quem me cobrava uma posição política, me assumi "hiponga comunista com um pé no imperialismo".

O sobrenome Lee Jones pegava muito mal na USP, tanto que pensei em abrasileirá-lo para Rita Lea Gomes. A moda era idolatrar Che Guevara, imaginava-o um bonitão *à la* Robin Hood tropical lutando contra a ditadura do mal, apesar de achar meio paradoxal aquele lance de Che usar farda do exército. Dãã.

BONNE CHANCE

Nessas alturas, o trio Os Bruxos começava a receber convites para apresentações aqui e ali. O mais legal foi cantar "I wanna hold your hand" dos Beatles no *Astros do disco* da TV Record, um programa tipo parada de sucessos apresentado pelo controverso Randal Juliano. Fizemos bonito, e sempre que um roquinho estrangeiro entrava na lista das mais pedidas nos chamavam. Numa dessas, um produtor do *Jovem Guarda* chegou com a remota possibilidade de uma apresentação nossa no programa. Ozmano não demonstraram o menor interesse, achavam aquilo tudo meio brega. Eu, louca para conhecer Erasmo e Wanderléa, tratei de puxar o saco do tal produtor: "Por favor, nos chame. Nós adoramos o Roberto. Pelo menos fique com o meu telefone!", aquela choraminga que a gente faz para arranjar emprego e tal. Deu certo. Num belo domingo, amanhecemos no teatro Record munidos da nossa pequena mas vistosa parafernália instrumental, prontos para montar tudo e mostrar serviço. E foi durante o ensaio que tudo veio por água abaixo. A direção desaprovou exibir fios e caixas de som no palco. A estética visual era mais importante do que a qualidade do som. Se abríssemos mão, tudo bem, se não, passar bem. Não topamos. Na saída humilhante, o tal produtor tentou explicar dizendo que o Roberto expressou certo desconforto com a formação "dois rapazes e uma moça", que de trio já havia ele, Erasmo e Wanderléa, sem espaço no programa para outro. Em compensação, naquele mesmo dia, troquei boas figurinhas com Gato, guitarrista do RC, Tim Maia, que estava de partida para os Estados Unidos, e Jorge Ben, que sempre achei mais pra roqueiro que pra MPB. Perdi a boquinha da Jovem Guarda, mas ganhei o dia.

MUTATIS MUTANDIS

Não muito tempo depois desse episódio, veio um novo convite da TV Record, dessa vez não por parte do rei, mas do príncipe, Ronnie Von. Rapaz lindão, educado, cabelos lisos até os ombros, inteligente, fã de Beatles, piloto de avião, fluente em inglês e secretamente casado com Aretusa, uma figuraça superbem-humorada que desempenhava feliz o papel de sua "secretária particular". Eis que o casal "salve simpatia", antes de qualquer compromisso profissional, nos convida para um jantar na casa deles, queriam nos conhecer melhor, trocar umas ideias etc. Fofos.

Papo vai, papo vem, e Ronnie levanta a sugestão de um nome mais contundente para o trio. Os Bruxos era, digamos assim, pobrinho demais. Ele nos mostrou um livro que estava lendo, *O império dos mutantes*, explicando que eram seres de outro planeta que se transformavam em infinitas formas de vida a título de conquistar a Terra. *Plin!* Bênção, painho.

Dessa vez nossa instrumentália foi liberada e o *début* dos Mutas foi anunciado por Ronnie: "Eles vieram de outro planeta e estão entre nós para tocar 'A marcha turca de Mozart'. Com vocês, Os Mutantes". Sergio na guitarra solo, Arnaldo no baixo e eu na guitarra base. Rolou tão bem que passamos a fazer parte da turma do príncipe todos os sábados. Também tinha participação fixa no programa uma garota pra lá de bonita que num dado momento entrava no palco vestindo um terninho justinho, lendo para Ronnie as cartinhas dos fãs com perguntas e declarações. Chamava-se Sonia Braga. Ficamos *mui* amiguinhas, cheguei até a convidá-la para formar um quarteto (eu sempre querendo uma mina para equilibrar), do que gentilmente declinou em nome do seu amor incondicional pelo teatro. Sim, aquela menina tinha uma luz maior.

A estreia no programa de Ronnie (claro que ela não se lembraria da data...) foi em 15 de outubro de 1966. Vamos lembrar ainda que, com ele, Os Mutantes entraram em estúdio em 1967, tocando e fazendo vocais no disco *Ronnie Von nº 3*. Quem tiver curiosidade, pode procurar pela música "O homem da bicicleta". Dá pra notar direitinho o estilo e os vocais do grupo.

Enquanto os bons tempos dos anos 1960 efervesciam no planeta e aqui chegavam com séculos de atraso, os tempos cruéis vinham com precisão de míssil, explodindo diariamente sobre nossas cabeças. Eu lá queria saber de Guerra do Vietnã, Guerra Fria, ditaduras latino-americanas, quando existia *A hard day's night*, Twiggy, *2001: Uma odisseia no espaço*, festival de MPB, Copa do Mundo, TV colorida e Cinerama? A década já começara mal quando inventaram de trocar a capital do Rio de Janeiro para Brasília, me senti ainda mais deslocada no Brasil. Naqueles dias nublados de incertezas e noites ensolaradas de sonhos, minha cigana interior finalmente disse: "Vai, Rita, vista sua guerrilheira do desbum e seja uma porra-louca feliz". Participar dos Mutantes estava sendo o melhor campo de treinamento naquele momento.

Lembrei de Chet Baker e João Gilberto cantando baixinho e se impondo entre cantores de vozeirão, também tinha o chiquê vocal de Nara no meio das cantantes de voz potente. A mim caberia uma roqueira macra com voz micra, voz de mico... de mico Nara-Leão.

Quando Kennedy foi assassinado, Virgínia ficou de luto, e dessa vez nossas opiniões divergiram porque eu achava o *bad boy* Lee Oswald mais gato. Lembro que a única loja de discos atualizada em São Paulo era a Hi-Fi, na rua Augusta. Esperei horas na fila para comprar o primeiro LP dos Rolling Stones. O planetário do Ibirapuera era o *must* semanal, e depois da sessão, uma banana-split na lanchonete ao lado. Conhecia Sampa de ponta a ponta, do Museu do Ipiranga à Galeria Metrópole, da Augusta a Interlagos, do Bixiga à praça da Sé. Lembro quando construíram o Conjunto Nacional, das escadarias elegantes do Cine Metro, dos lampiões do Teatro Municipal, da sempre emocionante travessia do viaduto do Chá, da vista no topo do Banco do Estado, do chiquê do edifício Martinelli, das arcadas românticas da faculdade do largo de São Francisco. Lembro até do observatório astronômico no lugar onde hoje fica o Masp. Nessas andações, descobri a Casa dos Artistas na "suspeita" rua Major Sertório, centrão de São Paulo, um brechó de circo e teatro, a butique perfeita para os Mutantes.

VIDA AGITADA

Foi meio por essa época que surgiu um cara se dizendo jornalista, um tal de Bah, que gostaria muito de nos empresariar, que conhecia um monte de lugar bacana pra tocar, que a grana era boa e tal. Caímos na conversa até perceber que o rapaz tinha comigo "ótimas" intenções não exatamente musicais e logo demos um pé na bunda. Mas foi por meio dele que entramos em contato com a recém-inaugurada TV Bandeirantes, que delineava um programa chamado *Quadrado e redondo*, outra parada de sucesso querendo nos incluir no *cast*. A iminência de uma Terceira Guerra Mundial e eu lá, a hiponga comunista com um pé no imperialismo, pensando em me vestir de Cleópatra para a estreia do programa. Diante da verdadeira "Terceira Guerra Mundial da minha conta no banco", acabei optando por um modelito menos pretensioso: Pocahontas de Sampa, a índia urbana com tiara de miçangas e uma escandalosa minissaia justa preta. Os Mutantes fariam um número solo na parada de sucessos, além de *backing vocal* para Tim Maia em "Reach out I'll be there", dos Top Four, na primeira aparição dele recém-chegado dos Estados Unidos, de onde foi deportado por porte de heroína. Depois do ensaio, como se nada houvesse, Tim e o cantor jamaicano Dave Gordon, que também ia se apresentar naquela noite, enrolaram um baseado no banheiro do camarim da Bandeirantes e tascaram fogo para comemorar a estreia. Mimo.

Nossa vidinha besta estava cada vez mais agitadinha com Ronnie Von, *Quadrado e redondo*, *Astros do disco* e uns showzinhos aqui e ali para, como se dizia, inteirar a condução.

Foi a partir de então que aceitei me transformar em para-raio de *freaks*, porto seguro dos rebeldinhos sem causa, musa dos perdidos numa noite suja da Pauliceia. O que aparecia de maluquinho entrando na nossa tchurminha *gauche* não estava no gibi, dando seguimento à nova fase "*birds of a feather*". Ali estava eu, imaginando-me uma mulher misteriosa, quando sabia muito bem não passar de uma tolinha. Notei que artistas usavam uma máscara *fake* para disfarçar suas próprias canastrices, então eu, que nem artista era, viveria tantos personagens quanto sonhasse minha vã futilidade. O importante era não me levar a sério. Eu seria apenas mais uma impostora. Só que mais esquisitinha.

A LOIRA GELADA

Desde os quinze anos eu me aloirava com uma receita surfista caseira: ferver numa panela chá de camomila + cascas de cebola + lascas de parafina. Ao esfriar, adicionar água oxigenada, mergulhar os cabelos na poção milagrosa e ficar no sol até secar. Levava o dia inteiro, ficava meio palha, mas valia a pena o *look* Françoise Hardy da Vila Mariana.

Já na Pompeia, os ensaios na casa dos Baptistas se tornavam cada vez mais frequentes. Eu praticamente era da família e aos poucos fui me adaptando ao fato de que se tratava de uma gente arrogante, *pero* generosa; palmeirense, *pero* não roxa; riquinha, *pero* pouco asseada. Avançavam na comida antes de chegar à mesa, falavam alto de boca cheia e, para meu completo nojo, bebiam no gargalo da mesma garrafa de Coca-Cola passada de mão em mão. Isso quando os irmãos não comiam nos próprios quartos, verdadeiros chiqueiros, ou nas salas abarrotadas de alto-falantes, esqueletos de instrumentos, montanhas de livros do pai e o megapiano de cauda da mãe, que nessas ocasiões servia de mesa. Não havia empregada que durasse mais de duas semanas, ou por excesso de trabalho, ou por, digamos assim, assédio masculino. Uma vez o mano mais velho enfurnou uma "moça genérica" durante meses no quarto. Ninguém sabia o que rolava lá dentro e ninguém dava a mínima. "Ele sempre faz isso", diziam.

O PRIMEIRO FESTIVAL

Uma nova etapa na vida dos Mutas começou no programa *Quadrado e redondo*. O maestro Chiquinho de Moraes nos convidou para um *backing vocal* na gravação de Nana Caymmi da música "Bom dia", de Gilberto Gil, que concorreria no festival da Record naquele ano de 1967. Dia tal, hora tal, estávamos no estúdio Eldorado como acertado. Não ficou combinado de levar instrumentos, mas levamos assim mesmo. Eu já conhecia Gil do *Fino da bossa*, mas ozmano nem sabiam quem era. Num daqueles *breaks* para trocar a fita de rolo, Gil entra no estúdio dando de cara com a guitarra, o baixo e as pedaleiras caseiras. Impressionado com o *high-tech* mutantesco, arrisca a pergunta que mudou a humanidade:

"Pois é, eu tenho uma outra música inscrita no mesmo festival e tô pensando aqui que vocês podiam fazer comigo ao vivo, topam?"

"Mas não é festival de música brasileira?"

"É, mas vocês não são brasileiros?"

"Mas a gente não sabe tocar música brasileira, a gente só faz rock."

"Então vamos fazer rock brasileiro, oras"

"Mas pode tocar guitarra em festival de música brasileira?"

"Até agora não podia, mas passa a poder. A música se chama 'Domingo no parque', tô pensando aqui num arranjo chiclete com banana e ver no que dá. Bora nessa?"

Hã! Seres de outro planeta metamorfoseando-se para dominar a Terra, não era essa a ideia do nome Mutantes? Chegando em casa, contei a novidade e fui recebida com ressalvas. Eu estaria me metendo com gente profissional demais.

"Não é aquele cantor que foi outro dia no *Fino da bossa*? Mas ele sabe que você está fazendo faculdade e música é apenas um hobby? Ele é comunista? Desde quando vocês sabem tocar samba?"

As perguntas ficaram no ar, eu não tinha respostas nem para mim, mas algo me dizia que tal aventura prometia grandes emoções. A nova empreitada exigiu esforço extra, um dia inteiro passando harmonia e melodia, outro decorando a letra, mais um para montar vocais e tantos outros para eventuais detalhes. Foi só no ensaio geral, já no teatro da Record, que finalmente aconteceu a fusão do violão/voz de Gil + vocais e eletronicidades dos Mutantes + um baterista profissa chamado Dirceu + o arranjo de orquestra do maestro Rogério Duprat. Passamos a "Domingo no parque" apenas duas vezes e já deu para perceber algumas sobrancelhas indignadas. A seguir rola o ensaio de Caetano com o grupo de rock argentino Los Beat Boys. Mais sobrancelhas.

Para chegarmos todos juntos ao teatro na noite da apresentação, nosso ponto de encontro com os baianos foi o hotel Danúbio, na Brigadeiro Luís Antônio, onde se hospedavam. Clima tenso e festivo.

"Que vai rolar vaia, vai. Então deixa a vaia rolar que a gente segura, falado?"

Faladíssimo, meu. Aqueles caras eram roquenrou pra caralho, pensei eu, já me abrasileirando mais. Transformei uma toalha indiana em túnica e vesti ozmano com capas pretas *à la* Beatles. Antes de entrar no palco com meus pratos, ainda deu tempo de desenhar com batom um coraçãozinho vermelho no rosto.

Silêncio na plateia, olhares atentos, o estranhamento se mostrando mais desconfortável à medida que a música seguia. Ouve-se um *búúú* lá do fundão, um jurado faz cara de nojo, uma bolinha de papel é atirada no palco seguida por outros objetos voadores, alguém grita "fora!", começa um *zum-zum-zum*. Abelhas assassinas *versus* alienígenas pacíficos. Uma alma caridosa e moderna na plateia grita "maravilhoso" e é acompanhada por meia dúzia de palmas, um jurado faz sinal de positivo e assim vai, nesse chove não molha, até o vocal em uníssono no final da música. "*Hê hê hê hê hê hê ê ê ê ê*".

Tudo bem que aquilo não foi nenhum Woodstock, mas o primeiro festival da vida a gente nunca esquece. A primeira vaia, idem. Aliás, ser vaiado em festival de música brasileira para os Mutantes foi uma honra, afinal, éramos tudo o que os puristas escravocratas do violão e banquinho da MPB repudiavam como imperialismo colonizador. Militância bocejante. Um momento que eu achei muito roquenrou nesse festival de 1967 foi quando Sérgio Ricardo pirou, quebrou o violão e o atirou na plateia.

QUEM ERA QUEM

Nossa tchurminha se concentrava no camarim ou num beco atrás das cortinas debochando dos MPBistas radicais. Numa analogia à turma do Bolinha, Chico Buarque seria Plínio, o menino grã-fino e pedante do bairro, dono da bola de futebol, que arrasava os corações das mocinhas de família e também da enfezada Luluzinha (Elis) e da Aninha (Marília Medalha). Edu Lobo seria o amigo invejoso de Plínio, que ficava com as sobras do outro, tão bonitinho quanto arrogante. Toquinho era Alvinho, o boa gente da turma carioca, talentoso e bem-educado, não se metia em bocas de matildes. Já Geraldo Vandré, com aquela juba desleixadamente ensaiada, fazia parte do *cast* do *Mágico de Oz*, no papel do leão medroso. No palco se fazendo de valente e fora dele era um bundão. O MPB4 ocupava o lugar do homem de lata: corretos, mas sem coração, quatro noivos perfeitos para as meninas do quarteto "Fora de Si", como maldosamente as chamávamos. O espantalho cabia perfeitamente em Sérgio Ricardo, dava até para imaginá-lo suspirando "*If I only had a brain...*".* Clara Nunes era a Fada Boa do Leste; Beth Carvalho, a Fada Má do Oeste. Nara Leão era a Dorothy, e o poderoso Mágico de Oz, claro, Tom Jobim. Nós, Os Mutantes, éramos os insuportáveis Flying Monkeys.

Na turma dos *blacks*: Jair, o alegre; Simonal, o audacioso; Gil, o inteligente; Jorge Ben, o fodaço; Milton, o meigo; Paulinho da Viola, o chique. No *front* tropicalista tínhamos Tom Zé, Gal, Caetano, Gil e Rogério Duprat. Mutantes e Beat Boys, as bandas de apoio. Escandalosos e coloridos, éramos uma gente pra lá de incorreta no meio de tuxedos e vestidos longos.

O casal de apresentadores, Blota Jr. e Sonia Ribeiro, dois tiozinhos discretos em trajes de gala, liam os textos num cartãozinho e anunciavam o próximo "concorrente" com a graça de um leilão de gado.

A fase das eliminatórias passava tão rápido que nem dava tempo de fixar nomes de artistas menos expressivos, salvo alguma fofoca correndo nos

* "Se eu tivesse um cérebro..." (N. E.)

bastidores tipo: "A Elis quer puxar o tapete da Claudia". E lá iam todos assistir ao duelo das duas para tomar partido. Mundinho surreal demais para mim, a "gringa" roqueira bocejando para o momento político do país (militares e comunistas se equivaliam na chatice), uma ET caipira que entrou de gaiata na festa dos sisudos MPBistas que se levavam demais a sério. Minha curiosidade era parecida com a que eu sentia espiando na moita os artistas que frequentavam o Gran Cassino do Guarujá.

COM MEUS BOTÕES...

☻ Afinal, Rita, o que você faz aqui se metendo com essa gente do mundo da música se essa não é a sua praia? Aliás, já sabe o que pretende nesta vida? (perguntei-me eu).

— Veterinária — respondi prontamente.

☻ Ah, é? Sem saber porra nenhuma de química e física? (esculhambei-me eu).

— Posso também me tornar uma secretária eficiente, assim como minhas duas irmãs — insisti.

☻ Sei... e ser demitida por derrubar café nos documentos? (lembrei-me eu).

— Dou aula de inglês, trabalho de balconista, pinto uns retratos, monto uma lojinha de R$ 1,99 — capitulei.

☻ Grande futuro, hein? (ironizei-me eu).

— Tá bom, desisto.

☻ Ótimo. Invista sua vida em música e fim de papo (resumi-me eu).

— Mas... mas... mas música é só um hobby — protestei.

☻ Será? (duvidei-me eu).

SAMPA BAIANÊS

Os ventos sopravam a favor do nosso barquinho apesar das tempestades no horizonte do Brasil. São Paulo estava na fase bola da vez, tipo "*if you make it there, you make it everywhere*",* a Nova York tropical, a cidade com menos brasilidade folclórica do país, o que a torna personalíssima. Gil e Caetano se mudaram de mala e cuia para dois baita apartamentos na avenida São Luís, quase na esquina da praça da República. À minha família só restava rezar: quase não parava em casa e quando aparecia era para dar uns amassos na Danny, tomar banho, trocar de roupa e sair batido sob fogo cruzado de perguntas que eu não tinha o menor saco de responder. Para todos os efeitos, eu estaria fazendo trabalho "de campo" na faculdade.

A verdade é que eu bundava entre a Pompeia, onde ozmano moravam, e a avenida São Luís, no QG Bahia, assistindo à mais completa procissão de *beautiful people* da vanguarda brazuquesa, um entra e sai de humanos interessantíssimos jamais vistos no planeta de onde vim: Torquato, Capinam, José Agripino, Rogério Duarte (morria de medo dele), Maria Esther Stockler, Zé Celso, Antonio Peticov, Hélio Oiticica e outras tantas figuraças.

Discursos apaixonados sobre política, literatura, filosofia, arte, *oskimbau*, verdadeira praça de alimentação para minha alma tão faminta de cultura brasileira. Meu ego atingiu os maiores índices de inflação quando Glauber Rocha um dia lá me definiu como a Cacilda Becker do rock. Pra que perder tempo batendo ponto numa faculdade de Comunicações estando eu cercada dos melhores mestres do *métier*?

Não lembro exatamente quando o rótulo tropicalismo surgiu da cartola nem quem foi o mágico. A coisa toda ia se metamorfoseando no teatro vivo daqueles divino-maravilhosos. O disco *Tropicália* foi minha definitiva desvirginada na neo-MPB — Música Planetária Brasileira. Farra boa quando a gangue se encontrava para escolher quem gravaria o quê. A genial foto da capa foi apenas uma amostra da nossa audácia.

* Expressão que significa algo como "se você conseguir fazer algo nesse lugar específico, conseguirá fazê-lo em qualquer outro". (N. E.)

PRIMEIRO LP

Na cola dos baianos, o destino dos Mutas ganhava novos desafios. Surgiu o convite da gravadora Philips para um primeiro LP solo. Pernas pra que te quero, bora buscar repertório. Gil e Caetano deram o mapa de como fazer letra e música em português, além de nos presentearem com "Panis et circenses", cuja composição em apenas quinze minutos eu, deslumbrada, testemunhei.

Observando a facilidade com que os caras compunham músicas enquanto conversavam aleatoriamente, aprendi a respeitar o "santo": aquela inspiração espontânea que baixa como um sussurro e te faz registrar no papel um pedaço de letra, dedilhar uma melodia, uma harmonia. A coisa ia se delineando sem querer querendo e, quando ia ver, já estava pronta.

Gulosa para garimpar mais repertório de calibre, tive a cara de pau de ir sem avisar até o apartamento de Jorge Ben e pedir "pelamordedeus" uma música. Quem abriu a porta toda descabelada foi uma cantora não muito conhecida na época. Ops, já ia me desculpando pela inconveniência quando o deus do suingue escancara a porta e simpaticamente me convida a entrar. Por cinco segundos pensei que ia rolar um *ménage*, mas nos segundos seguintes mr. Ben já estava no violão tocando o esboço de "A minha menina" com olhares de torpedo para a moça. Tempos depois, quando a cruzava nos bastidores da vida, então já muito famosa, trocávamos olhares e um sorrisinho cúmplice.

Para abrasileirar os Mutas (eu andava encantada com o país onde nasci), sugeri gravarmos "Adeus Maria Fulô", que minha mãe tocava no piano e eu sabia de cor. Na gravação desta, usei um instrumentinho que os palhaços Torresmo e Fuzarca faziam com tampinhas de garrafa afinadas que, ao soltá-las no chão, tilintavam a nota certa. Na falta de ideia melhor, regravamos "Bat macumba" e "Baby" (do *Tropicália*) e incluímos uma do antigo *set-list* das Teenage Singers, "Le premier bonheur du jour", onde além da flauta doce "toquei" uma bomba de Flit pontuando a música. Fizemos versão para o português de "Once was a time I thought", do Mamas & the Papas, e uma parceria com Caetano em "Trem fantasma". Perdendo um pouco a insegurança inicial, completamos o repertório com três composições nossas: "O relógio" (em homenagem ao meu próprio), "Senhor F" (chupada de "For the benefit of mr. Kyte", dos Beatles) e "Ave Gengis Khan", uma piraçãozinha tolinha.

Guilherme Araújo, empresário de todos nós, uma pessoa pra lá de hilária, sugeriu o genial Wesley Duke Lee para fazer a capa. Na foto, Serginho veste uma capa preta de veludo que minha mãe costurou às pressas; Arnaldo, um quimono que eu comprei de um chinês contrabandista de ban-lon; e eu, um vestido-poncho feito com outra toalha indiana garimpada nas muambas do cara. Dentre os pedaços de cenários de teatros antigos que Wesley colecionava, escolhemos o de uma sala de visitas meio *creepy* e acrescentamos uma poltrona de plástico transparente de piscina com uma luz branca dentro.

GOOD TIMES

Naquele tempo, trabalhar um disco nas rádios era fazer uma procissão por quase todas e tomar um cafezinho com o pessoal. Não havia jabá nem carro-chefe, cada rádio ficava *free* para executar as músicas de sua preferência. Flávio Cavalcanti quebrou nosso disco ao vivo no programa de TV dele. Ponto para nós. Por outro lado, íamos descontar nosso desacato sob a proteção do Chacrinha, ainda na TV Excelsior, o suprassumo do surrealismo. Chesa, no fundo, no fundo, ainda alimentava a esperança de a filha entrar para um convento, assim como Charles a de um dia eu me formar em Odontologia. Mas o que preocupava a família naquele momento eram os olhos avermelhados da caçula e uma certa tendência à desatenção. Danny, minha única cúmplice, era a *second hand smoker** dos "cigarrinhos de índio" fumados no porão, desconsiderando a lei da física que levava a fumaça para cima.

* Fumante passiva. (N. E.)

Por essa época, rolou um festival de música na TV Excelsior onde os Mutas concorreram com “Mágica”. Eu toquei autoharp e Rogério Duprat pilotou um *cello* eletrificado com um pedal de *vibrato*, todos nós fantasiados de Merlin. Acho que nem foi classificada, mas ficou na manga para fazer parte no próximo disco, pois o primeiro havia sido um fenomenal fracasso nas rádios.

Ozmano venderam Dirce, a Kombi, e compraram um Ford Fairlane, e a onda de aloprar o bairro da Pompeia continuava a todo vapor. “E se não temos merda para fazer...? É hora de fazermos merda!”, completávamos em uníssono. Surgiu um convite pra lá de inesperado: uma ponta no filme *As amorosas*, de Walter Hugo Khouri, gravada num barzinho da Galeria Metrópole que até hoje não assisti, mas achei chique ter participado.

Em *As amorosas* (1968), Os Mutantes tocaram duas músicas nunca lançadas oficialmente: “O tigre” e “Misteriosas rosas brancas”, ambas arranjadas por Rogério Duprat, primo de Walter Hugo Khouri. O diretor comentou nos bastidores o quanto tinha achado Rita bonita e sugeriu, na última hora, que ela tivesse um papel maior e flertasse com Paulo José, o protagonista do filme. Outra curiosidade é que o artista plástico Antonio Peticov aparece na plateia, assistindo ao show, e entrega uma flor a Paulo José.

O SEGUNDO FESTIVAL

Sou péssima em matéria de precisão histórica, escrevo sobre as impressões que ainda guardo na minha maltraçada memória. Não me lembro em que ano aconteceu a fase paulista do FIC — Festival Internacional da Canção — no teatro da PUC em São Paulo, reino estudantil esquerdette. Os Mutas inscreveram “Caminhante noturno”, música pomposa, meio teatral, além de acompanhar Caetano em "É proibido proibir", sendo que dessa vez Gil faria "Questão de ordem" com os Beat Boys. Para a apresentação do "Caminhante", descolei umas roupas soturnas beirando frangalhos na Casa dos Artistas que até hoje não devolvi. Quem iria confeccionar os figurinos para Mutas e Caetano seria Regina Boni, sugestão do sempre hilário Guilherme Araújo. Nossa apresentação solo rolou sem muitos aplausos, mas nenhuma vaia. Devem ter nos achado engraçadinhos com roupas de mendigo. A bagunça começou mesmo na apresentação caótica de Gil, algo realmente surreal para os ainda acostumados às bem-comportadas músicas-protestos dos Vandrés e suas violas lamentosas. A audácia foi tanta que os xingamentos estridentes obrigaram Gil a se retirar do palco sob forte vaia, sendo automaticamente desclassificado. Entram Caetano e Mutas vestidos de plástico e a plateia explode com nosso desacato nos desacatando de volta com tomates e outras delicadezas comestíveis. Mutas viram de costas para proteger os instrumentos e continuam a tocar; num dado momento, Caetano, mordido com as vaias e solidário à desclassificação de Gil, começa a discursar de improviso sobre nosso fundo musical. A frase mais memorável, e que também poderia perfeitamente ser aplicada hoje, foi: "Então é essa a juventude que quer tomar o poder?". Não foi desclassificado, Caetano se retirou do festival. Rock'n'roll na veia.

O VESTIDO DE LEILA

Com Gil e Caetano fora do páreo, os Mutas se classificam para a eliminatória no Maracanãzinho, do Rio de Janeiro, lembrando que, até aquele momento, esta branquela caipira que ora vos fala nunca havia saído de São Paulo, e conhecer a Cidade Maravilhosa era um sonho quase tão sonhado quanto a Disneylândia. Engraçado meu pai não estar nem aí para o que eu fazia ou deixava de fazer (devia suspeitar que boa coisa não era), mas o harém ficou aflito: "Mais de oito horas de ônibus? Quem vai junto? Onde você vai dormir?". Antes de sair para a viagem, já mais conformadas, *las mujeres* me aconselharam a dar uma paradinha em Aparecida do Norte pedindo proteção. No fundo, no fundo, torciam por mim. Fofas.

A produção do FIC nos hospedou no hotel Glória, um quarto e três camas, sem problema, estávamos acostumados a conviver em bando, tipo amiga nossa é soldado e ninguém aqui gosta de dar nem de comer o rabo. No primeiro ensaio já deu para sentir olhares enviesados. O diretor-geral, Augusto Marzagão, fez o diplomata contornando os mais indignados, e nessas aproveitei sua simpatia para pedir um *help* me liberando alguns figurinos do guarda-roupa da TV Globo para nossa apresentação "porque não tivemos tempo nem grana para comprar e porque na Record eles costumavam liberar, coisa e tal". Me deu carta branca e lá fui eu feliz aos estúdios do Jardim Botânico. Entrei e dei de cara com uma miniHollywood carioca que deixava a TV Record paulista no chinelo. Perdida pelos corredores pra lá e pra cá, acabei passando em frente a uma gravação interna de *O sheik de Agadir*, a novela sensação do momento e que o harém acompanhava religiosamente. Congelada de emoção, parei para assistir um pouco, mas nesse exato momento gritaram: "Corta! Valeu, obrigado!". Apagaram as luzes, começaram a desmontar a cena e eu lá espiando o movimento, encantada. Foi quando enxergo a atriz principal da novela, Leila Diniz, vestida de noiva e fumando sentada num pedaço de cenário lá no meio da balbúrdia dos contrarregras. Minha macaca de auditório interior não se conteve e, hipnotizada, fui até ela me declarar. Antes de pagar o mico, eis que a deusa me reconhece dos festivais e pergunta o que eu fazia por lá. Contei que procurava o guarda-roupa, que estava meio tensa porque o clima do ensaio foi estranho e tal. Disse-me Leila: "Já notei que você gosta de se fantasiar... Hoje terminei as gravações com este vestido de noiva, não vou usar mais. Acho que te cabe, quer?". Já estava quase desmaiando quando emendou, debochada: "Mas tem que ser com este detalhe aqui...". E levantando o vestido mostrou nos pés um par de tênis surrados. A noiva do sheik era pré-punk! Ela me guiou até o guarda-roupa, desmontou-se e orientou a camareira a deixar o vestido comigo. Só não fiquei com os tênis porque eram do acervo particular dela, além de dois números menores. Ainda escolhi dois trajes a rigor para ozmano. Até hoje não devolvi o vestido de Leila para a

Globo e vou negar no tribunal que ainda o tenho. Além de paramentados para matar de susto os jurados, que naquele mesmo dia fizeram um abaixo--assinado para nos tirar do festival, a apresentação dos Mutas foi digna de Fellini. Soubemos depois que o único membro do júri a não assinar o protesto foi Nelson Motta. Fofo.

Já no final da apresentação de "Caminhante noturno", aproximei um gravador K7 da boca do meu microfone e, para o Maracanãzinho inteiro ouvir, soltei uma gravação do discurso de Caetano de "É proibido proibir". Sem dúvida o Rio era bem mais receptivo à nossa esquisitice e, naquela noite, aplaudidíssimos, saímos classificados para *el gran finale*.

Por telefone, minha mãe contou que o harém chorou de joelhos aos pés da imagem de Nossa Senhora Aparecida colocada sobre o aparelho de TV, numa cena, imaginei, igualmente felliniana. O Sargento, claro, estava dormindo.

RIO RITA

Eu, que só conhecia o Rio por fotos em branco e preto da revista *O Cruzeiro*, nem preciso dizer a emoção de pisar na calçada rebolada de Copacabana e ver *in loco* os cartões-postais da cidade, um mais espetacular que o outro, e tudo em tecnicolor. Merece ser contado que a branquela paulista levou mó caldo no mar gelado de Copacabana e quase morreu afogada. No quesito calmaria, a água quentinha do Guarujá dava pau. Mas o Rio era escandalosamente muito mais Brasil do que minha esquisita São Paulo, tivesse eu nascido lá, talvez trocasse rock por surfe. Por ser descendente de imigrantes, minha família nunca comprou a briguinha besta paulistas *versus* cariocas, achávamos o Rio a capital mais bonita do mundo. Aliás, meu pai nunca perdoou Juscelino, mais por conta da troca do Rio por Brasília do que pelo gasto absurdo na construção da nova-cap.

Na finalíssima do 1º FIC, os Mutas ficaram em sétimo lugar com sensação térmica de primeiro, a consagração do improvável. Fazendo a mala de volta a Sampa, chega um convite inusitado: a poderosa Shell (*Hell!*) nos queria como garotos-propaganda da companhia. O cachê era bom, incluindo um jingle da campanha e cinco filminhos publicitários para a TV no estilo *A hard day's night*. Fosse hoje diriam que nos "vendemos ao sistema", sendo que o tal jingle, "Algo mais", acabou incluído no repertório do segundo disco dos Mutas. Ou seja, nos vendemos ao sistema. Lembro que um desses filminhos foi gravado no parque Lage, comigo vestindo a noiva da Leila Diniz (recém-afanado da Globo) entrando num calhambeque *vintage* para fugir da polícia.

Disseram que voltei do Rio carioquisada. Pudera! Pela primeira vez na vida recebi aplausos e Deus viu que isso era bom. O sucesso daquele 1º FIC rendeu um convite ainda mais *big*: representar o Brasil no festival do Midem, uma feira livre de música planetária, espécie de balcão de vendas, que acontecia todos os anos em Cannes.

"Heeein??? *Douce France cher pays de mon enfance?*"*

Vou lá desmaiar um pouco e já volto.

Preparativos mil entre tirar passaporte, alugar fantasias na Casa dos Artistas e acomodar zilhões de perguntas da família. Comecei a fazer a mala já imaginando ficar por lá mesmo, mas segundos depois lembrei que jamais poderia abandonar Danny e esvaziei metade.

Minha primeira impressão de viajar de avião é a mesma que tenho até hoje: a "espaçonave" da raça humana estava mais para carroça voadora medieval do que para disco voador. Realmente eu esperava mais modernidade tecnológica. As quinze horas infernais até Paris e mais duas até Cannes não abalaram meu espírito bandeirante. Só não contava com o frio filadaputz, e mal desembarquei na calçada do aeroporto comprei um casaquinho de couro vagaba na banca de um argelino. Pobrinha, *pero très chic*.

* Trecho de canção muito popular de Charles Trenet. "Doce França, o país de minha infância." (N. E.)

LE MIDEM

Se eu descrever aqui como foi a apresentação dos Mutas no festival do Midem estarei mentindo: cantei "Le premier bonheur du jour", "Bat macumba" e "A minha menina" hipnotizada pelo mega-hiperlustre de cristal pairando sobre nossas cabeças, praticamente uma nave-mãe me chamando de sua. Dia seguinte, os três patetas seguiram para Paris, de onde voltariam ao Brasil em três dias. A *cité lumière* era aquilo mesmo: *la creme de la creme* do charme da burguesia do reino dourado da raça humana nunca antes avistado por uma ET brasileira. Cada passo, um desmaio; dormir, nem pensar. E nada melhor para uma pobre de marré paulista do que o *point* dos pobres de Paris, o Mercado das Pulgas, simplesinho com trombetas.

RITA'N'BEATLES

Tudo muito bom, tudo muito bem, mas ali ao lado da França estava a Inglaterra me chamando para um bate-volta. Como ozmano não toparam, me embrenhei solitária na travessia do canal da Mancha. Depois de vomitar a viagem inteira na balsa até Dover, peguei um trem até Victoria Station e de metrô fui parar em Notting Hill Gate, mais precisamente no meio de uma feira de rua lotada de hippies vendendo frutas, verduras, roupas usadas, camisetas *tie dye* e, claro, haxixe. Fiz uma boa xepa e descolei por ali mesmo um *bed & breakfast* ordinário, mas limpinho, e fui direto dar plantão em frente à Apple junto de outros trocentos fãs histéricos que tiveram a mesma ideia que eu, apenas mais uma mosca no meio de milhões. Chuva, frio, terremoto, asteroide, nada abalaria a militância beatlemaníaca amontoada atrás de cordões de isolamento a poucos metros da porta do predinho da Apple, um tanto mixuruca pela fama que tinha. De repente, a onda humana se desloca para o estacionamento, de boca em boca a notícia de um beatle saindo pela porta dos fundos. Os policiais seguem junto segurando o comboio e, nessas, a porta da frente da Apple fica desimpedida, mais que depressa voo até lá e, gulosa, lambo a maçaneta. Missão impossível cumprida, hora de retirar meu time e voltar à pensão para então fazer o caminho de volta a Paris. Pois bem, estava eu quase chegando à estação do metrô quando passa por mim um Rolls-Royce branco e vislumbro a cabeça de John Lennon no banco traseiro. Congelo no ato. Nem para correr atrás ou gritar fui capaz. Só consegui me consolar ante a possibilidade de aquela cabeça ser apenas da Yoko Ono. Ainda fiz a "vendedora de fósforos" e na cara dura pedi esmola na saída do metrô, que deu para matar a fome com um *fish & chips* gorduroso, o qual vomitei na balsa na volta a Calais. Para ozmano, omiti que tinha lambido a maçaneta e menti que vi os 4Fabs bem de pertinho saindo da Apple.

ADENDO LONDON

Um outro fato que aconteceu anos e anos depois, que lembrei agora, foi comigo e Roberto também em Londres, dessa vez hospedados no caríssimo Claridges. Por meio de um amigo conseguimos entradas (esgotadíssimas) para assistir Taylor & Burton na peça *Private lives* no Wilshire Theatre e, é claro, fomos depois dar plantão na porta lateral à espera da saída dos atores munidos do programa da peça para pedir os devidos autógrafos. Eis que, frente a frente com o famoso casal (que amava se odiar em público), declaramos nossa mais profunda emoção, nossa admiração, nosso respeito, nosso amor incondicional e blá-blá-blá. Só esquecemos dos autógrafos. Dãã.

AY AY AYAHUASCA

Chegando em casa do Midem, minha primeira aventura fora do país, disseram que voltei inglesada tipo "Ái sêi tomêito, iú sei tomáto". Britanizei meu americanês para escárnio geral.

O tempo passa em *fastfoward* na minha cabeça e me localizo pouco antes da participação dos Mutas em outro festival da Record.

Não lembro exatamente qual visitante chegou no QG Bahia na avenida São Luís trazendo um garrafão de chá de ayahuasca. Descreveu as maravilhosas curas da alma que o santo remédio realizava, só não mencionou o vômito colateral nem considerou que tomar tal chá numa baita *city* feito São Paulo seria ótima receita para uma baita *bad trip*. Também não lembro quem tomou ou não tomou, só sei que eu tomei. Depois de botar as tripas pra fora, tive a brilhante ideia, talvez teleguiada pelos espíritos do povo das florestas, de sair às ruas de São Paulo. Andei apenas um quarteirão, o que deve ter durado umas quatro horas, e cheguei ao reino encantado da praça da República, para então me unir de corpo e alma ao caos urbano metamorfoseada de índia Jupira. O que aconteceu comigo nas dez horas seguintes, não sei, se fui devorada por transeuntes canibais ou transportada para a selva Amazônica numa tribo de pigmeus. Lembro de miraculosamente "acordar" no casarão da Joaquim Távora agradecida pela competência do meu Anjo da Guarda, que evitou minha prisão ao entrar no laguinho de carpas. Acredito que se tivesse tido uma *bad trip* de ayahuasca na praça da República, não estaria viva para contar. Nunca mais quis ver o santo-daime pela frente. Pelo menos não no centrão de São Paulo.

TERCEIRO FESTIVAL

Estava eu no apartamento de Gil quando Guilherme Araújo me puxa de lado: "Ritinha querida, catei no lixo uma poesia maravilhosa que não sei por que Tom Zé amassou e jogou fora. Espia só se não é uma ideia genial para você fazer um rock". Sim, era tão genial que, gulosa, não dividi com ozmano a poesia de Tom Zé. Eu seria a única porca a comer daquela pérola. De fato, quando li a primeira vez, mergulhei de cara num rock espacial, mas, pensando melhor, por que não tropicalizar e fazer o oposto do óbvio? A letra já viajava na maionese interplanetária, merecia uma música simples, simplória até. Foi então que Deus me sussurrou a charada e juntou Kubrick a Mazzaropi, me revelando o astronauta caipira oculto: Jeca Tatu *goes to Mars*. Com a bênção de Tom Zé, inscrevi a música "2001" no festival e fomos selecionados. Outra que passou no vestibular naquele mesmo ano foi "Dom

Quixote", dos Mutas, belíssima oportunidade para me fantasiar de Dulcinea e não devolver os figurinos ao guarda-roupa da TV Record. Para a apresentação de "2001", convocamos Regina Boni, que novamente nos vestiu com roupas de plástico, dessa vez transparentes.

Minha memória guarda três minipolaroides desse festival:

1. O arranjo de opereta genial que Rogério Duprat fez para "Dom Quixote".
2. A dupla caipira cantando o refrão de "2001" com Gil tocando sanfona.
3. Eu pilotando um teremim com uma coroa de plástico e maquiagem kabuki.

As duas músicas foram classificadas.

NOVAS REGRAS

Segundo LP dos Mutas à vista, hora de montar repertório, já com "2001" e "Dom Quixote" na manga.

Lá na casa dozmano, eis que surge uma regra nova: a partir daquele momento, todas as músicas do trio seriam registradas em nome dos três juntos, independentemente de quem compusesse o que, quando, como e onde. O espírito mosqueteiro "um por todos e todos por um" então fazia um certo sentido. A coisa travou quando Sergio e Arnaldo, num repente nepotista, queriam incluir Claudio, o mano mais velho, como o quarto elemento. Uma coisa era fabricar instrumentos, outra era compor música, letra, cantar e tocar. Por mais ingênua que fosse, saquei a malandragem e vetei no ato, tipo ou ele ou eu. Só não saquei a roubada em que estava me metendo ao topar dividir todas as composições musicais em três partes iguais. Esta é da série "se arrependimento matasse".

Não que ozmano fossem desimportantes dentro dos Mutas, muitíssimo pelo contrário, a virtuosidade de Sergio na guitarra era fato inegável, apenas sua técnica instrumental se mostrava inversamente proporcional ao talento como compositor. De nós era o que cantava melhor, apesar da mania de imitar Paul McCartney, o que eu considerava vergonhoso. Arnaldo tinha ótimas ideias, tocava baixo e piano legal, sabia não ser virtuose como o irmão, mas em matéria de ousadia estava anos luz à frente. Cantando era um tanto desafinado, nos vocais mandava bem. Quanto a mim, não tocava nem cantava porra nenhuma, fazia a "bonitária, mas orditinha", contribuindo com 80% das letras, 40% das músicas, 30% dos arranjos e 100% dos figurinos. O lance é que na hora de mostrar serviço, nós três juntos desempenhávamos bonito.

A capa do segundo álbum foi uma foto da nossa primeira apresentação ao vivo no FIC com "Caminhante noturno" (na minha opinião, já um tanto datada) com Arnaldo de bobo da corte, Sergio de toureiro e eu no clássico vestido da Leila Diniz. Gosto mais da contracapa, onde estamos de ETS, a maquiagem pra lá de malfeita chupada da maquiagem também pra lá de malfeita de Boris Karloff em *Frankenstein*. Nas cabeças, bolas de borracha compradas nas Lojas Americanas e cortadas ao meio onde colamos barbantes simulando veias e nos pintamos todos de branco. Chupando a série de TV *Os invasores*, esculpi para mim um sexto dedinho de massinha de modelar e que na hora do clique teimava em sair do lugar.

No repertório do LP *Mutantes* tinha:

"Dom Quixote", autoria conjunta e chupada dos Swingle Singers.

"Não vá se perder por aí", dos antigos companheiros Raphael e Tobé.

"2001" escapou da autoria conjunta porque Tom Zé, com razão, não concordou em dividir com ozmano.

"Dia 36", composição de um gringo doido que apareceu no pedaço vindo não sei de onde, assinada com os três Mutas.

"Algo mais", o jingle da Shell, de autoria só dozmano, eu assinei de alegre.

"Banho de lua", versão de Fred Jorge para a italiana "Tintarella di luna" (Migliacci e De Filippi), sucesso no Brasil na voz de Celly Campello.

"Mágica", que concorreu no festival da TV Excelsior, autoria conjunta.

"Fuga nº 2", letra e música só minhas, assinada como autoria conjunta.

Na música "Qualquer bobagem" (Tom Zé e Mutas), Arnaldo cantou com o gaguejar chupado de Roger Daltrey em "My generation".

"Caminhante noturno", autoria conjunta.

Quando digo "autoria conjunta" significa composta por um ou dois de nós, raríssimas vezes pelos três juntos.

O trabalho novo foi sumariamente ignorado pelas rádios.

TEATRO TUPI

Paralelamente, acontecia o programa *Divino maravilhoso* na TV Tupi, algo que Fellini teria dado nota máxima no quesito porra-louquice. Portas abertas para a tropicanalhada toda pintar e bordar à vontade. Ressalto três polaroides:

1. Abre-se a cortina do teatro e lá estão todos os tropicalistas sentados atrás de uma mesa de ponta a ponta do palco, cada qual representando um apóstolo da Santa Ceia, enquanto Gil, no papel de Jesus, cantava "Miserere nobis". No fim, bananas e abacaxis da ceia distribuídos para a plateia *à la* Chacrinha.
2. Uma gravação na gafieira Som de Cristal cujo convidado de honra do programa seria Vicente Celestino. Digo seria porque acabou não sendo. O velho cantor lá presente teve um piripaque na passagem de som quando ozmano, intencionalmente, ligaram os instrumentos no volume máximo e os vidros da gafieira quase explodiram. Pegou mal.
3. Comecei a notar um rapaz loiro, magrela e lindo que volta e meia aparecia nos bastidores do teatro Tupi. Chegava meio tímido, trocava umas figurinhas com a gente e sumia de vista. Parecia um anjo. Depois soube que tinha anjo até no nome, Stuart Angel.

Sem aviso prévio, a direção da emissora um dia simplesmente despede os tropicalientes sem mais, ou melhor, o "conselho" indireto dos milicas acabou vencendo e a TV Tupi achou por bem não forçar mais a barra. Pressão dos telespectadores, disseram. Pena não existir nenhum registro do *Divino maravilhoso*. Dizem que as pérolas todas sucumbiram num incêndio e baubau. História pra lá de mal contada para quem, como eu, tem mania de conspiração.

A GUINADA

Pouco depois de despejados do programa, rolou uma ótima proposta para os Mutas: uma temporada na boate Sucata, no Rio, acompanhando Gil e Caetano. Era para durar um mês. Sabíamos que o clima político não estava para brincadeiras, mas a proposta era *mui* simpática. Animadíssima com a possibilidade de passar um tempo no Rio e ao mesmo tempo prevendo uma saia justa com a família, fui pedir conselho a Gil. O diálogo foi mais ou menos esse:

"Seu pai é americano tipo racista?"

"Só com políticos!"

"Ótimo. Então deixa comigo que eu vou na sua casa e converso com ele."

Avisei da visita ilustre e tanto o harém quanto meu pai já pressentiam uma tragédia a ser anunciada, mas foram educadinhos e até prepararam um jantar para recebê-lo. E não é que a tese de Gil fez sentido? Em vez de a filha deles cursar Comunicações na USP, vamos encurtar a estrada e deixá-la se comunicar direto com o público. A menina era ajuizada e levava jeito para a coisa etc. e tal. O discurso familiar "aqui nesta casa ou se trabalha, ou se estuda, música é apenas um hobby" foi por água abaixo quando Gil completou: "Aliás, quando eu trabalhava de executivo na Gessy Lever ganhava muito menos do que ganho hoje fazendo música".

A família aprovou meu novo tutor e deu as bênçãos, deixando claro que as portas do casarão estariam sempre abertas para mim. Fofos.

A SUCATA

Estreia superbuxixada, casa lotadaça, nossa fama de mau corria boca a boca. O cantor francês Antoine ia nos assistir todas as noites e, em sua homenagem, Sergio dedilhava "A marselhesa" na guitarra. O parangolé de Hélio Oiticica no cenário "Seja marginal, seja herói", pura provocação. No repertório, músicas como "A voz do morto", "Marcianita", "É proibido proibir", "Baby", "Saudosismo". Isso tudo embalado em figurinos esquisitões. A temporada prometia momentos excitantes para todos os gostos. Menos para o dos milicas. A casa já havia recebido um recadinho para cancelar a temporada ou seria fechada. Sentia-se no ar a iminência do perigo, o que nos dava mais tesão ainda para tocar adiante. O mais hilário nessa desgraça toda foi a justificativa da polícia (entrando pela porta da frente enquanto fugíamos pela de trás) ao invadir a boate: Gil e Caetano estariam cantando o Hino Nacional enrolados na bandeira brasileira vestidos de mulher, fazendo apologia ao crime. Ou seja, a mais completa tradução do samba do general doido. Confundiram "*allons enfants de la patrie*" com "ouviram do Ipiranga", e o que era vinho virou vinagre. Logo depois desse episódio, Gil e Caetano foram presos e convidados a se retirar do país. Nessas, os Mutas ficaram órfãos e de alguma maneira foragidos. O pai dozmano ainda gozava de um certo prestígio no meio político e mexeu uns pauzinhos para livrar nossa cara. Por outro lado, meu pai, sendo dentista do consulado americano, procurou o cônsul pedindo interferência na soltura dos baianos, no que, claro, foi sumariamente ignorado.

FARRA EM PORTUGAL

Essa é boa para contar. Os baianos estavam no exílio quando os Mutas recebem um convite no mínimo suspeito: abrir um show para Edu Lobo no teatro Villaret, em Lisboa, cujo dono era o humorista Raul Solnado. Seria uma piada? Será que nos confundiram com o MPB4? Pagamos para ver, ou melhor, nos pagaram um cachê ridículo para irmos até lá. Sem problema.

Chegando ao hotelzinho que nos hospedaria, demos de cara com a cara fechada de Edu na recepção, que nem nos cumprimentou, afinal, lá estavam os Flying Monkeys frente a frente com o "amigo do Plínio". Em compensação, sua acompanhante, a bela e esfuziante Scarlet Moon, se enturmou conosco no ato e ainda nos apresentou ao simpático Vinicius de Moraes, bebendo e fumando alegremente na salinha do hotel.

Na manhã do dia do show, como bons CDFS, fomos montar o equipamento no teatro e deixar tudo pronto para voltar à noite e já entrar direto no palco. Edu não foi passar o som, o número dele seria só violão e voz, nada tão complicado que exigisse ensaio. O.k. Nossa apresentação até que rolou legal, apesar de o público português pensar que éramos argentinos. Assim que saímos do palco, sem perder tempo, seguimos feito Sherlock Holmes a trilha do multicabo do teatro conectado ao caminhão-gerador na rua e, *crau*, cortamos o troço. Não, não tiramos o plugue da tomada, nós o decepamos na raiz com um canivete. Breu. O mofo deu. Afinal, voz e violão no escurinho do teatro à luz de velas não deve ter sido tão mal assim, não é mesmo?

O PLANETA DOS MUTANTES

Para manter a fama *non grata* herdada dos tropicalistas, os Mutas se decidiram pelo teatro-surreal e ninguém melhor na direção do que o casal Maria Esther e Zé Agripino, ex-alunos do Living Theatre de Julian Beck. Depois de rigorosos testes de canto, dança e interpretação, todos palpitaram no cast. Para minha surpresa, foi selecionado um colega meu do Liceu Pasteur, Bellonzi, que há muito não via.

Elenco bizarro: um ex-padre, uma ex-stripper, um modelo bonitão, um estudante de medicina, uma recém-viúva, um gordão sonso e uma ex-secretária, cast para rock-horror nenhum botar defeito. De profissional mesmo, apenas a bailarina clássica e atriz Juliana Carneiro. Enquanto Maria Esther malhava as coreografias, Zé Agripino escrevia o texto e ambos bolavam os cenários com esguichos, pneus, trapos e sacos plásticos.

Ensaiamos a peça em São Paulo, mas estreamos no teatro Casa Grande do Rio. Buxixo bacana, mas público que era bom, muito pouco. Tempos bicudos até para sair de casa, quanto mais assistir a um bando de *freaks* encenando uma operação de coração no meio da plateia, espirrando sangue por todo lado, ou dentro de pneus de trator vomitando tripas de plástico enquanto Arnaldo cantava "Meu refrigerador não funciona".

Paralelamente, acontecia a seleção de músicas para o novo FIC, e dessa vez inscrevemos "Ando meio desligado", composta especialmente para a peça, primeira e única parceria minha com Sergio. Um espião chapa nosso chega esbaforido contando que os irmãos Vale estavam exigindo a anulação de "Ando meio desligado" por não ser música inédita, uma vez que já estava sendo tocada no teatro. *Mui* amigos. Se uma meia dúzia de três ou quatro pessoas a tinham ouvido era muito. A direção do festival achou por bem não aceitar o protesto, devem ter considerado que as apresentações ao vivo dos Mutas eram bem mais relevantes do que as dozmano Vale. Evitando mais atritos, cortamos a música da peça e ela foi finalmente selecionada. Tudo aconteceu tão rápido que não me sobrou tempo para bolar nossos figurinos, e na primeira noite fomos todos vestidos com macacões de jardineiros, sujos de barro. A ideia era compensar nosso visual modesto com uma "participação surpresa" do elenco de *O planeta dos Mutantes* na cena sangrenta do médico-monstro me operando numa maca. Dessa vez, a produção do festival achou "um tanto quanto por demais da conta" e não permitiu a entrada no palco dos colegas de teatro. Os Mutas causavam mal-estar, ainda mais nas coxias onde os "colegas" concorrentes se sentiam desrespeitados e o fantasma de um novo abaixo-assinado volta e meia vinha à tona.

Inesperadamente, "Ando meio desligado" foi classificada para a final. "Ó céus, com que roupa eu vou?". Repetimos o mesmo figurino do festival do ano anterior, a única diferença foi minha noiva dessa vez entrando em cena com barrigão de grávida. Imaginei Chesa cobrindo os olhos da imagem de Nossa Senhora Aparecida em cima da TV. Não fomos classificados.

DADDY'S LITTLE GIRL

O que eu nunca sequer poderia imaginar foi a notícia que minha mãe me deu no dia seguinte ao telefone: "Seu pai está indo amanhã para o Rio. Pediu para você buscá-lo na rodoviária". Hã???

Pensei no apartamento podrera na rua Santa Clara, alugado para a temporada de teatro e dividido com metade do elenco, uma pocilga para sargento nenhum botar os pés, se é que me entendem. Só respirei novamente quando, já dentro do táxi, ouvi Charles dando ao motorista o endereço de um primo carioca que nunca soube existir, ou seja, não pretendia se hospedar em nosso apê sodoma. Ufa! Deus e meu pai não eram padrastos. Para meu espanto e alívio, ele também preferiu não assistir à peça. Queria apenas confirmar se a caçula estava feliz naquela vida bizarra, coisa e tal. Pai e filha deram rolês pela Cidade Maravilhosa, visitando pontos turísticos e até fizeram uma boquinha num boteco na longínqua restinga da Marambaia para comer caranguejos.

A polaroide mais surreal dessa aventura carioca não foi a temporada no teatro nem participar do FIC, mas assistir pela televisão à chegada dos humanos à Lua com meu pai alienígena do lado dizendo: "Espero que os americanos tenham combinado essa palhaçada com os russos".

ADENDO LA LUNA

Nos anos 1950, enlouqueci lendo *Viagem à Lua,* de Júlio Verne, e nunca mais deixei de saudar minha doce "satélita". Mais de meio século depois do tal "grande passo da humanidade" e ainda não há uma explicação lógica para a inexistência de sequer uma estação/colônia lunar dos terráqueos! Mas... mas... mas, nem para tomar um refresquinho antes de seguir pra Marte? Muito suspeito isso. A teoria da minha conspiração acredita que nossos primos interestelares proibiram humanos de poluírem dependências cósmicas utilizando tecnologia nuclear pré-histórica. Há uma tese deliciosa e intrigante que diz ser nossa Lua um satélite artificial oco, o que não mudaria em nada minha paixão por ela. Costurando tudo num só patchwork conspiratório, ouso dizer que a História de Deus, da Criação, da Terra e seus habitantes sempre foi muito mal contada.

A DIVINA COMÉDIA OU...

Entre os Mutas, "a união faz a força" enfraqueceu depois do fracasso teatral. O ego dos três porquinhos sofreu um baque, e foi com frustração que partimos para um disco novo. Estava eu de volta ao porão-lar do casarão nos braços de Danny, quando vem Chesa toda sorrisos avisar que Nara Leão estava no telefone querendo falar comigo.

Hã??? A musa-mor Lindonéia-Nara-Mara?

Sim, a bela da bossa queria me dar de presente uma versão sua em português da música "Joseph", de Georges Moustaki, amigo dela. Nara disse que a fez pensando em mim e que, apesar de não ser um rock, me via cantando a música vestida de anja. Ouvindo a voz dela na fita K7 que me mandou, até achei sacrilégio gravar. Jamais iria conseguir aquela delicadeza chique que só Nara.

Animadinha e orgulhosa, levei a demo prozmano ouvirem e, é claro, odiaram e se recusaram a incluir no repertório do novo trabalho. Um passinho pra frente e dois pra trás em matéria de antenar um hit de sucesso. Enquanto discutiam pela nonagésima vez se transistorizado era melhor do que valvulado ou se Fender era superior a Gibson, eu, puta, peguei um táxi para casa.

O motorista era a cara do Desi Arnaz, já simpatizei. Contou que fazia música, simpatizei mais. Cantarolou coisas de sua autoria e simpatizei de vez. Meu *taxi driver*, Élcio, fazia o gênero compositor esculacho, tudo a ver com o espírito esquizopaulistano. Dei meia-volta no táxi e segui novamente para a Pompeia a fim de apresentar meu novo achado musical. De cara, ozmano ficaram com um pé atrás. A figura "taxista-cafajeste-brilhantina" de Élcio causou asco, mas, tão logo tocou e cantou "Hey boy" no violão, caíram de amores. E assim ganhamos um novo parceiro, que, aliás, também foi obrigado a assinar composições suas com Mutas.

A melhor faixa desse terceiro disco para mim é "Chão de estrelas", com o sensacional arranjo de Rogério Duprat estilo Spike Jones. Um LP chinfrim, mas na capa uma foto bacana chupada de uma gravura do inferno de Dante.

Além dessas músicas que já citei, tínhamos:

"Ando meio desligado", minha e de Serginho, assinada pelos três.

"Meu refrigerador não funciona", só do Arnaldo, assinada pelos três.

"Ave Lúcifer", que poderia servir de trilha sonora para teatrinho infantil, de Élcio + Mutas.

"Desculpe, babe", só de Arnaldo, assinada pelos três.

"Preciso urgentemente encontrar um amigo", os três patetas tentando emplacar uma música mais popular nas rádios, apelando para Roberto e Erasmo. Não rolou.

"Quem tem medo de brincar de amor", "Jogo de calçada", "Haleluia" e "Oh! Mulher infiel" eram *private jokes* do Arnaldo e não lembro se assinou sozinho ou foi "autoria conjunta".

... ANDO MEIO DESLIGADO

A história da contracapa merece capítulo à parte. Os diálogos foram mais ou menos assim:

"Estamos sérios demais na capa, temos de descontar na contracapa!"

"Precisamos chocar!"

"Que tal nós três num café *ménage a trois* da manhã?"

"Sim, nós três pelados numa cama *king size* atacando uma bandeja de guloseimas, enquanto Dinho (o amigo deles que arranhou a bateria nas gravações) nos observa fantasiado de general nazista!"

Ótima ideia. O problema era produzir aquilo tudo em estúdio. Arnaldo resolveu a questão sugerindo um cenário prático e barato: a cama dos pais dele. Para isso, tínhamos que retirar a mãe Clarisse da casa por pelo menos três horas. O jeito foi despachá-la ao Teatro Municipal para "assinar um contrato para um recital de piano e orquestra a ser marcado". Claro que o tal "comunicado" do Municipal chegou exatamente um dia antes pelo correio e foi Arnaldo o datilógrafo do texto.

Essa parte do plano deu certo, a outra, mais ou menos.

Pois bem. Estávamos lá, belos e fogosos tirando fotos sensuais no quarto do casal Baptista, quando a porta do quarto se abre e entra Clarisse, de cara tropeçando no tripé do fotógrafo. Rapidamente, Dinho, o "general nazista", a acode ao perceber os refletores de luz também desabando sobre a intrusa. Quando finalmente se recompõe e olha para sua cama, dá de cara com os filhos nus e eu nua no meio deles tomando suco de laranja e comendo biscoitos.

Aí, sim, Clarisse teve um belo motivo para desmaiar e justificar sua mania de angina. Se desmaiou mesmo, não sei, mas a urgência era desmontar tudo o mais rápido possível antes de a pobre beber o último gole de água com açúcar gentilmente oferecido pelo general nazista. Naquela mesma noite, Clarisse liga para Chesa e conta da pouca vergonha que aconteceu em sua própria cama e de como havia sido destratada pela diretoria do Teatro Municipal. Tal episódio foi a gota d'água para minha mãe começar a me cobrar um possível casamento com um dos irmãos, com qual deles agora já não sabia mais. Mesmo porque, nessa época, Chesa conhecia meu novo namoradinho, um flautista chinês, Thomas O. Lee, que se apresentava na boate Stardust no largo do Arouche e dizia que se nos casássemos meu nome ficaria Rita Lee Jones Lee. O dono da Stardust, um senhor sul-africano simpático que fugiu de lá por motivos políticos, tinha um filho, Lanny Gordin (tocava na mesma banda do meu *boy* chinês), um guitarrista pra lá de fera e que um dia desafiou Serginho para um duelo de guitarras onde o mais rápido venceria. Lenny era *jazzy* e levou a melhor. Mas essa é uma outra história. Só sei que diante disso tudo, Chesa entregou meu casamento a Deus e rezou para Santo Antônio ajudar.

TOP MODEL

Os Mutantes nunca foram vendedores de disco nem frequentadores das paradas de sucesso em rádios. Éramos apreciados por nossa esquisitice visual e sonora. Hoje somos considerados *cult*, mas na época ganhamos o apelido brega de "os the brasiliãn bítous" (escrito assim mesmo), para orgulho dozmano e um certo constrangimento meu, afinal, ser fã dos Beatles não significava querer ser os Beatles. Por essas e por outras começamos a nos desentender, até que rolou a primeira guerra de verdade e *kaput*, a banda acabou. Arnaldo pegou sua moto e junto com um amigo aderiu ao espírito *born to be free* se mandando pelas Américas latinas.

Certo dia, eu no casarão, recebo um telefonema de André Midani, *big boss* da gravadora Philips, marcando um encontro junto com Livio Rangan, *big boss* da companhia Rhodia. Ambos pretendiam me lançar em carreira solo, cujo ponto de partida seria o próximo desfile-show Nhô Look, além de entrar na passarela com modelitos caipira fashion no meio das tops profissionais, eu faria também o papel da mocinha da aldeia que namorava o clarinetista que tocava no coreto na pracinha da igreja. Convidei Lanny Gordon para integrar a bandinha como violeiro e ele topou. Os eventos da Rhodia e suas megaproduções misturando moda, teatro e música eram os mais aguardados da Fenit, Feira Nacional da Indústria Têxtil, que acontecia todos os anos no pavilhão do Ibirapuera. Em desfiles anteriores já haviam participado artistas de alto calibre como Raul Cortez, Bibi Ferreira e Walmor Chagas.

Como ozmano "transistorizados *versus* valvulados" continuavam cada um na sua, eu topei. Na sequência do sucesso do primeiro Nhô Look, fui convidada a estrelar o desfile seguinte. A conspiração Midani/Rangan de investir juntos na minha carreira solo se mostrava cada vez mais consistente, e Deus também viu que isso era bom. Segundo os dois *bosses*, a proposta do desfile-show desta vez seria baseada em mim mesma, no caso, a história da mocinha simples que sonhava ser uma *superstar* e chegou lá, enredo déjà-vu pra caramba, mas a grana boa demais para resistir.

Paralelamente, meu pai fechou o consultório da Xavier de Toledo e, para atender pacientes mais antigos, abriu um caseiro na sala de visitas do casarão. Nessas, seu Jeep sobrou na garagem. Com a grana do Nhô Look fiz uma oferta de 2 mil cruzeiros por ele. Negócio fechado. Em homenagem ao meu pai, batizei o Jeep de Charles e, para susto do velho, troquei a capota original por outra meio psicodélica, pintei a lataria de salmão, arredondei as janelinhas traseiras (tipo submarino), botei uns pneus mais patolas e tomei posse indo e vindo dos ensaios para o novo desfile da Rhodia no Ibirapuera, o Build Up. De artistas convidados, ninguém mais, ninguém menos que Tim Maia & banda, Jorge Ben & banda e Juca Chaves. Lá estava eu, sozinha e muitíssimo bem acompanhada, principalmente nas caronas de Jeep que eu dava para mr. Ben, que na época morava no caminho de casa. Sem qualquer modéstia, posso me creditar como a musa inspiradora da sua música Rita Jeep. Mimo.

Depois da apresentação do Build Up no Rio, Juca Chaves organizou uma festinha em sua casa, se não me engano no Joá. Estavam lá as belas modelos e os músicos quando chega Tim com uma caixa de papelão cheia do xarope Romilar. Como Juca não era chegado em *cannabis*, a animação da festa dos convivas coube aos vidrinhos do xarope lisérgico. A coisa batia de repente, tipo *shazam*! Depois, salve-se quem sobreviver. Manhã seguinte, aquela manjada cena de gente esborrachada pelos cantos da casa.

Os eventos da Rhodia faziam tanto sucesso na temporada paulista que depois rodavam o Brasil inteiro, sempre em espaços grandiosos e todos lotados, afinal, aquele espetáculo representava o *dernier cri* da moda brasileira.

A ONÇA

Estava eu no aeroporto de Fortaleza de volta a São Paulo, depois de vários desfiles da Rhodia pelo Norte/Nordeste, quando uma mulher simpática se chegou com uma caixa e botou na minha mão, assim sem mais explicações. Pensei que fosse muamba, sabe como é fama de músico. Muito melhor, era uma minioncinha, ou gato-do-mato, ou maracajá, como é chamado por lá. Naquele tempo era permitido fumar em avião e também levar filhote de jaguatirica no colo. Sentei perto de um senhor atrevido que, vendo meu bichinho, disse:

"Você não quer me dar isso para fazer um casaco de pele para minha filhinha?"

"Só se antes o senhor der sua filhinha para minha oncinha comer."

Uma fêmea, devia ter dias de vida, mas já mordia feito gente grande. Como eu ainda morava no casarão, foi pra lá que levei minha nova filha batizada de Guna e a apresentei à família. Pânico geral. Danny ficou dias sem olhar na minha cara. Aliás, todos observavam a bichinha com uma boa distância. Mijo de gato perto do de jaguatirica é perfume de rosa, aquilo era amônia pura, fora que não havia meio de ela aprender a fazer suas necessidades na caixinha de areia. Era tudo na hora certa no lugar errado. Charles se apaixonou por ela à primeira vista e ela por ele, só lembrando que quando o harém era contra, meu pai ficava a favor. Construiu uma megagaiola no quintal e passava horas junto da "onçaaaaa", como ele a chamava, ao que ela imediatamente respondia com um grunhido selvagem. *Me* Charles, *you* Onça. Um dia, Chesa teve a infelicidade de abrir a gaiola para trocar a água e Guna avançou na sua perna, rasgando um filé daqueles que precisou levar ponto e tudo. Como eu não parava em casa, ficou evidente que a oncinha só permitiria a meu pai entrar na jaula, ou seja, ele era só dela e ela era só dele, ninguém mais. Nessas, dancei feio. Danny percebeu a troca de dono e voltou aos meus braços.

Numa das minhas longas ausências, telefono um dia pro casarão para dizer onde estava, querendo notícias etc., e meu pai me comunica: "A onça está muito doente, não anda mais, desconfio que seja uma anemia braba, talvez até cinomose". Não ia sacrificá-la como o veterinário recomendou. Ele mesmo "fabricaria" um remédio *blitzkrieg* no laboratório do porão, onde fez um ninho quentinho para Guna ser tratada longe da mulherada. Charles ia de açougue em açougue pedindo ossos e o que mais sobrasse de carcaças de animais. Em casa, garimpava o tutano dos ossos, separava as sobras aproveitáveis e cozinhava tudo em diferentes panelas. Depois de cozidos, moía os ossos um a um até formar uma pasta de cálcio puro e adicionava aos poucos ao cozido das sobras. Como Guna estava fraquinha demais, meu pai dava a sopa na boquinha. Assim foi por algumas semanas até que milagrosamente a bichinha se levantou e passou a morar definitivamente no porão. Solta. As mulheres pensaram em transitar pela casa com escafandros em caso de ataque, mas Guna nem chegava perto delas, passava o dia desejando apenas escutar o chamado divino "onçaaaaa" quando Charles chegava em casa, para então sair da toca e segui-lo mansamente até o quarto dele. Lá se alimentava em segurança e passava a noite tranquila. A teoria do meu pai era de que Guna, na jaula do quintal, se sentia acuada e reagiria sempre com violência, ao passo que solta ficava no seu cantinho seguro do porão sem "avonçar" em ninguém.

LA CUCARACHA

Por essa época, Charles, que já dormia sozinho desde que trocou a companhia de Chesa na cama por uma Smith & Wesson debaixo do travesseiro, resolveu adotar uma barata. Sim, aquele monstro asqueroso. Descobriu que uma baby nojenta morava num buraquinho no rodapé do seu quarto e toda noite, depois de muito treino e confiança, meu pai assobiava e ela saía da toca para ganhar um torrão de açúcar do bondoso senhor cuja onça, ao contrário dos felinos, espantosamente não se entusiasmava em caçar baratas. Claro que as mulheres nunca souberam de tal bizarrice, até que uma tarde Carú foi ao quarto dele levar um cafézinho coado na hora e, vendo a barata lá no chão, comendo doce na maior tranquilidade, afundou o pé: *Pftchóft*! Diante da gosma da barata, meu pai grita: "A Maria, nãããoo!". Soube que Charles ficou de luto com a perda da coleguinha de quarto. Pois é, teve a frieza brutal de comer Debora, a pata pet de Virgínia, mas derramou lágrimas por Maria, *la cucaracha*. Depois eu que era a esquisita da família.

SUCESSA

O Build Up fez ainda mais sucesso do que o Nhô Look, e a jogada de mestre dos *bosses* foi lançar paralelamente um LP meu, contrato exclusivo e individual com a gravadora. Eu já havia montado uma banda nova com Lanny Gordin na guitarra, quando eis que cheios de sorrisos ozmano se reaproximaram pedindo para retomarmos a "velha chama" dos Mutas. Como sempre preferi fazer parte do *backing vocal* a ser *front stage*, concordei, desde que eu escolhesse o repertório do disco. Retomei as parcerias com Élcio, que passava por uma hilária fase gospel, com "Hulla-hulla", "Tempo nublado", "Eu vou me salvar", "Precisamos de irmãos" e "Prisioneira do amor" (só dele). Compus "Sucesso, aqui vou eu" especialmente para o desfile-show que traduzia toda a história, e por conta da "volta", Arnaldo também a assinou, sendo só dele a hilária "Macarrão com linguiça e pimentão". Serginho ficou de fora das parcerias. As gravações corriam bem até que anunciei a última faixa e ozmano quase desmaiaram de nojo, mas foram obrigados a gravar porque o disco "é meu e ninguém tasca". Sim, José, o presentinho gentil que Nara Leão havia me dado um tempo atrás. Aliás, foi a única música que estourou nas rádios, algo nunca antes alcançado pelos Mutas, o que gerou ciumeira e desdém, tanto que nos shows que se seguiram o mimo musical de Nara entrou na lista negra, sendo sumariamente proibido de ser tocado ao vivo porque pegava mal roqueiristicamente falando. Ahhh, justo quando Chesa começava a gostar da minha profissão... Completando o repertório do *Build up*, a música "Calma" (Arnaldo) e "Viagem ao fundo de mim" (minha).

Com a volta da banda, rolou o convite para participar de um novo programa musical semanal na TV Globo, o *Som livre exportação*. Além de nós, de elenco fixo Ivan Lins, Gonzaguinha, Clementina de Jesus, Tony Tornado, Tim Maia e um ou outro convidado. A mestra de cerimônia era Elis, que ainda fazia cara feia para o roquenrou brazuquês, apesar de num especial dela nessa mesma época cantar "Sucesso, aqui vou eu" num dueto com Marília Pêra, ambas vestidas *de chorus girl*. Mimo.

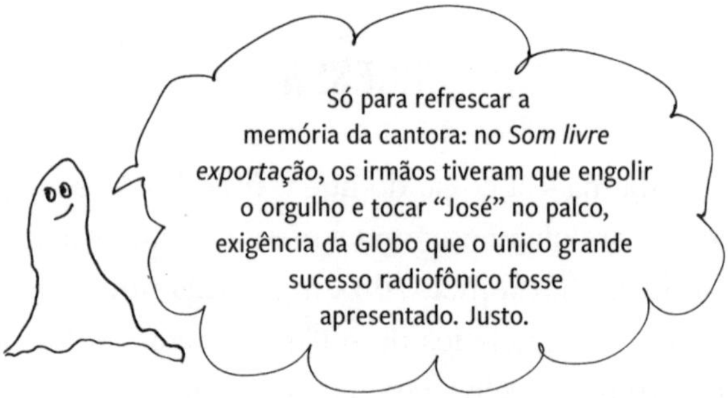

OS POBRES DE PARIS

Nosso empresário Guilherme Araújo também estava no exílio londrino junto de Gil e Caetano. Assim sendo, o rotundo empresário Marcos Lázaro, com *look* máfia argentina e que agendava dez entre dez artistas, se chegou com seu sotaque portenho: "Elis Regina ficou doente e cancelou a apresentação que faria no Olympia de Paris. Estou pensando em mandar vocês no lugar dela. O que acham?".

Hã? Uma temporada de um mês em Paris com tudo pago + cachê? Cachê mixuruca sim, *so what*?! Quase pulei no colo dele. Olha a França aí de novo, gente!

Corta a cena direto para a noite de estreia.

A atração principal da temporada era Charles Aznavour, o Sinatra francês. Lá comigo de mãos dadas espiando o palco da coxia estava Lennie Dale, autoexilado da caretice atual do Brasil, segundo o próprio. Os shows do esquenta para Aznavour incluíam um mágico holandês sensacional, um corpo de balé chiquérrimo, dois humoristas belgas e nós, os aliens sul-americanos. Até que eu estava calma dentro da minha saia azul rodada, estampada com frutas e bichos, *very* carmenmirândica, blusa branca justinha e decotada com bolinhas pretas de mangas bufantes, sandália de plataforma e, na cabeça, um arranjo floral de plástico feito por Lennie. Arnaldo vestia um smoking alugado com penacho colorido na cabeça fazendo o silvícola domesticado, e Sergio todo de branco *à la* pai de santo com chapéu de cangaceiro. O que a gente não faria para agradar ao exigente público francês! O nervosismo começou de verdade quando Lennie veio, entusiasmado, contar quem eram os VIPS na primeira fila do teatro: Alain Delon, Claudia Cardinale, Marcello Mastroianni, Catherine Deneuve, Johnny Halliday e Sylvie Vartan. "Dá licença que eu vou até o banheiro morrer um pouquinho e já volto." Foi tão bonitinho o mestre de cerimônia do Olympia nos apresentando: "*Avec vous, voici Les Os Mutantés*". "*Les* Os", uma delícia.

A garota que fez xixi de pânico no banquinho do piano e despencou do banquinho da bateria com apendicite subiu definitivamente no banquinho do deslumbre ao ver Alain Delon, o homem mais lindo do mundo (depois de James Dean) aplaudindo os três patetas brasileiros... E foi nesse momento que avisto Brigitte Bardot (deve ter chegado enquanto nosso show rolava) ocupando um lugar logo atrás dele. Desmaiei. Tema para escola de samba: "A consagração mutantesca nas selvas patafísicas do Olympo".

DAS *TRIPS* CORAÇÃO

Falando em piração, segundas e terças, na folga do teatro, rolavam os LSDays, dia de viajar na maionese lisérgica, principalmente porque nosso amigo brasileiro e também exilado em Londres, Toninho Peticov, chegou trazendo um vidro de maionese Hellmans cheio de Yellow Sunshines. Serginho não participava dessas coisas. Se a Torre Eiffel já era algo impressionante de se ver sóbria, imagine com um Sunshine na cabeça, "um Transformer voador da quinta galáxia perdida no universo paralelo do jardim do Éden, nos céus de Alice no país das cancãs".

Passamos Arnaldo, Toninho e eu doze horas dentro da Notre-Dame sentados em profundo silêncio recebendo o Espírito Santo. Uma outra vez inventamos de tomar uma pedrinha em Versalhes e só faltou Maria Antonieta carregando uma bandeja com nossas cabeças rodeadas de brioches. No quesito cômico-hilário, rolou uma situação pra lá de Marrakesh: Arnaldo apostou que conseguiria transar de graça com uma profissional da noite francesa no quarto do hotel meia-boca onde estávamos hospedados. Para tanto, alguém deveria ser o *voyeur*-testemunha do crime, escondido dentro do guarda-roupa do quarto. E só quem cabia naquele microespaço era eu. Me senti Natalie Wood em *Juventude transviada*, apesar de Arnaldo ser mais para Sal Mineo do que para James Dean. Eu, a mocinha da gangue, fiz a macha e topei. Rolaram as preliminares, e eu lá, firme. Rolaram beijinhos e amassos, e eu lá, firme. Foi na tiração da roupa que o filme *Irma la Douce* virou *A hora do espanto*: a moça no caso era um moço, daí que escancarei a porta do miniarmário e saí correndo mijando de rir. A aposta ficou indefinida por motivos óbvios.

A temporada no Olympia rendeu o convite de um produtor francês para os Mutas gravarem um disco e lançá-lo no mercado europeu, o que significava o fim dos LSDays e, consequentemente, trampo extra sem folga. Numa rápida reunião definimos o repertório.

A intenção era abrasileirar pra inglês ver e francês ouvir. Nem preciso dizer que a ressaca dos Sunshines nublou qualquer sinal de criatividade. As versões em inglês ficaram horrendas, os arranjos, péssimos, a guinada brazuca, um desastre e, lógico, o trabalho todo acabou indo parar na lata de lixo do Studio des Dames. Confesso que fiquei meio constrangida quando o tal disquinho furreca foi lançado no Brasil um tempo atrás. Coisas de Sergio que até hoje não se desencanta de uma época bacana que não volta mais.

Na véspera de retornar ao Brasil, comprei no Mercado das Pulgas uma legítima pistola alemã Luger de presente para meu pai, que falava maravilhas da arma. Fui detida no aeroporto porque tive a inteligente ideia de embarcar com a pistola na minha bolsa de mão. Dãã.

DANNY IN THE SKY WITH DIAMONDS

Sempre que eu chegava em casa, Danny fazia o ritual "saudade estratosférica de você" com demonstrações de amor incondicional, só quem tem cachorro sabe como é. Depois de desfazer a mala, distribuir *recuerdos* e responder a inquisição familiar, o resto do dia era dedicado à minha cachorra-filha-*best friend*. Um dia me deu na telha acampar com ela à beira da represa Guarapiranga, ótimo lugar para tomar ácido na santa paz. Estacionei Charles perto da beira, montei barraca, fiz fogueirinha e, depois de comermos feijão em lata imitando caubói de cinema, dei a ela uma lasquinha da "pedrinha" e engoli o resto. Dessa *trip* só lembro ter passado horas e horas observando Danny pastando, tranquila, com um cavalo amigo que apareceu por lá. Mastigava grama, relinchava e sacudia a crina. Cachorra-Zelig. Durante a madrugada fui devorada por borrachudos e voltei para casa parecendo um peixe-boi de tão inchada.

RECUERDOS

Entre os shows mutantescos, minha memória guarda duas polaroides:

1. Um festival de rock em Bauru na mesma noite de Tim Maia, quando mais uma vez dividimos o camarim com ele e banda. Todo mundo ali

fazendo o comportadinho sob o olhar de um par de meganhas que dava plantão nos bastidores do evento. Camarim secura total. De repente, Tim começa a gritar: "Porra, aqui é a terra do bauru, alguém vai ter que me comprar um bauru. Tô com fome. Não entro no palco se não rolar um bauru!". A produção entra no camarim preocupada com os gritos, os dois meganhas entram atrás e Tim interpreta a situação: "Eu só canto se me descolarem um bauru, entendeu? Bauru! Bauretz! Eu quero um bauretz, sacou? Bauretz!". Sim, a produção "sacou" perfeitamente. A solução foi dar uma grana para os dois meganhas com a missão de comprar o famoso sanduíche antes que a apresentação daquela noite fosse para o brejo. "Ni qui" a rapaziada de uniforme saiu, a rapeize do beise deitou e rolou. Naquele momento histórico, a *cannabis* foi oficialmente batizada nos meios artísticos de bauretz.

2. Outra, bem mais tensa, foi uma apresentação num clube do bairro de Itaquera, em São Paulo. Lugar não muito grande, mas lotadaço. Estávamos quase no meio do show quando o estalido de um tiro encobre o som e, no mesmo instante, uma onda de gente se encolhe formando uma clareira ao redor da vítima. Da altura do palco dava para ver uma pessoa caída logo na entrada do salão. Sem clima, o show foi interrompido.

Contei tal cena porque tempos depois este fato mudou minha vida para sempre. O caso em questão aconteceu logo após a estreia do show *Entradas e bandeiras,* no teatro Aquarius em agosto de 1976, dois dias antes da minha prisão. Volto ao assunto mais à frente.

PRIMA PROBLEMA

Acabei de lembrar uma pérola de quando os Mutas elegeram Bruce Lee o herói da vez e nos matriculamos na academia Ito de caratê, na Domingos de Morais. Tudo ia bem até que uma prima dozmano, recém-chegada não lembro de onde, também se matriculou na mesma academia. Eu sei que La

Bellissima (vou chamá-la assim para não ser processada por assassinato de reputação), além de comer os primos e todos os alunos, também seduziu nosso professor de caratê, que, desesperado de paixão, abandonou mulher e filhos, entrando para a série "onde eu estava com a cabeça?". Nessas, meu sonho faixa preta foi só até a amarela, logo depois do escândalo a academia fechou. O mais hilário dessa história foi descobrir que hoje La Bellissima é monja pura, radical, dessas que mudam o nome, raspam a cabeça, usam batina marrom e pregam castidade. Adoro ex-vedetes convertidas.

A CANTAREIRA

No disco *Jardim elétrico* dos Mutas continuou a lei "a união faz a força" de assinar músicas em nome dos três. Liminha, o baixista, exigiu crédito total em pelo menos uma, "Top top", apesar de também serem dele "Portugal de navio" e "It's very nice pra xuxu". Por falta de coisa melhor, reaproveitamos o material-lixo do defunto disco francês, agora trazendo na capa a genial arte de Alain Voss. Para variar, as rádios ignoraram o novo trabalho dos "brasilián bítous".

Foi por essa época mais ou menos que um amigo dozmano que vendia terrenos na serra da Cantareira propôs um negócio da China: um grande platô cercado de despenhadeiros por todos os lados. *Los* três Baptistas compraram em conjunto o platô onde cada um iria construir sua própria casa. A esta otária coube o despenhadeiro ao lado do terreno do Arnaldo. Construir uma cabana lá era convite para uma avalanche. Sempre que o mano mais velho entrava na história, eu levava a pior.

A ideia era montar uma comunidade hippie para ali vivermos *all together now* felizes para sempre, sonho de dez entre dez jovens tolinhos da época. Logo que as estruturas básicas foram erguidas, oztrêsmano se mudaram de mala e cuia pra lá, sendo que nessas alturas o mais velho já estava com uma penca de filhas com aquela mesma mulher que ficou trancada meses no quarto, quando ainda moravam com os pais. Se na casa deles na Pompeia não havia muito asseio, imagine lá no meio do mato. Por mais que fosse a "mocinha da gangue", eu também era bem enjoadinha com limpeza e preferi continuar na casa dos meus pais indo e vindo de Jeep quase todos os dias ou dormindo por lá quando os ensaios se esticavam pelas madrugas.

O (DES)CASAMENTO

Só lembrando que, nessa época, Arnaldo e eu já havíamos namorado outros amores e nos dado muito bem, mas Bonnie & Clyde continuavam juntos tipo "vitória na guerra". Depois do naufrágio do último trabalho, alguma coisa urgente precisava mudar. Minha mãe já olhava feio para os pernoites na Cantareira: "As pessoas comentam isso por aí". As casas de Sergio e Arnaldo na Cantareira já estavam *mezzo* habitáveis, incluindo banheiro e cozinha. Havia um quarto sobrando nas duas, eu poderia morar numa ou noutra, a escolher. Meus sumiços somente se justificariam para minha mãe se eu me casasse com um deles. Para a imprensa, dissemos que ozmano me tiraram no palitinho, mentira, só poderia me casar com Arnaldo, o mano chapa. Dia seguinte fomos os dois ao cartório e resolvemos o assunto no *pápum*. Minha mãe até tentou me convencer a também casar na igreja, fazer bolinho, chamar parentes e vizinhos, mas um almoço no casarão foi suficiente e Chesa, meio decepcionada, se conformou. Meu pai fez cara feia, continuava não gostando de ter um genro com DNA ademarista.

O lance todo do casamento tomou forma mesmo depois do convite de Hebe Camargo e seu famoso sofá, na época instalado no teatro Record. O que a gente não fazia para aparecer, não é mesmo? Sem música de sucesso para divulgar, lá fomos nós fantasiadinhos, bonitinhos, alegres de viver, para uma única missão: rasgar ao meio a certidão de casamento e oferecer as duas metades como presente de descasamento para Hebinha. E assim foi feito. Vale contar que dias depois fomos os três para uma "lua de mel" numa fazenda de não-sei-de-quem-não-sei-onde e eu ganhei fama de Dona Flor. Na volta, escolhi a casa de Arnaldo para morar e trouxe Danny comigo.

QUEEN HEBE

Da rainha da TV brasileira, guardo três polaroides sentimentais em perfeito estado e que literalmente mudaram minha vida.

ANOS 1950

Estava eu ainda no primário chegando em casa com o boletim cheio de zeros vermelhos e morrendo de medo do esporro que ia levar, quando vejo na minha rua uma multidão de gente ao redor de um caminhão. No palquinho da carroceria aberta, uma bandinha acompanhava uma cantora morena graciosa de saia rodada e uma pinta na bochecha. No meio das pessoas, avisto Chesa, hipnotizada, assistindo a moça cantar. E tão hipnotizada continuou depois do caminhão partir que nem prestou atenção no meu boletim, só cantarolava: "Que beijinho doce, que ele tem". #HebeMeSalvou1

ANOS 1970

Estava eu babando na sarjeta num daqueles momentos droguísticos "quem sou eu, onde estou", quando Hebe passa de carro por lá, me vê, desce, me leva para sua casa, me dá banho, me põe na cama, me dá papinha na boca e, depois de todo aquele trabalhão, passa a descompostura mais deliciosa que já recebi na vida: "Ritinha, se você fizer isso de novo, te interno num hospício e não vou te visitar". #HebeMeSalvou2

ANOS 2000

Estava eu desesperada por conta do meu caminhão de som depenado numa blitz de ladrões no meio da estrada ao retornar de um show. Nem um plugue sobrou. Dali uns dias, eu ainda deprê pela perda, eis que chega em casa uma caixa grandona e pesada super bem-embrulhada num lindo papel de presente, com fitinha e tudo. No cartão: "Ritinha, favor não parar de cantar!". O mimo era uma Telecaster novinha em folha que, é claro, batizei de Gracinha e guardo com mó carinho. #HebeMeSalvou3

Me vem à cabeça aventuras que só aconteciam no programa dela, tipo eu ir vestida de Hebe Lee enquanto ela fazia Rita Camargo, eu de perua e ela de roqueira, cantando juntas "Só de você". Depois de já ter me jogado várias vezes aos seus pés, rasgado certidão de casamento e me travestido dela, eu queria fazer algo que nenhum artista se atrevera até então, e num momento de puro amor de filha puxei Hebe pela cintura e lasquei-lhe um beijo na boca! Ficou chocada por cinco segundos, depois tirou de letra e deu aquela gargalhada gostosa. A partir de então, ela começou a tal moda de dar selinhos em outros artistas e me matar de ciúme. Por me sentir em casa no sofá dela, mesmo sendo ao vivo, uma vez fui ao programa de pijama e pantufas e fiquei deitada lá só assistindo. Lembro de um show que fiz num cassino em Punta del Leste e Hebe estava na plateia, chamei ao palco e mais uma vez fizemos nosso já ensaiadíssimo número "Só de você". Chegou no camarim esfuziante me convidando para jogar bingo com as amigas no cassino, eu disse que não tinha sorte no jogo, mas ela insistiu e ainda pagou minha cartela. Ganhei de prima! Sorte de iniciante? Não, macumbinha de amor de Hebinha. Prêmio mesmo foi ver aquela mãe-sol empetecada de joias brilhando ao meu lado e feliz por ter sido ela a quebrar o encanto "sorte no amor, azar no jogo". Quando convidamos Hebe para o programa *Saia justa*, novamente me vesti de perua loira em sua homenagem.

A última vez que estivemos juntas ao vivo foi em 2011, quando fez a generosidade de vir me entrevistar em casa sabendo que eu pagava para não sair da toca. Ainda preparou um bolo de aniversário para Mike, meu cachorrinho cantor que ela tanto gostava. Nesse dia, num *break* da gravação, Hebe me puxou de ladinho: "Sabe o que você me ensinou, Ritinha? A não comprar mais casacos de pele de verdade. Só não vou me desfazer dos que eu já tenho, mas você nem pense em jogar spray neles!". Quando lhe dei um anel punk grandão de caveira todo com pedrarias bem no estilo, fez cara feia dizendo que não gostava daquele sorrisinho cínico. "Mas Hebe, caveiras são simpáticas, mostram que por dentro todos temos a mesma cara." Fingiu que aceitou a explicação, mas continuou desconfiada e não colocou o anel no dedo. Em seus últimos discos, gravou "Só de você" e "Saúde". Ria muito quando eu dizia: "Você pode votar no Maluf porque eu te amo". Não a vi no caixão, não fui ao enterro. Aguardo seu telefonema me convidando para uma nova palhaçada no sofá. Hebe foi a mais completa tradução da Rainha de Sampa e eu, apenas sua boba da corte.

AS GROUPIES E O ANJO DA MORTE

Retomando de onde parei, a comunidade da Cantareira. O combinado com Arnaldo era de sempre dar três toques na porta do quarto dele aguardando a ordem de entrar e não flagrar a trepação da vez. Os Mutas ensaiavam na sala da sua casa por ser a mais espaçosa, sempre lotada de instrumentálias e groupies. Nas pausas para "descanso", Loki comia todas elas, enquanto eu dava umas voltas com Danny e fingia não saber, pois a tática arnaldense de sedução era justamente dar a entender que me corneava escondido. Groupies adoram dar para artista casado, sentem-se importantes. Desagradável mesmo era quando engravidavam e vinham chorar, arrependidas. Os apelidos das groupies, porém, não demonstravam muito cavalheirismo: Teresa Exército, Tilico Corrimão, Leila Treme-Treme, Sabine Dadeira, Lilly Fodinha. Comecei a notar uma mudança emocional em Loki quando, no meio da noite, veio ao meu quarto pedir emprestado Charles, o Jeep. Dei a chave e voltei a dormir. Acordo de manhã com os latidos histéricos da Danny encarando a estátua de um anjo no jardim e os pelos da minha nuca foram parar no teto. Excitadíssimo, Loki confessou que na calada da madrugada invadiu o cemitério do Araçá, arrancou o querubim de um túmulo, botou na carroceria do Jeep e lá estava ele, "plantado" no seu jardim. A casa não era minha, se quisesse continuar morando lá com o tal anjo da morte, paciência, mesmo porque ensaiávamos um novo disco e ainda faltava muito repertório. A partir de então as coisas começaram a ficar esquisitonas.

CATANDO CAQUINHOS

O fumacê era tanto que o trabalho novo ganhou o nome de *Mutantes e seus cometas no país do bauretz,* em homenagem a Tim Maia. As faixas de que mais gosto são "Balada do louco" (letra minha, inspirada em Arnaldo), "Vida de cachorro" (letra minha em homenagem a Danny) e o hilário deboche de "Cantor de mambo" (Élcio). O resto do disco era bocejante, piadinhas internas desinteressantes do tipo "Todo mundo pastou" e "Todo mundo pastou II", gracinhas tão sem graça mereceram um sonoro silêncio nas rádios. Os "brasiliãn bítous" não emplacaram uma. Na verdade, a música "Balada do louco" ficou conhecida um tempo depois na voz de Ney Matogrosso.

Alguns podem achar que deprecio a fatia que cabe aos Mutantes dentro da cena musical daquela época. Ao contrário, sei da importância das modernidades eletrônicas que levaram ao movimento tropicalista contribuindo com a proposta, entre outras audácias, de proibir o proibido dentro da MPB. Hoje, os Mutantes são considerados *cult*, especialmente a fase da qual fiz parte, o que muito me orgulha. Estávamos sim anos-luz à frente do nosso tempo, pena a nossa alegria espontânea ter perdido para a falsa ilusão da glória passageira.

Eu aqui apenas conto o lado da minha moeda com o distanciamento inverso ao dos críticos-viúvos que teimam interpretar a história como se soubessem mais do que quem, como eu, fez parte dela.

COMEÇO DO FIM

Confesso que eu era meio loira gelada, e uma das raras vezes em que realmente joguei as tranças e deu ruim foi para um recém-chegado jornalista inglês da revista *Rolling Stone*, Mick Killingbeck, quando este foi fazer uma matéria com os Mutas lá na Cantareira. Dizia ter planos de morar no Brasil e lançar a revista em português. O rapaz era espantosamente a cara de Robert Plant, alto, magro, cabelos loiros encaracolados até os ombros e... gay. Beijinho beijinho, pau pau. Acontece que Mick, grande cheirador, portanto falador pelos cotovelos, tinha uma lábia excelente e com ela se transformou rapidamente no novo guru dozmano, conseguindo até afastar a eminência parda do irmão mais velho, sempre conspirando para ser incluído nos cachês dos Mutas. De guru, o gringo passou a empresário e foi aí que a banda "degringolou" de vez.

Depois do *Build up*, por contrato, eu ainda devia um segundo disco solo. O plano defendido por Mick era se livrar daquele peso o quanto antes e partir numa nova *blitzkrieg* musical sob seu comando, e nós todos, praticamente hipnotizados, seguimos o que o mestre dizia. O nome do meu segundo disco solo, gravado nas coxas, chega a ser profético às avessas, levando em conta que *Hoje é o primeiro dia do resto da sua vida* foi o último com os três Mutas originais. Com a banda visivelmente desandando, abri mão do repertório, tipo "toma que o filho é teu". A mim só coube o autorretrato da capa, que desenhei viajando de ácido enquanto olhava minha cara no espelho. A melhor faixa para mim é "Beija-me amor", de Élcio Decário. Ainda deu tempo de demonizar de vez o sucesso da música "José" com a paródia fraquinha de "De novo aqui meu bom José". O resto do disco minha cabeça saudavelmente deletou.

A última apresentação minha com ozmano foi no FIC de 1972, com a música "Mande um abraço pra velha", tentativa mal-sucedida de imitar os Demônios da Garoa. Nesse mesmo festival, também se apresentou pela primeira vez um cara magricela, vestido de couro da cabeça aos pés e que, apesar de ser baiano, só falava inglês comigo nos bastidores do Maracanãzinho. Raul Seixas era o nome do Elvis tupiniquim e concorria naquele ano com a genial "Let me sing", enterrando de vez os que ainda faziam passeata antiguitarra elétrica.

ADENDO RAUL

Certa vez, já nos tempos do Tutti Frutti, fui bundar em NY e checar novidades instrumentísticas. Estava eu passeando no Village fantasiada de roqueira nova-iorquina quando avisto pela frente Raul vindo na mesma calçada na direção oposta e também fantasiado de roqueiro nova-iorquino. Bateu o olho em mim e veio se chegando até sutilmente encostar o rosto e sussurrar no meu ouvido: "*Hey princess, wanna be my queen*?".* Eu me afastei e olhei bem pra ele. "Raul, você está me reconhecendo e dando uma cantada ou

* "Ei, princesa, quer ser a minha rainha?" (N. E.)

não me reconheceu e está dando uma cantada?". Ficou sem jeito por cinco segundos, depois gargalhou e me convidou para tomar um café e botar o Brasil em dia. Na despedida, disse que ia fazer uma música especialmente para mim e pouco tempo depois me mandou "Bruxa amarela".

DESTOCA RAUL

Fui convidada a fazer o papel de Raul Seixas no curta *Tanta estrela por aí*, dirigido por Tadeu Knudsen. O fã-clube dele não gostou da minha indicação e fez piquete em frente ao estúdio onde íamos filmar. Entrei para a série "vão ter que me engolir" quando saí da sala de maquiagem falando e andando tão igual ao Raul que impressionei até os mais radicais. A última prova no vestibular raulzístico seria experimentar a famosa calça de couro vermelha mantida a sete chaves pelos guardiões de suas relíquias. E me coube como luva. Bacana mesmo. Fui aprovada com louvor.

O curta era sobre um fato, tão real quanto bizarro, que aconteceu durante uma apresentação, quando o verdadeiro Raul foi hostilizado pela plateia desconfiada de ser ele um clone de si próprio, com Marisa Orth no papel de Maggie, na época sua mulher e também empresária. A grana do casal estava em baixa, então Maggie tratou de vender um show do marido, o primeiro depois de uma longa ausência dos palcos. Raul, preguiçoso, tentou se livrar do compromisso, mas acabou concordando e, para o bem de todos e felicidade geral da conta no banco, "diga ao povo que eu vou". Situação pra lá de constrangedora participar de um evento político só porque estava durango. Depois de horas de atraso, o Pantera toma coragem, encara o palco e entra para cantar "A mosca" numa levada bossa-nova. Diante das vaias, Raul tentou explicar a situação, dizendo-se um cara diferente daquele que cantou a música no clipe e que os fãs esperavam que repetisse ao vivo. A algazarra do "povo unido jamais será iludido" foi protestar com o vereador local que contratou o tal "impostor" só para ganhar voto. Acuado, o político virou a casaca e disse "acreditar" na veracidade da voz do povo. Rolou prisão e porrada no Raul "cover". Maggie chega na cela, vê o marido machucado, roda a baiana e atesta que aquele Raul era sim, o verdadeiro Raul.

Sem dúvida uma pérola dos anais do rock-policialesco. O curta foi sucesso, até ganhei prêmio de melhor ator num festival. Aconteceu que, depois de o filme terminado, minha "atriz interior" entrou numas de um espírito baixou em mim e carregou o personagem Raulzito para dentro de casa: malemolência, sotaque baianês bobeasse coçava o saco. Até que pintou um show justamente em Salvador e lá fui eu tentar me desvencilhar do encosto na terra dos terreiros. Com medo de o querido fantasma tomar posse de vez do meu corpinho, me decidi por um ritual particular diante do túmulo dele com rosas brancas, água-benta, sal grosso e um bottom com uma guitarrinha vermelha em nome do nosso eterno amor pelo rock. Meditei, rezei, cantei baixinho e fui embora. Adeus Raul.

BOTA FORA

Voltando aos finalmentes dos Mutas: minha saída do grupo aconteceu bem nos moldes de "o noivo é o último a saber", no caso, a noiva. Depois de passar o dia fora, chego ao ensaio e me deparo com um clima tenso/denso. Era um tal de um desviar a cara pra lá, o outro olhar para o teto, firular um instrumento e coisa e tal. Até que Arnaldo quebra o gelo, toma a palavra e me comunica, não nessas palavras, mas o sentido era o mesmo, que naquele velório o defunto era eu.

"A gente resolveu que a partir de agora você está fora dos Mutantes porque nós resolvemos seguir na linha progressiva-virtuose e você não tem calibre como instrumentista."

Uma escarrada na cara seria menos humilhante. Em vez de me atirar de joelhos chorando e pedindo perdão por ter nascido mulher, fiz a silenciosa elegante. Me retirei da sala em clima dramático, fiz a mala, peguei Danny e *adiós*. No meio da estradinha da Cantareira a caminho de São Paulo, parei Charles no acostamento e chorei, gritei, descabelei, xinguei feito louca abraçada a Danny, que colaborava com uivos e latidos. Quando nós duas finalizamos a cena, eu, a filhinha abandonada, engoli meu orgulho e fui novamente pedir abrigo na casa do papai e da mamãe. Precisava escolher uma desculpa para a família "Resolvi ser freira" ou "Fui estuprada por um ET e estou grávida" ou "Danny odeia rock". Por mais que tentasse dar uma risadinha sarcástica ao contar o drama para não doer tanto neles, acabei dizendo a verdade: "Me expulsaram da banda e antes que a solidão me atirasse embaixo de um caminhão, lembrei que vocês talvez pudessem me acolher de volta. Juro que é por pouco tempo".

Chesa ficou triste. Charles mal se continha para não aplaudir. O velho casarão, agora vazio das filhas, abraçou a caçula pródiga. Voltar ao meu antigo quarto seria derrota demais, mesmo porque lá já virara um *point* onde Chesa, Balú e Carú assistiam TV, costuravam e fofocavam. Sobrou para mim o fantástico porão, numa freudiana volta ao útero materno.

SARGENTO PIMENTA

Lá estava eu meditabundando no porão-exílio quando Charles, no alto dos seus sessenta e tantos anos, se chega querendo levar um papo. "Demorô", pensei eu. "Lá vem sermão requentado." Só que não. Nem sermão e muito menos requentado.

"Filha, sabe aquela erva que você fuma, a *Cannabis sativa*, eu... hum... gostaria de experimentar."

Hããã?

O pacto seria de que o harém jamais ficasse sabendo. Meu bom pai tinha que manter sua fama de mau. Descolei uma carinha e sugeri de cometermos o crime no sótão, lembrando que no porão o fumacê subia. Senhoras e senhores, eu estava prestes a aplicar o Sargento de marijuana, entenderam?

A trilha para esta cena é "Sgt. Peppers", volume máximo! O ritual demorou uns vinte minutos ao todo, de ensinar a enrolar com papel da Bíblia a segurar a fumaça por dez segundos. Antes de descer do sótão, hábito antigo, borrifei desodorante e fui me ocupar da vida no porão. Uma hora depois, avisto Charles de pijama na cozinha remexendo a geladeira.

"Estou enxergando melhor, ouvindo melhor, deduzindo melhor e com uma fome dos diabos." E o véio laricou bonito, tipo doce de leite com feijão. Os violinos de *Psicose* tocam quando nesse exato momento entra Chesa. Olha para ele, olha para mim, olha para ele, olha para mim e invoca aos céus: "Virgem-Santíssima-Mãe-de-Deus! Vocês dois não me enganam. Por isso aquele cheiro de desodorante descendo do sotão! A Rita eu já sabia, mas você, Charles? Francamente!"

Apesar do flagra, meu pai pediu uma carinha dizendo que queria garimpar umas sementinhas para plantar na horta com aquele seu adubo poderoso. Chegou a plantar, mas o harém decepou todas as mudas assim que botaram as cabecinhas de fora com medo de que chegassem ao telhado.

MALANDRAGEM

Aos poucos, meu *bonjour tristesse* foi substituído pelo *good morning sunshine* e eu ganhando confiança para namorar meu violão. A primeira música que compus pós-expulsão foi "Mamãe natureza". "Não sei se eu estou pirando ou se as coisas estão melhorando", dizia eu.

Como tudo na ex-banda era dividido em três, um terço do equipamento do PA me pertencia, e nessas fiquei no preju total. Só recuperei meu Minimoog e os instrumentinhos bizarros, o resto baubau. Para suprir minha orfandade instrumentística (estava acostumada a parafernálias eletrônicas no habitat), o jeito foi um bate-volta em Nova York comprar um específico instrumento vendido numa específica loja e que ninguém tinha no Brasil: o Mellotron, um bichão de tamanho mastodôntico. Para entrar no país com qualquer instrumento musical tinha que, na saída, declará-lo na alfândega, onde anotariam a numeração de fábrica, descrição do instrumento, se de corda, tecla ou sopro e mais um monte de outras burocracias. Meu plano maquiavélico foi comprar um pianinho tamanho médio numa loja de brinquedos, tipo cópia fiel do piano de armário de adultos, só que para crianças. A seguir, levei no marceneiro que tirou a medida certa do instrumento e fez um case caprichado, por dentro forrado de pelúcia vermelha e por fora pintado de preto fosco. Com isso em mãos, o chaveiro da esquina esculpiu uma plaquinha de alumínio e gravou algo do tipo Mellotron #4937264873USA para colar no lado de dentro do pianinho. Brinquedo "profissa". No dia de embarcar, cheguei ao aeroporto horas antes para fazer as devidas documentações e também marcar a cara do agente alfandegário da operação. Se ele me pegasse na volta trazendo um trambolhão branco em vez do trambolhinho preto que levei, eu tava frita.

Assim que pisei em NY fui direto na loja comprar o monstro. Contei uma história triste tipo: "Sou uma artista brasileira cujo país está sendo martirizado pela ditadura militar e castrando novos talentos" e o vendedor compreensivo até me ajudou a trocar a plaquinha verdadeira do Mellotron pela minha *fake*, preencheu a "nota de conserto" e ainda despachou o monstrengo direto para o check-in da Varig. No tempinho que sobrou, fui visitar um primo que morava no Brooklyn, que descolava LSD. A volta ao Brasil é outra da série "onde é que eu estava com a cabeça?". Viajar de avião viajando de ácido levando de muamba um instrumento pra lá de bandeiroso desafiava o conselho "*follow your heart, but take your brain with you*"* e eu estava crente que iria passar invisível pela alfândega. Apesar de não ser o mesmo agente alfandegário da ida, seu coleguinha me parou.

"Olha, olha, olha, o que temos aqui, moça? Uma geladeira?"

"Não, senhor. É um instrumento que levei para consertar em Nova York, porque aqui não tem assistência técnica, senhor."

"Essa geladeira tem nome?"

"Mellotron, senhor."

"O.k. Quero ver a documentação de saída, moça."

Vendo a cena com distanciamento, enquanto o cara examinava a papelada, imaginei aquele inocente Mellotron executando a trilha de "Os crimes da

* "Siga o seu coração, mas leve o seu cérebro junto com você." (N. E.)

motosserra na casa do espanto numa sexta feira 13". Bateu cagaço, eu suava frio. Meu medo era ele checar o peso do bicho e descobrir a falsificação meio porquinha feita às pressas pelo vendedor gringo chapa. Não checou e, por um milagre de Nossa Senhora da Malandragem, eu passei. Ainda dei mó bandeira na calçada em frente ao aeroporto com aquela trolha grandona enquanto aguardava a Kombi alugada que ia me buscar. O que a gente não faz pela arte.

BONDADE BOA

Eu já havia deletado o episódio da expulsão dos Mutas e retomado minha personagem "roqueira no país do samba" quando Loki me telefona agulhado, pedindo um *help* urgente: quebrar o galho pilotando a mesa de luz no show deles que aconteceria naquela noite, o iluminador oficial havia dado o cano porque tinha ido em cana, aquelas surpresinhas que aconteciam na ditadura. Num momento "grandeza de espírito", topei. Apesar de desconhecer o repertório novo, fiz uma iluminação bonitinha e agradeci muito aos deuses da música pelo alívio em não fazer mais parte daquela banda que ora se "inspirava" no Yes. Aliás, a partir daquele dia passei a chamar ozmano de "os the brazilian Sim".

RUIVA SALEROSA

A ideia de montar uma nova banda ficou em segundo plano. Precisava espairecer e me dedicar aos prazeres mundanos, nada melhor do que passar um tempo em Londres no piloto automático do seja-o-que-deus-quiser. E Deus viu que isso poderia ser bom. Me hospedei no *basement* onde Bellonzi (ex-colega de escola que também participou da peça *O planeta dos Mutantes*) rachava as despesas com outro brazuca que viajou e desocupou o pedaço deixando uma vaga perfeita para mim.

Como toda mulher querendo mudar de vida, comecei pelo cabelo. De loira burra frígida à ruiva Sandra Rosa Madalena já na primeira demão de henna marroquina, algo parecido com cocô de vaca que grudava na cabeça e depois que secava só saía com trocentas enxaguadas, deixando as madeixas na cor vermelho-menstruação.

A seguir, que tal uma visitinha aos meus amigos tropicalistas exilados que moravam lá pertinho? Toquei a campainha da casa de Caetano e depois de cinco minutos de espera quem abriu a porta foi Norma Bengell com cara de pouquíssimos amigos, certamente me excluindo deles. Tanto que ao me ver ali, tipo "aluna trazendo uma maçã ao mestre com carinho", desandou a berrar me chamando de imperialista traidora e outros adjetivos tirados de algum manual esquerdista. *Páft*! Bateu a porta na minha cara. Ou La Bengell não me reconheceu de cabelo vermelho, o que era bom, ou alguém tinha feito minha caveira e ela tomou as dores, o que não era bom. Escolhi a última opção.

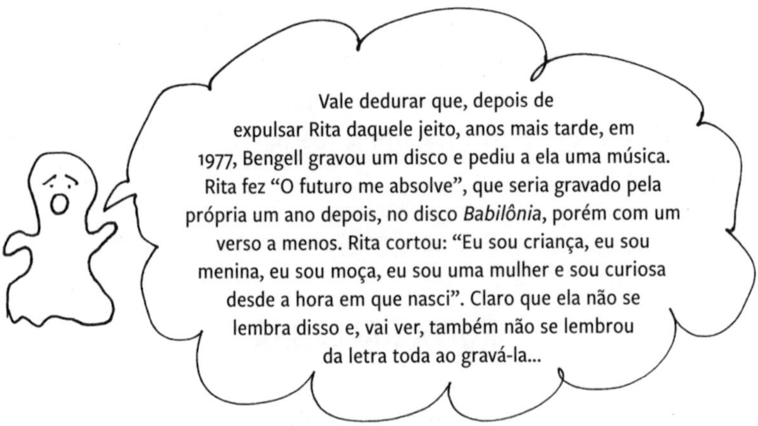

A caminho da casa de Gil, lembrei que estava casado com a irmã da companheira do outro e quase desisti no meio, vai que rolava outro esporro grátis, mas não custava a tentativa. Ao abrir a porta, Gil deu um grito de alegria, me abraçou, me puxou para a sala onde Sandra (salve simpatia) brincava no chão com Pedrinho, ainda um bebê de fralda. Delícia de visita.

Impressionante como em cada esquina de Londres a gente encontrava um brazuca órfão do tropicalismo. Na rua dou de cara com Toninho Peticov, sempre animado e sabendo tudo o que rolava na cidade. A pedida para o dia seguinte era Elton John no Crystal Palace abrindo para o Yes.

Hãã? Seria aquele o prato frio da vingança por ter sido expulsa da banda? Enquanto "os the brazilião Sim" copiavam o som deles no Brasil, eu os assistia ao vivo em Londres. Na metade da apresentação de Elton, tomei uma pedrinha que foi bater nos primeiros acordes do Yes. Com LSD o impossível não existe, não me pergunte como fui parar no palco sentadinha no stand do baterista da banda, Bill Bruford, de onde assisti o show inteiro no maior flerte. Também não me pergunte como fui parar no camarim deles e muito menos acordar descabelada, plissada, godê numa cama rodeada de um monte de outros achados e perdidos humanos. Rita, quem diria, você groupie do Yes!

PRA LÁ DE MARRAKESH

Com minha cabeleira vermelha, a sensação era a de andar com um eterno sol na cabeça, me sentia cada vez mais *caliente* e agradecida por estar viva naquele planeta azulzinho dizendo ao mundo *hello-goodbye*. Essa temporada londrina com esticadas em países vizinhos favoreceu meu destino, tipo estar no lugar certo na hora certa. Assisti Jimi Hendrix tascando fogo na guitarra no Marquee e depois, no festival na ilha de Wight, dormi aos pés de Stonehenge em plena lua cheia e aprendi a tocar flauta transversal viajando de mescalina numa floresta mágica do País de Gales com um garoto inglês lindinho chamado Ritchie (que sequestrei para o Brasil). Num bate-volta a Londres, praticamente adaptada à vida cigana, entrei na famosa butique Biba, experimentei um par de botas prateadas de plataforma e pedi para a atendente um número maior. Quando ela foi buscar, saí andando da loja, "invisível" com o produto do roubo nos pés. Tudo bem que não estava muito sóbria nessas ocasiões, muito menos carregava uma máquina fotográfica provando a mim mesma que realmente vivia tudo aquilo de corpo presente. Se bem que as botas da Biba, a flauta e o ingresso do Marquee tenho até hoje. Durante um bom tempo fiz a linda-leve-solta, difícil lembrar das esquinas por onde andei, dos bailes da vida que dancei. De Itaparica fui parar em Berlim, morei três meses na quitinete de um ator no morro do Vidigal, uma breve visita aos campos de papoulas do Afeganistão (hã?) e sei lá quanto tempo numa quinta em Portugal. Fora o resto. É possível que tais aventuras tenham sido apenas viagens psicodélicas, flashbacks ou déjà-vus, sonhos lúcidos ou mediunidades. Ou não.

A CASA DA GUARAPIRANGA

Retomo o fio da meada mais ou menos no meio dos anos 1970, numa casa alugada na represa Guarapiranga junto com Mick e seu namorado, então empresários dos Mutas e editores da futura revista *Rolling Stone* brazuca que nunca saía do papel. Além desses, moravam lá meu fiel escudeiro de infância, o ator/bailarino Bellonzi, recém-chegado de Londres e, claro, minha filha-cachorra-*best-friend* Danny. Quinteto da pesada: três rapazes lindos e gays que cheiravam pó o dia inteiro, uma roqueira desempregada que tomava ácido dia sim, dia não e lia tarô em domicílio vestida de odalisca, e uma cachorra gente boa que achava tudo divino maravilhoso.

Chegando de uma "viagem de verdade", desembarquei no aeroporto de São Paulo com um mimoso colar de muitas voltas feito com "miçangas" de pedrinhas de LSD coladas pacientemente uma a uma num cordãozinho de algodão. Desta vez passei invisível pela alfândega. A ideia da nossa "família" era vender a muamba, dobrar o capital investido e partir em nova aventura. Aconteceu que eu, a muambeira, consumi metade do estoque, a outra foi distribuída entre os frequentadores das festinhas de arromba na casa da Guarapiranga, *point* do *crazy people* da Pauliceia, com aquela cena manjada de gente desbundada amanhecendo pelos quatro cantos da casa.

ADENDO PSICODÉLICO

Nunca tive uma *bad trip*, soube de muitos que piraram de vez, tipo achar que é passarinho e se atirar do prédio. *Hay que tener cojones* para receber revelações espirituais e permanecer calmo. As "pedrinhas" do meu tempo tinham zero anfetamina. Quando o psicodélico batia transformando a existência num caleidoscópio de consciência infinita, o ego despertava do mundo da ilusão dando de cara com o realismo fantástico do *Higher Self*, onde um mero grão de areia te explicava o omniverso. E você lá de alegre só sendo Deus. Aliás, desde que me decepcionei com religiões não sentia a presença do Divino tão acachapante. LSD não é para maricas materialistas.

ZEPELINZANDO

Por meio da matriz gringa da revista *Rolling Stone*, Mick soube que Jimmy Page estava na Bahia e que deveria fazer uma matéria sobre as férias brasileiras do cara, coisa e tal.

Finalmente um trabalho de verdade, e nessas me incluí imediatamente na viagem a Salvador. Ficamos matutando se seria simpático de nossa parte presentear Page com um instrumento *made in Brazil*. Entre um berimbau e uma cuíca, decidimos por um instrumento de cordas: uma craviola Giannini. Como Mick era a cara do Robert Plant, se apresentou como tal no check-in do hotel e sem maiores questionamentos subimos ao quarto de Page.

Toc, toc.

*"Who is this?"**

"Robert!"

*"Robert who?"***

"Plant!"

* "Quem é?" (N. E.)
** "Que Robert?" (N. E.)

Depois de uns segundos, Page abriu a porta, surpreso e, por um instante, "reconheceu" o cantor, talvez um pouco menos cabeludo. Quando caiu em si, interpretou a intrusão como pegadinha de algum espertinho querendo se dar bem e ameaçou chamar a segurança. Imediatamente Mick se credenciou como correspondente da *Rolling Stone* e lhe entregou a craviola como prova de nossa boa intenção. Pegou o instrumento e bateu a porta em nossa cara. Dez segundos depois abriu de novo e nos mandou esperá-lo no lobby do hotel, que desceria para conceder a entrevista. Deu certo, o papo entre eles rolou legal, Page teceu elogios ao instrumento que lhe presenteamos e subiu de volta ao quarto. Foi só nesse momento que Mick se lembrou da inútil máquina fotográfica esquecida na bolsa. Jornalista dãã.

Na casa da Guarapiranga, Mick e o namorado administravam as finanças (hã?), Bellonzi cuidava da cozinha, eu ajudava na faxina e Danny bundava, solta pelas redondezas. Nancy, a jabuti de vinte anos que morava no casarão e que carreguei junto para a represa, viu que a vida era bela e se mandou definitivamente pro mato.

Festinhas privês rolavam todo fim de semana (algumas durante), éramos anfitriões generosos, só não oferecíamos almoço nem jantar, digamos que o apetite dos hóspedes era tipo "comer comida" nem pensar. Foram meses naquele *dolce far niente* até que um dia lá Mick e o namorado chegam em casa felizes contando que conseguiram fechar um show dos Mutas na Phono 73, um evento da gravadora ex-Philips (neoPolyGram). Disseram que a produção pensou em mim para abrir a apresentação da banda, que tinha tudo a ver, que ia até pintar uma graninha, coisa e tal.

AS CILIBRINAS DO ÉDEN

Convite simpático demais para não topar, me esquecendo total de que naquele momento nem banda eu tinha. Minha primeira ideia foi formar uma dupla de bufões, eu e Bellonzi, ensaiaríamos uma coreografia surreal para dublar Frank Zappa. Mick lembrou a tempo, "não se trata de festival de teatro, é um evento musical. Se vira!"

Me veio à cabeça a única groupie talentosa dos tempos mutantescos, uma guitarrista com "munheca de macho", simpática e engraçada, perfeita para dividir o palco comigo, Lúcia Turnbull. Antes mesmo do primeiro ensaio, batizamos a dupla de Cilibrinas do Éden, na eterna mania de dar nome à criança antes de nascer. Composições minhas, como "Mamãe natureza", "Bad trip" (que tempos depois virou "Shangrilá"), "Jardim do Éden" (metida a gospel lisérgico), uma e outra de Seals & Crofts, enfim, um repertório fofinho e tolinho. Para completar, inventamos de nos vestir a caráter, Lúcia num violão usando asinhas de anjo, eu no outro com antenas de joaninha. Em "Mamãe natureza" rolou uma chuvinha de papel no palco, uma vaia aqui e acolá. Aguentamos firmes. Na segunda música, as vaias se transformaram em trovão e, antes que um raio caísse sobre nossas cabeças, recolhemos os cacos da insignificância e saímos rapidinho de cena. Sucesso catastrófico. Convenhamos, quem aguentaria ouvir duas fadinhas enfadonhas cantando tchururus antes de uma banda de rock progressivo?

Dando continuidade na intenção "minas roqueiras", as Cilibrinas tentaram ampliar o duo para um trio com a presença da irmã de Lúcia, o que acabou não vingando, apesar de o nome da criança ser bem interessante: Baseado Nelas!

FIM DE FESTA

A casa da Guarapiranga descambou de vez quando Bellonzi comeu o namorado de Mick e este partiu para a cheiração desenfreada, levando tudo e todos para o brejo. Adeus revista *Rolling Stone*, aluguel da casa, leituras de tarô, festinhas de arromba, vegetarianismo e a eterna utopia de criar uma comunidade paz e amor. Mick voltou à Inglaterra e sumiu do mapa. Parece que rolou barraco também lá nas bandas da Cantareira.

Ponto-final na vagabundice, fugi de mala, cuia e cachorro, mais uma vez humilhada, mais uma vez pedindo asilo na casa de papai e mamãe. Dessa vez, fiz assentamento na garagem do casarão. A Charles, o Jeep, coube o céu aberto apenas coberto com uma lona, para inconformismo do meu pai.

Nada melhor do que uma garagem para ensaiar uma banda de rock. Pós-fiasco acústico das Cilibrinas, resolvi eletrificar-me novamente.

TUTTI FRUTTI, AU RUTTI

Lúcia conhecia uma bandinha da Pompeia com o sugestivo nome de Lisergia e sugeriu fazermos uma audição com os garotos. Eram eles: Lee Marcucci no baixo, Emilson na bateria, Luis Sérgio na guitarra e Ruffino, que não tocava nem cantava porra nenhuma, mas descolava umas paradas na brodagem. No lugar do ex-empresário "Mick Plant" entra a "Miss Governanta", ex-assistente do Guilherme Araújo, ainda exilado em Londres.

O melhor investimento veio por meio do sempre antenado Toninho Peticov, recém-chegado na moita de Londres quando, no meio de um ensaio na minha garagem-lar, aparece de surpresa com o escritor, teatrólogo, vanguardista *cult* da Pauliceia, Antônio Bivar, figura bonita, lembrava o enigmático Anthony Perkins. Sentaram ambos num canto da garagem, prestando bastante atenção ao ensaio. Bivar fazendo anotações num bloquinho, vez ou outra trocando um cochicho com Peticov. Acabada a *jam*, *mui* educadamente resumiu a ópera na chincha e sem o menor constrangimento:

1. Definitivamente Ruffino era um peso estético e musical, não havia lugar para ele nem atrás do palco fantasiado de mafioso de Chicago.
2. O bonitinho da turma e melhor músico era o baixista Lee Marcucci, talvez um figurino *à la* New York Dolls nele.
3. Emilson às vezes se embananava no tempo, mas o fato de ter apenas dezessete anos e ser a cara do Nuno Leal Maia compensava o investimento. Um figurino *à la* Marc Bolan pegava bem.

4. Lúcia tocava melhor do que Luis. Sem dúvida deveria pilotar os solos de guitarra enquanto o outro faria a base. Lúcia usaria vestido e Luis tentaria o modelito displicente-ensaiado de um Keith Richards da Pompeia.
5. Eu seria o curinga, ora nos teclados, ora no violão, ora nos instrumentinhos bizarros. Uma David Bowie das selvas.
6. Era urgente um nome que não fosse Cilibrinas Lisérgicas nem Lisergia do Éden e imediatamente Bivar batizou a nova banda de Tutti Frutti. Na mosca.

AS COBRAS DE TIA ALICE

Foi assim: Alice Cooper chegou para uma apresentação em Sampa. Roqueiro gringo do *mainstream* era artigo de luxo no Brasil. Peguei um ótimo lugar no gargarejo do pavilhão do Anhembi para assistir a seu teatrinho de horror infantil que eu tanto curtia. Num dado momento do show, eu de fã passei a futura assassina, desejando que a guilhotina fosse de verdade. Tudo porque uma hora lá ele entra no palco chacoalhando violentamente uma cobra e depois de fazer seu número de fodão, atira a bichinha no chão e a pisoteia. Um contrarregra entrava na moita e a recolhia. A sentença de morte na minha cabeça já estava escrita: Alice Cooper filho-da-puta-do-caralho-da-porra-*motherfucker-fucking-bitch*! *No more Mr. Nice Guy* pra você também, seu bosta!

Passei a lábia no segurança do *backstage* e entrei. O show ainda rolava, não havia muito trânsito de gente por lá. Nessas avistei o contrarregra com a cobra enrolada no pescoço, tipo acalmando a pobre. Fui me chegando como quem não queria nada e puxando papo. Perguntei se Cooper demonstrava algum sentimento nobre pela criatura depois de usá-la daquela maneira estúpida e ele confirmou minha suspeita: o cara era mesmo um filho-da-puta-do-caralho-da-porra-*motherfucker-fucking-bitch*. De cara fui com a cara do roadie, um inglês chamado Andy Mills. Digamos que fomos com a cara um do outro e cinco minutos depois fugimos de lá levando a gaiola com a jiboia e de quebra outra jiboinha bebê que seria treinada também para atuar nas micagens grotescas do canalha. A cobra que foi maltratada no palco chamava-se Mouchie, aquela mesma que está na capa do disco *Killer*. A cobrinha bebê era Angel e adorava se enrolar de pulseira no braço dos humanos. Nessas alturas eu já havia me mudado do casarão para uma casinha de vila, dessas que vizinhos trocam xícara de açúcar por uma boa fofoca, de modo que em pouco tempo as duas jiboias viraram motivo de discussão entre os moradores. Fora que Danny quase teve um enfarte quando abri a gaiola e Mouchie & Angel foram dar umas voltinhas pelo novo lar. Mas o filme de horror rolou depois que Andy explicou a dieta alimentar de uma cobra.

"Pois é, elas só comem bichos vivos."

"Aaaaaaaahhhhh!!!"

"Calma, depois elas ficam digerindo a refeição por vários dias. Um ratinho para cada uma de dez em dez dias está mais do que bom."

"Aaaaaaaahhhhh!!!"

Ficou combinado que Andy descolaria dois ratinhos no Instituto Biológico, não sem antes avisar Danny e eu para desocupar a casa e só voltar à noite depois do crime. Funciona assim: ao dar de cara com os olhos hipnóticos de uma cobra faminta, o rato geralmente congela de pânico. Num único bote, quebra o pescoço e sem uma gota de sangue vai engolindo o rato inteiro tipo caminhão de lixo, dá até para ver o corpo passando pelo pescoço dela. Por mais que não quisesse pensar no assunto já me sentia cúmplice só por concordar com aquilo. Teve uma vez que Danny e eu chegamos em casa e demos de cara com um ratinho solto na sala todo serelepe, havia peitado as cobras, cagando e andando para os olhos ameaçadores e continuou assobiando, tranquilo, enquanto explorava a sala como se nada houvesse. Mouchie & Angel, meio constrangidas, fingiam que dormiam, tipo "nós não estamos com fome", e eu fingi que acreditei. O ratinho mostrou a língua para as jiboias e foi devolvido ao Biológico.

Minha classe no primeiro científico de Ciências Sociais. Ainda lembro do nome de todos.

Arquivo pessoal

Os 4Fabs desenhados a lápis por mim no papel de embrulhar pão.

Arquivo pessoal

Divulgação

O'Seis: primeiro disquinho da vida.

Minha credencial do Midem e a loirice caseira.

Arquivo pessoal

Cynira Arruda

Mutas ETs e a bandeira do meu sexto dedinho feito de massinha de modelar.

Acervo Editora Globo

A Nossa Senhora Aparecida de Chesa que ficava sobre a TV durante os festivais. Ao lado, os Mutas e seus figurinos caprichados cantando "Caminhante noturno".

Arquivo pessoal

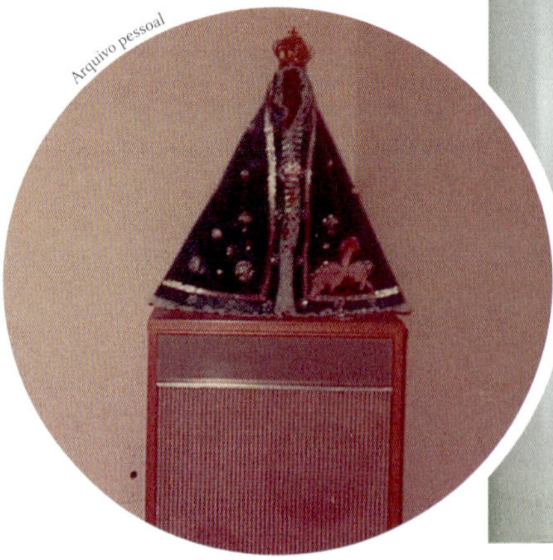

Arquivo pessoal

Divulgação

No backstage do *Build up*, tomando um drink com Tim Maia. O disco tem cílios desenhados a caneta por mim.

Jorge N. Freitas/Editora Globo

Com o Mutas num dos programas *Som Livre Exportação*. Tô bonitinha, hein!

Arquivo pessoal

Guna chegou e Charles se apaixonou no ato.

Dudu Tresca

Danny, minha filha-cachorra-*best-friend* no porão do casarão. Ainda tenho esse vestido e esse quadro.

Arquivo/Agência O Globo

Arquivo/Agência O Globo

Arquivo/Agência O Globo

Eu plural: fim dos anos 1960 e começo dos 1970.

Acervo Editora Globo

Divulgação

Primeira formação do Tutti Frutti e eu envergando as botas prateadas roubadas da Biba.

No "quarto-bordel" da rua Pelotas.

Arquivo pessoal

Show e *backstage* do *Fruto proibido*, em 1975.

Arquivo pessoal

Fotos: arquivo pessoal

Ensaio do *Entradas e bandeiras*.

Com Ney, o cupido.

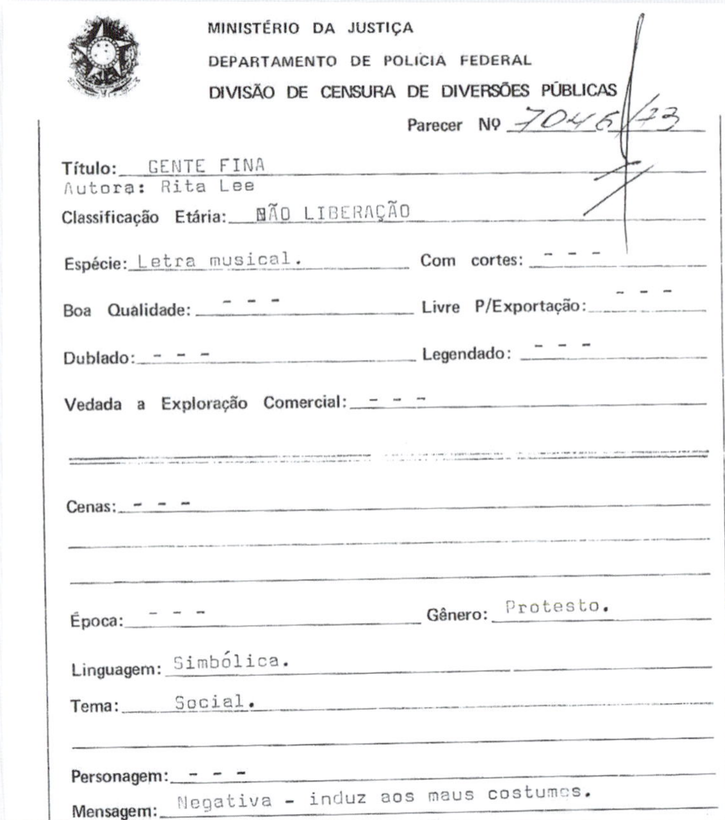
MINISTÉRIO DA JUSTIÇA
DEPARTAMENTO DE POLÍCIA FEDERAL
DIVISÃO DE CENSURA DE DIVERSÕES PÚBLICAS

Parecer Nº 7046/73

Título: GENTE FINA
Autora: Rita Lee
Classificação Etária: NÃO LIBERAÇÃO
Espécie: Letra musical. Com cortes: - - -
Boa Qualidade: - - - Livre P/Exportação: - - -
Dublado: - - - Legendado: - - -
Vedada a Exploração Comercial: - - -
Cenas: - - -
Época: - - - Gênero: Protesto.
Linguagem: Simbólica.
Tema: Social.
Personagem: - - -
Mensagem: Negativa - induz aos maus costumes.

Documento de uma das trocentas músicas minhas que a censura proibiu.

PRISÃO:
1. Prestando depoimento no DEIC;
2. O povo solidário na frente da cadeia;
3. O bilhetinho de apoio dos presos da ala política.

Fotos: arquivo pessoal

3

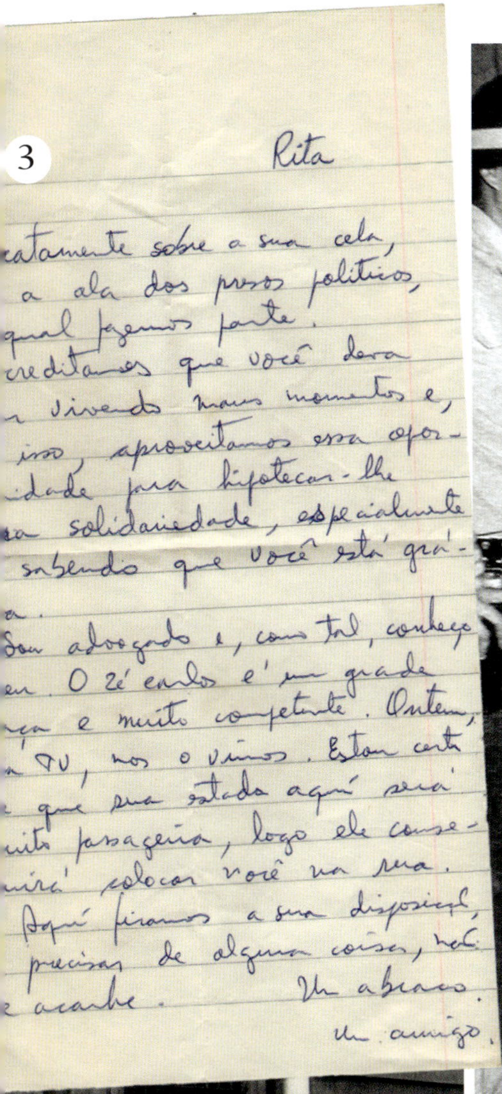
Rita

...atamente sobre a sua cela,
... a ala dos presos políticos,
...qual fazemos parte.
...creditamos que você deva
... vivendo maus momentos e,
...isso, aproveitamos essa opor-
...idade para hipotecar-lhe
...a solidariedade, especialmente
... sabendo que você está grá-
...a.
Sou advogado e, como tal, conheço
...ex. O Zé Carlos é um grande
...ça e muito competente. Ontem,
...a TV, nós o vimos. Estou certo
... que sua estada aqui será
...uito passageira, logo ele conse-
...guirá colocar você na rua.
Aqui ficamos a sua disposição,
... precisar de alguma coisa, não
... acanhe. Um abraço.
Um amigo.

A ex-presidiária assanhadinha para entrar no palco no primeiro show pós-prisão.

Fotos: arquivo pessoal

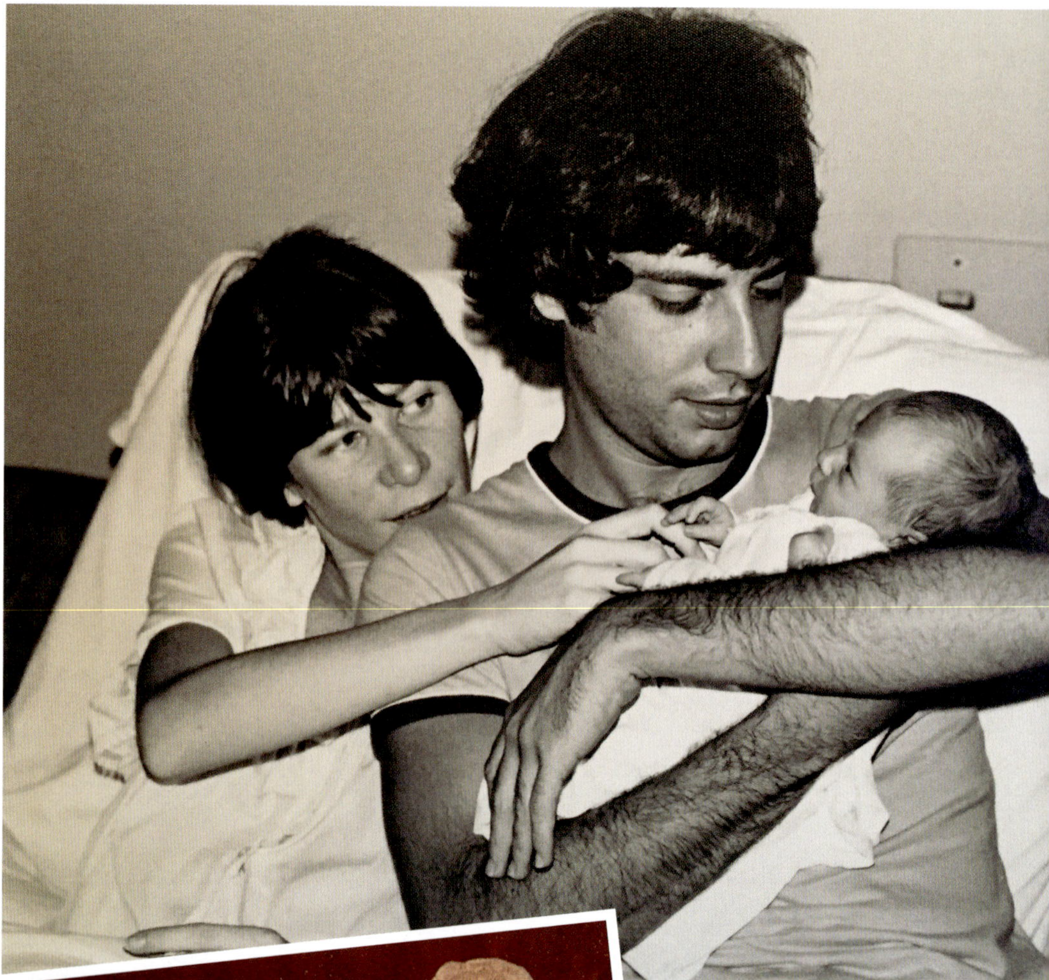

Nascimento e batizado do Beto.
O xodó do padrinho, Gil.

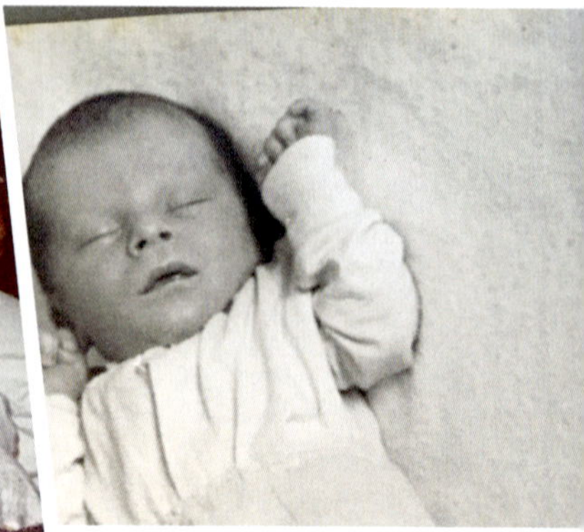

Vania Toledo

Ao lado de Gil, cantando "Giló" no show *Refestança*.

Vania Toledo

Cartão de Natal da última formação do Tutti Frutti antes de o nome da banda ser roubado.

CEDOC — TV Bandeirantes

As colegas de internato Maria Elis e Maria Rita no especial dela cantando "Doce de pimenta". Saudadeeee!

Vania Toledo

Miss Brasil 2000 do show *Babilônia* com modelito de Barbara Hulanicki.

As irmãs *sisters* com suas cachorras, Danny, Lola e Gina (no colo de Virgínia). Mary já bem inchada...

Arquivo pessoal

Fatos & Fotos/Bloch Editores, ed. 504.

Arquivo pessoal

R & R *in love*.

A ESTREIA

A "Governanta-empresária" conseguiu negociar a estreia dos Fruttis no porão/esgoto do teatro Ruth Escobar em troca de sempre mencionar tal gentileza em entrevistas. Sem problema. Bivar na direção-geral, cenografia/luz de André Peticov (irmão de Toninho) e os figurinos um por todos e todos por um, desde que de bom gosto.

O clube do Bolinha afirmava que para fazer rock "precisava ter culhão", eu queria provar a mim mesma que rock também se fazia com útero, ovários e sem sotaque feminista clichê. Pois é, entre tantas intérpretes brasileiras extraordinárias, de mulheres compositoras eu só conhecia Chiquinha Gonzaga, Dolores Duran e Maysa. Pensando nisso, resolvi investir em músicas de minha autoria para meu próprio consumo, uma vez que sabia não ser uma cantora de calibre.

Para disfarçar o fedor do porão do teatro durante os ensaios, tascamos toneladas de defumadores e incensos, mas nada conseguia camuflar a inhaca, então decidimos assumi-la como parte do show, afinal, cocô também era cultura, além do que, o budum dos infernos neutralizaria o budum da rapêizi do bêizi, se é que me entendem.

A única bilheteria do teatro vendia ingressos para duas filas distintas: uma com gente normal pagando para sentar em cadeiras confortáveis e assistir à peça principal anunciada no cartaz do teatro; a outra com gente esquisita pagando uma merreca para descer num porão malcheiroso, sentar no cimento e assistir a um show podrêra que nem cartaz tinha.

Além da direção-geral, Bivar preparou uma K7 cheia de pérolas para rolar enquanto o público entrava. A deixa para a banda se posicionar no palco ainda no escuro era Lou Reed cantando "Walk on the wild side". Os meninos dos Fruttis herdaram figurinos coloridos e reciclados do meu baú de Mutas. Lúcia usou um vestidinho cor-de-rosa bem curtinho e, com a guitarra na frente, parecia pelada da cintura para baixo. Eu, fantasiada de Bowie do Terceiro Mundo, num macacão brega dourado com as tais botas prateadas de plataforma que roubei da Biba. Todos pobres, mas limpinhos, todos crentes que o porão do teatro Ruth Escobar era nosso Cavern Club.

Não tínhamos PA, instrumentos e voz saíam direto dos amplificadores de palco. Salvo a música "Minha fama de mau", faziam parte do setlist composições minhas ainda desconhecidas: "Mamãe natureza", "Cilibrinas do Éden", "Nessas alturas dos acontecimentos", "E você ainda duvida", e "Paixão da minha existência atribulada". A música "Gente fina é outra coisa", parceria minha com Bivar, foi censurada. Completei o repertório com covers de Stones, Bowie e Wanderléa.

Notei que quando eu fazia pose de tocadora de teclados, o povo se animava pouco, quando eu pegava o microfone e ia lá na frente fazer minhas macaquices, neguinho aplaudia bastante. Eu, que até então era especialista em vaia, tomei gosto pelo aplauso paulistano e Deus também viu que isso era bom. Fazer parte do *backing vocal* sempre foi a minha, muito mais confortável, muito menos "responsa" e tal, mas você não faz gol sentado no banco de reserva, olhando seu time jogar, e já que nenhum dos Fruttis se habilitava a vestir o "Pelé do time", eu assumi o *front stage* da banda. Essa situação saia justíssima de ficar mais em evidência que os colegas é clichê na vida de qualquer humano bem-sucedido, para tanto sugiro um humilde "somos todos iguais, mesmo eu sendo melhor que vocês". Conto isso porque o *big boss* da PolyGram, André Midani, adorou o show e voltou à carga com a ideia de um novo contrato para me lançar em carreira solo e apenas negociou focar num nome mais objetivo: Rita Lee & Tutti Frutti. Mesmo tocando porra nenhuma e cantando porra nenhuma, aquele cara botava a mó fé em mim. Apesar de a proposta da PolyGram não os incluir, os músicos viram o negócio com bons olhos, afinal, era meio caminho para o sucesso deles também.

O DISCO QUE VOOU

Mal acabou a temporada do Ruth Escobar, nos mudamos para o Rio: banda; iluminador; contrarregra; cenógrafo; Charles, o Jeep; Danny; groupies, *oskimbau,* todos lotados no hotel Santa Teresa, que na época caía aos pedaços, o único que aceitava cachorro, lugar ideal para montar uma comunidade hippie.

Nas três semanas que passamos lá a rotina era a mesma; ácido no café da manhã, à tarde gravar viajandando no estúdio da PolyGram e à noite capotar exaustos no hotel. Contando assim parece que eu lembro tudinho o que aconteceu, dessa aventura nenhuma polaroide sobrou, tomei todas. O disco-Titanic, que se chamava apenas *Tutti Frutti*, naufragou antes mesmo de zarpar. A *trip* da "cantora queridinha do *boss*" resultou num sonoro cemitério psicodélico e foi sumariamente recusado pela gravadora. Pudera! Gravar um disco inteiro viajando de ácido dá nisso. A rotação do tempo é de outro mundo, tipo Darth Vader se afogando na areia movediça. Não recomendo misturar as experiências. Ainda tive a cara de pau de ir troncha até a sala de André Midani cobrar satisfação pelo cancelamento. Como não estava, sentei bufando na sala de espera. Nesse momento, quem entra lá também espumando à procura do *boss*? Tim Maia (sempre ele). Foi orientado pela secretária a pegar senha e sentar junto comigo. Papo vai, papo vem, soube que ele estava puto porque a foto da capa do seu novo disco não foi a de sua escolha. A cena seguinte entrou para o folclore: Tim & Rita indignados + Tim & Rita mal-educados + Tim & Rita com pavio curto = Tim & Rita passaram batidos pela mesa da secretária, invadiram a sala do patrão e alopraram o lugar. Tim, mais forte, atirou as cadeiras na parede e virou a mesa, enquanto eu passava o rodo nas prateleiras. Dois caubóis destruindo o *saloon* quando o xerife estava ausente.

Saindo de lá, Tim diz para a secretária: "Nada pessoal viu, lindinha?".

NOVA CHANCE

Quem pensaria em montar o show de um disco-catástrofe que nunca saiu? Sim, eu e meu ego equivocado. Deu tão ruim que nem dos figurinos lembro. Dizem que saí em turnê pelo Brasil a bordo de uma nau dos desesperados, a grana que entrava era fumada, cheirada, bebida e comida. Como Midani me deu uma nova chance depois disso, eu não sei. Mentira, sei sim, rolava um namorico. Nem lembro quando nem onde foi gravada a segunda investida com *Atrás do porto tem uma cidade*, sei que o resultado final foi um disquinho pra lá de malfeito, dessa vez a rotação estava certa, mas a imprecisão instrumental da banda comprometeu a mixagem.

Um produtor foi contratado na moita pela gravadora para consertar os estragos, mas apesar da boa intenção em tentar salvar minha alma do fogo, o cara acabou me mandando definitivamente para o inferno. A faixa que mais lamentei a interferência foi "Menino bonito", que ganhou um arranjo de violinos pra lá de brega. Só depois da mimosa regravação de Wanderléa é que voltei a gostar da música.

Para comprar as simpatias da banda, recaí na bobeira de dividir composições minhas com alguns deles apenas por meros pitacos no arranjo, era preciso investir no "espírito ginasial" para adiante reverter em parcerias reais. Além disso, ou por causa exatamente disso, já dava para notar um certo desconforto dos Fruttis como banda de apoio. Rolava um duelo de egos entre os guitarristas, pairando no ar o velho mantra do clube: "Para tocar guitarra tem que ter culhão". Eu preferia mil vezes a pegada da guita de Lúcia à do Keith Richards da Pompeia. Acontece que *miss* Turnbull volta e meia faltava aos ensaios e quando comparecia não se concentrava, mais atrapalhava que ajudava. Por essas e por outras, meu voto foi vencido e ela pediu o boné. Sua despedida foi no Hollywood Rock organizado por Nelson Motta no campo do Botafogo com Raul e Erasmo mais uma penca de bandas.

Ainda guardo o macacão de lamê cor-de-rosa justíssimo que eu usei no dia. Lembro desse detalhe porque quem deu o ar da graça no meu camarim foi ninguém menos que Eric Clapton e sua recém-esposa Pattie Boyd, ex-George Harrison. E foi a estonteante loira quem me ajudou a costurar o macacão no corpo e eu lá me sentindo Marilyn Monroe cantando "*Happy birthday mr. president*".

AMIGA MALA

Dia seguinte do Hollywood Rock, Midani organizou um *petit comité* em sua cobertura na Lagoa para receber o casal famoso, lembrando mais uma vez que naqueles tempos era rara a presença no Patropi de gringos do *jet set* musical do planeta. Pois bem, levei comigo uma amiga ricaça gente boa, *persona non grata* do *high society* paulistano, dona da garagem onde certa vez me hospedei por uns tempos.

Clapton, um pouco constrangido no meio dos silvícolas brazuqueses deslumbrados, fazia o mister simpatia, e entre uma frase ou outra aqui e acolá, se refugiava da turba dedilhando um magnífico violão prateado certamente feito especialmente para ele. Num dado momento se levanta, guarda o violão no case e vai ao banheiro. O vexame que se seguiu é da série *mea culpa, mea culpa*. Minha amiguinha, alegrinha de birita *y otras cositas más*, se levanta, vai até o case, abre, pega o violão do cara, senta com ele no colo e começa a batucar um sambinha nas costas do instrumento! A cena de Clapton saindo do banheiro e dando de cara com seu "filho" sendo estuprado por aquela monstra merecia a trilha de *Tubarão* da mocinha nadando tranquila prestes a ser estraçalhada pelo animal. Barraco com direito a retirada imediata do casal famoso. Olhares raivosos se voltaram contra mim, meio que exigindo uma atitude. Peguei minha amiga-mala pelo braço e saí da festa constrangida, sem moral para negar no tribunal que foi minha a ideia de tê-la convidado.

NAS CORDAS BAMBAS

De tanto berrar nos shows, minha voz, sempre micra, competia corajosamente com os eletrônicos no volume máximo, o que me deixava rouca dia sim, dia também. Um fonoaudiólogo constatou nódulos nas cordas vocais, mas antes de uma cirurgia, aconselhou aulas de impostação de voz. Madalena de Paula, charmosa pianista, cantora de jazz e professora de canto, tinha um jeito muito especial de verificar o tamanho dos nódulos enfiando o indicador na goela dos alunos. Prática ela. Com uma só apalpada soube que os meus calos eram grandes demais para regredirem com apenas impostação correta. A recomendação foi entrar na faquinha mesmo. De Paula ainda advertiu:

"Vão cortar um pedaço das suas cordas vocais. Os agudos nunca mais serão os mesmos. Aconselho você a baixar o tom das músicas. Qual o seu signo astrológico?"

"Capricórnio", disse eu.

"E o ascendente?"

"Aquário."

"Seria conveniente fazer o procedimento cirúrgico em Minas Gerais, que é o estado capricorniano do Brasil. Isso te ajudará tanto na cirurgia como numa recuperação mais rápida."

Me deu o contato de um cirurgião de sua confiança em Belo Horizonte e por fim disse:

"Ah, depois da operação, seria inteligente você fazer voto de silêncio total por pelo menos um mês, favorecendo uma cura aquariana. Pouquíssimos conseguem resistir até o fim sem dizer uma só palavra. Boa sorte."

Bacana.

Chesa nunca havia viajado de avião, boa oportunidade para levá-la comigo para conhecer igrejas e comidas mineiras. Nos hospedamos na casa de uma amiga chapa do cirurgião. A operação foi moleza e a anestesia geral quase tão alegre quanto *cannabis*. Ficamos três dias pelas bandas mineiras, Chesa quase enlouqueceu em Ouro Preto, enquanto eu me comunicava com o mundo na base da mímica ou do lápis/bloquinho. Para mim não foi sacrifício ficar muda por um mês, ao contrário, serviu para perceber quantas bobagens a gente ouve e deixa de falar. Aliás, isso até me ajudou a compor uma música harmonicamente mais elaborada que se chamava "Modinha". Realmente perdi os agudos, mas para quem também não tinha nem médios nem graves na voz, não fez diferença. Cantora *fake* tinha suas vantagens.

MESA REDONDA

Midani não desistiria tão cedo do meu "talento musical", acredito que muito por conta do nosso casinho. A fim de domar minhas futuras rebeldices, convocou uma mesa redonda junto a "peritos" de várias áreas do entretenimento para delinearem a futura imagem e semelhança da próxima sensação da gravadora: eu. Dos presentes, só conhecia Paulo Coelho e Nelson Motta, os demais (Artur da Távola, Armando Pittigliani, Miele e outros menos importantes), nunca vi mais gordos.

Escutei opiniões de como me vestir, o que falar, o que cantar, como me comportar, quais compositores escolher, enfim, antes que sugerissem pra quem eu deveria dar o rabo, me levantei, antipática: "Enquanto vocês se masturbam com a minha vida, eu vou ao banheiro queimar um baseado. Alguém tá a fim?". Só quem me acompanhou foram Paulo Coelho e Nelson Motta. Depois de tamanha demonstração de carinho, tudo terminado entre nós, Philips, Midani e eu.

DISQUINHO BACANINHA

A insatisfação entre os habitantes da vila onde eu morava era visível. Levaria tempo até provar que minhas cobras não iam engolir as crianças que brincavam entre as casinhas. Aconteceu então de cair do céu uma proposta da novíssima gravadora Som Livre, cujo presidente era João Araújo, um cara pra lá de simpático, de gravar um disco do jeito que quisesse. Liberdade total. Eu precisava mesmo largar aquela vidinha besta, domar os motins dos Fruttis, agora sem Lúcia, e montar um novo repertório, afinal quem dava a cara pra bater era eu, então me concentrei em entregar um disco bacana.

Naquele impasse da vila *versus* Mouchie & Angel, a saída foi apelar para aquela amiga *high society shame and scandal** de família paulista quatrocentona que deu detalhe com Clapton. Prontamente ela me emprestou sua mega casa à beira da represa de Ibiúna, desde que fosse junto e participasse das lisergias e fumacês. Negócio fechado. A mudança toda foi socada

* "Vergonha e escândalo da alta sociedade." (N. E.)

dentro do Jeep, incluíndo Danny, Mouchie, Angel, Andy, instrumentos e traquitanas. Oba, nova casa, nova comunidade hippie, com a diferença de que a responsa dessa vez seria só minha.

A primeira coisa que fiz foi soltar as cobras no mato e desejar-lhes a proteção de São Francisco em seu novo habitat tropical. A sala da casa era bem espaçosa, perfeita para montar a instrumentália, além de oferecer uma vista panorâmica da represa. Para desgosto da anfitriã, os ensaios eram movidos apenas a gererê. Ácido, nem pensar desta vez. O time da banda era outro, dos Fruttis originais apenas Lee e Luis. Andy pilotava a mesa de som e coordenava a produção do próximo trabalho, eu fiquei na direção musical desovando repertório. Nos instalamos lá durante meses e aos poucos a coisa foi ficando com cara de banda profissa.

O disco *Fruto proibido* foi gravado no estúdio Eldorado na rua Major Quedinho, centrão de Sampa. Boas parcerias com Paulo Coelho (recém--separado de Raul) como "Esse tal de roquenrou", descrevendo a cena engraçada da mãe que confessa ao psiquiatra as esquisitices da filha com um tal de "roque sei lá das quantas". São nossas também o blues "Cartão--postal", uma das letras que mais gosto de Paulinho, e "O toque", de inspiração cósmica. Promissoras parcerias com os Fruttis em "Agora só falta você" (com Luis) e "Pirataria" (com Lee). E composições minhas como "Dançar pra não dançar", "Luz del Fuego", "Fruto proibido" e "Ovelha negra". Um disquinho bacaninha, lá estava eu botando minhas asinhas pra fora num ambiente *mezzo* machista, *ma non troppo*. Gosto muito desse trabalho, considerado por muitos como um divisor de águas do rock brazuquês, apesar da breguice do nome *Fruto proibido*.

Lembro que estava num supermercado quando ouvi pela primeira vez "Ovelha negra" tocando nos alto-falantes tipo: "conheço essa música de algum lugar". Já Charles não gostou de ouvi-la na sua rádio caipira e veio tomar satisfação pela frase: "Foi quando meu pai me disse filha, você é a ovelha negra da família, agora é hora de você assumir e sumir". Sobre ser eu a ovelha negra ele concordava. O que pegou foi dar a entender que ele, meu pai, havia me expulsado de casa. Culpei a licença poética, o Sargento entendeu a sutileza e deixou barato. A foto da capa foi feita na sala de jantar do casarão, eu usando panos esvoaçantes tipo Isadora Duncan *goes* Vaudeville, em frente a uma penteadeira decô de Chesa, tesouro herdado de minha avó e que hoje ainda está comigo.

Pois no exato dia da mudança de volta a São Paulo, depois de três meses em Ibiúna, vou carregar Charles, o Jeep, e quem está no capô tomando sol? Sim, Mouchie & Angel, as benditas cobras do maldito Alice Cooper. As duas me esperavam lá, tipo irmãs boazinhas do Jardim do Éden. "As férias foram ótimas, mas queremos morar com você, mamãe." Danny se decepcionou.

Mais do que um "disquinho bacaninha", como sugere a autora, *Fruto proibido* marcou presença bonito no rock'n'roll Brasil e se tornou um clássico. Um manual de como fazer rock por aqui. É curioso notar que, em um estilo musical e em um país machistas, um LP rosa, cheio de citações femininas (Luz del Fuego, Isadora Duncan...), capitaneado por uma mulher que fazia "tudo o que queria fazer", se tornou a mais completa tradução do rock Brasil. Ela ainda levou as músicas para todo o país. Explica-se: "Ovelha negra", "Agora só falta você", "Dançar pra não dançar" e "Esse tal de roquenrou" — metade do disco — ganharam clipes no *Fantástico*, programa dominical de maior audiência do país. Praticamente uma "garota do *Fantástico*".

DAS DORES

Na volta, aluguei um microapê na frente do colégio Mackenzie, no bairro Santa Cecília, e comprei um aquário do tamanho da sala. Nessas alturas, Andy já havia voltado à Inglaterra e coube a mim a infeliz função de buscar ratinhos vivos no Instituto Biológico. Ó, céus! Fosse eu Deus me mandava queimar no mármore do inferno.

Era julho, um frio danado, e aconteceu de eu ter que passar uma semana seguida em turnê e deixar as cobras aos cuidados de uma vizinha simpática que também adorava bicho e já sabia como cuidar delas, tipo ligar todas as noites o aquecedor do aquário, soltá-las durante o dia, coisa e tal. Óbvio que empregada nenhuma topava trabalhar num apartamento com duas cobras dando pinta de donas do pedaço. Danny se hospedou no casarão. Alimentei as meninas que, satisfeitas, hibernariam enquanto eu estivesse fora. Dia seguinte que viajei, a tal vizinha sofreu um acidente grave e foi parar no hospital, ficando incomunicável por dias. Não bastando, o que era para durar uma semana virou três e nessas as cobras passaram dias presas no aquário sem aquecimento e sem alimento. Quando cheguei, Mouchie & Angel haviam morrido de frio e eu me coloquei no mesmo santinho de Nossa Senhora das Dores.

ADENDO COBAIAS

Há, por pura preguiça intelectual, uma resistência confortável no mundo científico que pesquisa "medicamentos" para curar doenças humanas torturando cobaias. Em pleno terceiro milênio, ei-los injetando xampu nos olhos de ratinhos para descobrirem a fórmula do antialérgico equivalente. Mexam a bunda, senhores doutores, há mais soluções alternativas entre o céu e a terra do que sonham vossas vãs cegueiras.

BAD IN RIO

No meio da temporada carioca do show *Fruto proibido* no teatro João Caetano do Rio, me aparece no camarim um amigo querido que conheci em Londres, o Baratão, sujeito mirrado com um braço atrofiado pela talidomida, superboa gente. Seu pai, um desembargador, havia apreendido um quilo de cocaína e teve a brilhante ideia de guardar a muamba no cofre da casa onde a família morava. Baratão surrupiou metade e inteirou o meio quilo roubado com bicarbonato. E lá estava ele me convidando para rezar "o pó nosso de cada dia" juntos.

Passamos três dias enfurnados num quarto de hotel cafungando direto. Comer e dormir nem pensar, fazer show muito menos, a boca travadona mal abria, quanto mais cantar e tocar flauta. Quando as fileiras acabaram, ameacei pular da janela. Barraco no hotel. Depois que meu Anjo da Guarda teve o maior trabalho me convencendo a não pular, me deu um esporro e fez prometer nunca mais tocar na droga do demo. Esta foi a única *bad trip* que tive na vida. Pó nunca mais, nem se Peter Pan descesse de um disco voador me oferecendo o de pirlimpimpim. Baratão, que já não era nada atlético, foi parar no hospital na base da lavagem e muito soro. Tempos depois, nos reencontramos e ele me contou que o pai nunca descobrira o desfalque, ainda lhe deu um fusquinha para compensar a "intoxicação alimentar" que sofreu.

Nem a Governanta, nem os Fruttis gostaram quando a temporada no Rio terminou bruscamente. Eu cada vez mais a ovelha negra estranha no próprio ninho.

ADENDO PÓ

Houve uma única vez (antes desse episódio de overdose) em que eu curti uma fileira. De volta ao hotel depois de um show, eis que o telefone toca.

"Alô."

"É a Rita Lee falando?" (Vozeirão poderoso do outro lado da linha.)

"Sim, quem é?"

"Nelson Gonçalves aqui... então, Ritinha, estou hospedado no mesmo hotel e pergunto se você está a fim de cheirar umas lagartas de fuder as cartilagens? Meu quarto é número tal, não pense bobagem, tenho idade para ser seu pai, só quero uma boa companhia."

DE CASA NOVA

A fama de bacana pós-*Fruto proibido* começou a conquistar corações solitários, trocentos shows, graninha legal entrando, probleminhas de ego aqui e ali, nada incontornável, a fase andava boa demais para investir em motins. Tão boa que aluguei um sobradinho na rua Pelotas, meia hora a pé do casarão dos Jones, perfeito para as minhas visitinhas, agora mais frequentes por conta da doença de minha mãe não tão sob controle como ela dizia. Lá hospedei Paulo Coelho, com quem tive um namorico esotérico quando mergulhamos fundo no significado das cartas do tarô, Paulo assumindo o Mago e eu a Papisa. Também recebi os Novos Baianos, nunca vi tanta gente feliz e colorida acampada no quarto, sala e cozinha, menos no quintal, onde moravam Ziggy & Martha, minhas novas filhas-jaguatiricas invocadinhas que adotei num pet shop onde serviam de chamariz para atrair fregueses. Eu já tinha experiência com onças, não é mesmo?

Nos tempos dourados da Guarapiranga, eu raramente visitava minha família, mas a cena agora era outra. Charles *mezzo* aposentado com seu consultório caseiro. Chesa abriu o jogo sobre o câncer no útero e agora precisava de colinho. Balú cozinhando divinamente e participando de eventuais excursões da igreja, e Carú cada vez mais gostosona e alegre. Virgínia praticamente clonou a irmã indo trabalhar na mesma firma e casando-se com Donald, seu patrão e também inglês, praticamente adotando os três filhos do primeiro casamento dele.

Já entre Brian e Mary as coisas não iam tão bem. Moravam num sobrado quase ao lado do casarão na mesma rua Joaquim Távora. Todos os dias enquanto Brian trabalhava, Mary ia encher a cara na bodega da esquina e depois vinha chorar as pitangas com minha mãe, que tentava entender o porquê daquela tristeza toda, afinal, a filha havia se casado com um rapaz superfino e educado, trabalhador e honesto. A revelação chegou como uma bomba para Chesa, e Charles foi o mensageiro sem papas na língua: "Mãe, a verdade é que todo mundo sabe menos você, aquele inglês é fino demais pra ser macho, na minha terra a gente chama isso de efeminado. Sua filha quer ficar grávida e não consegue, daí que vai beber pra esquecer, porque daquele mato não sai coelho! Entendeu?". De fato, Brian continuou sendo superfino e educado até que Mary se overdoseou de birita e bolinha e teve um AVC fulminante aos 37 anos. Logo depois do enterro Brian desocupou a casa, sumiu com todas as coisas da minha irmã e fugiu com um caminhoneiro chamado Carlos, nada fino e educado, e nunca mais soubemos dele. Era um cara bacana, o Brian, ser gay ainda era vergonha suficiente para se trancar dentro do armário e jogar a chave fora. A família entendeu.

CHARLES, O JEEP

Há muito já havia perdoado Loki por ter me expulsado dos Mutas daquela maneira, na verdade deveria agradecer-lhe por me livrar da vergonhosa fase Yes Patropi. Estarei mentindo se disser que depois da minha saída os Mutas não emplacaram uma, enquanto eu acertava todas? *I don't think so.** Um dia, Loki toca a campainha do meu sobradinho, magro e deprê, queria entrar para conversar. Contou que pegara uma doença desagradável nos "países baixos" e pediu se poderia pernoitar lá apenas uma noite, que a namorada o botou pra fora e tal. Eu e minha imbecilidade concordamos.

Na manhã seguinte, pediu Charles, o Jeep, emprestado, dizendo que ia buscar um instrumento de presente para mim, que queria me compensar pela pindaíba depois que fui saída da banda, que dali meia hora estaria de volta e tal. Lembrei-o da última vez que emprestei e ele sequestrou o anjo do cemitério.

"Juro que agora vou te fazer uma boa surpresa", prometeu ele.

Não voltou. De madrugada telefonou contando que me havia feito um grande favor: jogou Charles contra um muro na descida do Minhocão e o abandonou lá para ser guinchado. Perda total. Uma serra elétrica no coração teria doído menos. Quando meu pai soube do fato se descontrolou, queria sacar o revólver e ir à caça daquele maldito. Acabou tendo um piripaque e foi parar no hospital colocar marca-passo. O nosso querido Jeep Willys capô baixo placa 70050 era parte da família desde 1951, aquele que só faltava assobiar para ligar sozinho e vir feito o cavalo do Zorro. Doeu feito a morte de um irmão. Só sei que foi naquele momento de ódio incondicional que lhe

* Eu acho que não. (N. E.)

roguei uma praga fulminante. Se pegou ou não, a história dirá. Mulher que se autoproclama bruxa é tudo, menos bruxa.

ADENDO LOKI

Na estreia do show *Entradas e bandeiras* no teatro Aquarius o avistei na primeira fila balançando o polegar para baixo e fazendo cara de nojo. Fez questão de ostensivamente se levantar e sair na metade. Nos encontramos novamente no dia de assinar o divórcio, ou melhor, o desquite. Vendo meu barrigão de grávida, o juiz ficou nervosinho: "Absolutamente não, vamos tratar aqui da reconciliação do casal e dessa inocente criança que vai nascer...". Blá-blá-blá. Em um minuto expliquei que o filho não era do meu "marido" e que a nova "esposa" dele também estava grávida. Assinou rapidinho a papelada e nos dispensou.

Casada com Roberto e já com três filhos, morando numa casa em outra área da Cantareira, vejo um mendigo subindo a rampa da nossa garagem. Loki barbudo, cabeludo e maltrapilho vinha anunciar que ele e sua nova "esposa" haviam alugado a casa logo ao lado. Dias depois tascou fogo em tudo e sumiu. Quando a fumaceira baixou, fomos até lá e encontramos uma cena deprimente, não havia um móvel no local, só um colchão queimado na sala onde o casal acampava e cozinhava na lareira.

A gota d'água do seu *côtè* piromaníaco foi quando tascou fogo no piano de cauda da mãe e ela o internou numa clínica meia-boca para "esquisitinhos". Fiquei sabendo da história porque dia 31 de dezembro (meu aniversário) Loki pula da janela e se estatela legal. Uma antiga fã me avisou que estava em coma, internado como indigente no hospital do Servidor Público com traumatismo craniano severo. Roberto e eu fomos até lá e o transferimos para o Samaritano, deixando-o sob os cuidados da dedicada fã.

A última vez que o vi pessoalmente foi na apresentação do *Bossa'n'roll* num teatro em Juiz de Fora, onde morava com a fã caridosa, agora sua nova esposa. Depois do show, foram os dois ao camarim. Ela, de cabelo vermelho e franjinha no melhor estilo "rita lee", não desgrudou um segundo. Burlando a marcação serrada, uma hora lá soltei alto uma palavrinha código só conhecida por nós dois: "Gugaaa!!!" — o grito de guerra da dupla Bonnie &

Clyde antes de aprontar alguma. Naquele momento, estampou um sorriso cúmplice, o que me fez sacar no ato que Loki vendia sua imagem de coitadinho, tão apreciada pelas viúvas e críticos de música. Mas eu precisava tirar a dúvida, afinal, o coma poderia realmente ter soltado mais parafusos ainda, então descolei o telefone do casal e liguei. Atendeu a fã. Começo a falar em inglês bem rápido dizendo palavras-chaves que até o meu cachorro entendia, tipo "*Mr. Kurt Cobain to mr. Arnaldo... Kurt Cobain to Arnaldo, understand*?".* Demorou. Dali a pouco Loki entra na linha todo empolgado, se apresentando fluentemente sem gaguejar e sem o menor sinal de retardamento mental.

"*Could you please hold a minute, sir*?",** disse eu me fazendo de secretária do gringo. Deixo-o esperando uns segundos e finalmente digo em alto e bom português: "Arnaldo, Arnaldo, você não me engana, esse seu papel de aleijadinho de araque tá muito canastrão".

Desligou na minha cara.

Depois de vários torpedos para voltar aos Mutas e eu debochadamente declinar de todos, rolou o tal "retorno" da banda festejado pela imprensa como o mais fantástico acontecimento do mundo musical interplanetário. Loki numa entrevista se vinga: "Zélia é muito mais roqueira do que a Rita jamais foi". Desejei boa sorte à cantora a quem dei força para integrar a banda e ao mesmo tempo me livrava do mico.

O que eu acho de *revivals*? Um bando de velhas raposas reunidas no que considero "como descolar uma graninha para pagar nossos geriatras". Quando chega um desses viúvos de Mamutes me cobrando alguma bobagem, gentilmente sorrio e bocejo.

Talvez não tenha sido mesmo o "cérebro por trás" de nenhuma banda de rock da qual fiz parte. Modestamente, eu era a alma, quando uma banda morria, meu santo encarnava em outra.

* "É o sr. Kurt Cobain para o sr. Arnaldo... Kurt Cobain para Arnaldo, consegue entender?" (N. E.)

** "Poderia esperar um minuto, senhor?" (N. E.)

NEY, O CUPIDO

Paira uma névoa na minha cabeça ao puxar da memória shows da época dos Fruttis, a formação da banda mudava quase todo mês, músicos entraram e saíram tantas vezes que perdi a conta. E eu lá de *big mamma*, fazendo a tirana.

Houve um festival em Saquarema, organizado pelo sempre agitador e sedutor Nelson Motta, onde Ney, recém-saído dos Secos & Molhados, também se apresentaria. Nossas duas ex-bandas nunca se bicaram, sempre duelando pelo trono de "melhor de todos os tempos da última semana", ótima oportunidade para ele e eu tricotarmos fofocas de bastidores.

Entre outros papos, comentamos que o Kiss, por meio da estilista brasileira Maria Contessa (que confeccionava o figurino deles), teria sugerido aos gringos a maquiagem inspirada na dos Secos & Molhados. A história procede, uma vez que os Secos aconteceram antes do Kiss, portanto pioneiros no quesito "pintar a cara de branco e preto".

Combinamos que uma hora Ney subiria no palco com uma faca, faríamos uma cena de amor/terror e depois cantaríamos juntos "Com a boca no mundo". Faltou combinar com o cão de guarda, a Governanta, que na hora H rodou a baiana impedindo Ney de chegar perto do palco. Vergonha alheia perde. A partir de então, minha "Marlene Mattos" passou a demonizar tudo e todos que tentassem se aproximar de mim. Enquanto isso, ela já arquitetava minha expulsão dos Fruttis sob a batuta de Luis, a iminência parda do "rock tem que ter culhão". A revolta dos descontentes beirava o derradeiro Armagedom.

Não muito tempo depois, de alguma maneira, Ney driblou a vigilância e fez chegar até mim o pedido de uma música para seu próximo disco. Mandei uma K7 com "Bandido corazón" tipo *special delivery for his eyes only.** Quando recebi uma cópia com a gravação, adorei o resultado final e quis saber de quem era aquela guitarra bacana que pontuava a música. Alguém respondeu "é do Zezé, o guitarrista da banda do Ney". Humm.

* Uma entrega especial apenas para a apreciação dele. (N. E.)

Estava eu no Rio quando soube que Ney ia fazer um show no MIS e fui assistir. Uma tempestade desabou, acabou a luz e o show foi cancelado, nessas fui dar um rolê no barzinho local à luz de velas e vejo um moreno lindo sentado tomando cerveja. Apesar de odiar cerveja, valia a pena pedir umazinha para fingir que tínhamos algo em comum. A única informação obtida com o barman foi que o nome do bonitão era Roberto. Humm.

Perdi o show do Rio, mas não a estreia no Beco, em São Paulo. Assistindo na plateia, tenho um estalo ao avistar um determinado músico da banda. Hein? O que aquele gato "cervejeiro" chamado Roberto estava fazendo lá no palco tocando guitarra em "Bandido corazón" no lugar de Zezé?

Cheguei com dez no camarim, pronta para sequestrar o gato quando me deparo com uma cena broxante: sentada no colo dele uma *go-go girl* gostosona seminua dando-lhe beijinhos e carinhos sem ter fim. Sem chance concorrer com aquela bela mulata peituda/bunduda em vias de levar o gato pro mau caminho. Fiz a fina, fingi que nada vi e fui direto cumprimentar Ney que removia a maquiagem ali ao lado e que, tomando a dianteira e botando fim na farrinha do casal, me apresentou o gato: "Este é Zezé, aquela guitarra de que você gostou em 'Bandido corazón' é dele". Roberto e Zezé eram a mesma pessoa. Dãã.

Imediatamente convidei Ney e banda para jantarem em casa na segunda-feira, dia de folga do Beco. Ney sacou a indireta e combinou de comparecer tal hora tal endereço acompanhado apenas do moço em questão. Sem a bailarina-encosto, bem entendido. Deixei Danny no casarão para evitar que pulasse de alegria e derrubasse os convidados. As únicas habitantes do sobradinho naquela noite seríamos eu e minhas jaguatiricas Ziggy & Martha. Morávamos a menos de cem metros do QG do DOI-CODI, um quarteirão inteiro ao lado do parque do Ibirapuera, arrepiantemente calmo, onde Vladimir Herzog havia sido suicidado. Quando passava com Danny por lá nossos pelos se eriçavam, tipo ratinho branco frente a uma naja. Pedestres não podiam correr nem apressar o passo e os carros passavam a dez por hora. "Não sorria, você está sendo vigiado."

FEVER NIGHT

Ralei faxinando e arrumando a casa, queria impressionar os convidados e fingir que aquele era um dia igual a todos. Ney era chique, protocolar, eu precisava disfarçar minha mediocridade doméstica. A salinha de jantar tinha virado lugar de ensaio, lotada de instrumentos, então arrumei uma mesa bacaninha na cozinha, tipo "a artista intimista recebe".

Tudo pronto para o bote: comidinha caseira maravilhosa feita pela Balú, incensos, baseadinhos enrolados, velas e uma roupinha sexy. Logo que entram em casa, Roberto/Zezé tira o sapato e suas meias vermelhas com filetes dourados pululam aos olhos. "Adorei suas meias, eu faria show com elas!" O gato imediatamente as descalça, dá um beijo nelas e diz: "Não por isso, agora são suas, não tenho chulé". Eu, que não sou chegada no fetiche, achei os pés dele lindos. Humm.

Perguntei se queriam uma cervejinha e a resposta de Roberto foi na mosca: "Odeio cerveja, finjo que tomo quando quero bancar o fodão". Humm.

Depois do jantar nos dispersamos e eu, disfarçadamente, e já ensaiada, liguei uma clavinete vagabunda que tinha por lá. Ney e Roberto se entreolham sorrindo. Começo a dedilhar o baixo de um boogiewoogie no grave do teclado crente que estava abafando e impressionando a plateia. Roberto calmamente se levanta do sofá, senta ao meu lado no banquinho e começa a improvisar nos agudos. O gato, além de lindo, cheiroso e excelente guitarrista, também se mostrava exímio pianista. Amor à primeira tecla. Humm.

Fosse filme, este seria o momento dos violinos começarem a tocar enquanto a câmera dá um *zoom out* e o resto do mundo sai de foco deixando só os dois lá juntinhos. No lugar do boogiewoogie, a sonoplastia do filme, até então dirigido por Billy Wilder, decide por "Fascination" com Nat King Cole, agora sob direção de Woody Allen. A cena fecha num close deles se beijando e a mocinha piscando cúmplice para a câmera. Humm.

Corta para a cena do dia seguinte, mostrando o casal dormindo de conchinha depois de se amarem apaixonadamente debaixo de lençóis imaculados. Na verdade, meu quarto no sobradinho da rua Pelotas estava longe de ser imaculado, era forrado do chão ao teto com fotos de James Dean, o que causou um certo estranhamento em Rob, mas, como bom carioca, não perdeu a piada: "Pelo menos meu rival está morto".

DONA SOLANGE

Sobre a ditadura militar passo batido. Todo mundo sabe que sumia gente pra caramba, que não podia fazer rodinha de amigos na calçada, que até usar chapéu na rua era suspeito, blá-blá-blá. Sim, os meganhas alopravam pra valer. Na minha visão *comix*, os generais de chumbo eram os Blue Meanies do meu Submarino Amarelo. Aceitei fácil o mantra "*hay govierno, soy contra*", achava roquenrou, só não queria perder meu tempo lutando contra um filme de horror quando podia fazer da vida uma comédia, mesmo sem arrancar uma risada. À personagem "hippie-comunista-com-um-pé-no--imperialismo" acrescentei "festeira-fútil", aquela que tomava ácido e ia às manifestações gritar "mais pão, menos canhão" como se fosse refrão de uma música dos Beatles. Aliás, meu grande plano político para mudar o mundo. Começaria por jogar zilhões de LSDs na caixa d'água da Vila Mariana.

Já era difícil lutar contra minha própria preguiça de ter que comparecer pessoalmente à sala de dona Solange driblar seus brancaleones da censura. Eram aqueles debiloides que julgavam se as atividades artísticas continham "mensagens subliminares". Lembro da primeira vez que fui chamada a explicar o significado obscuro da palavra "arco-íris" numa letra de música que eu pretendia gravar. Cara a cara com a phoderosa, notei que era uma separada do berço da dona Maricota, mulher do Pafúncio, no seu tailleur cinza mal-ajambrado estilo soviético-pobrinho e meu esforço maior foi o de não cair na gargalhada. Antes de estrear qualquer show, filme ou peça de teatro, um par de brancaleones se sentava na plateia vazia para assistir ao espetáculo em primeira mão. Se não gostassem, proibiam sem maiores explicações, dane-se o gasto com a produção. Se aprovassem, pediam uma porrada de ingressos para amigos e familiares. Finos.

Documentos da censura, mantidos pela Biblioteca Nacional (RJ), mostram a perseguição de Rita pela ditadura militar: ela se tornou a compositora mais proibida da época.

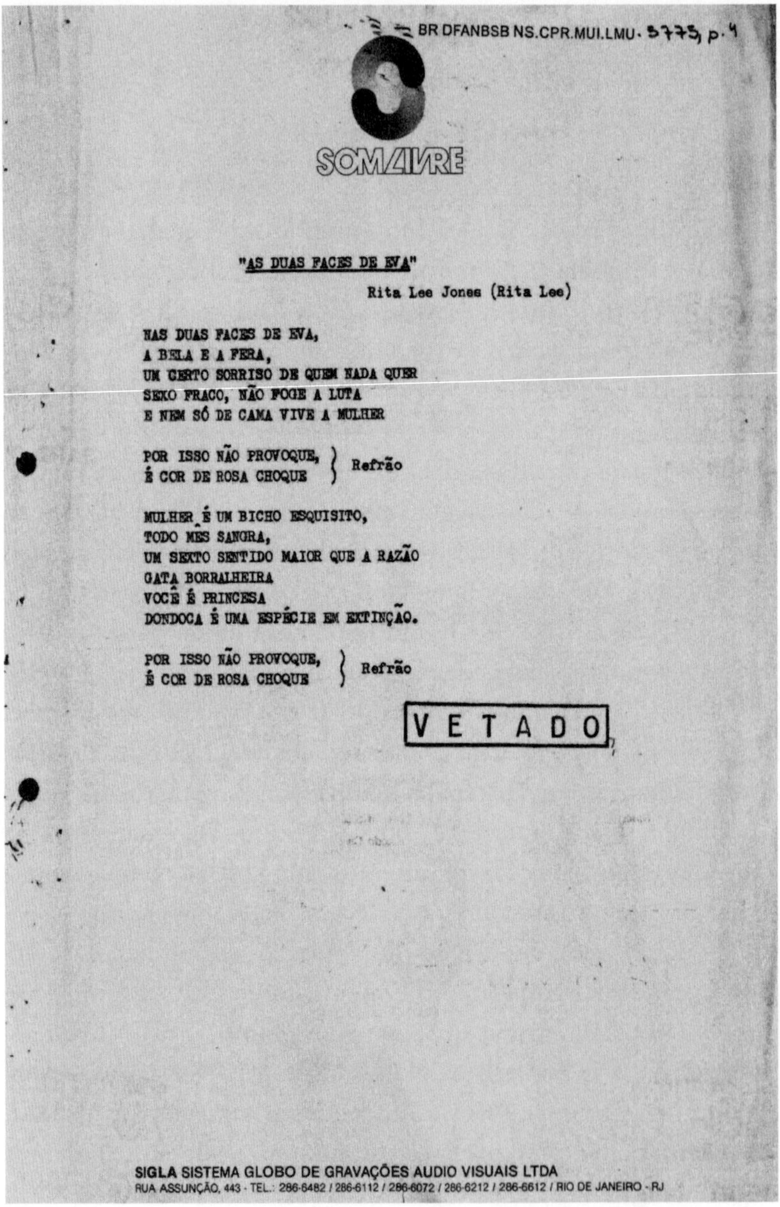

BR DFANBSB NS.CPR.MUI.LMU. 5775, p. 4

SOM LIVRE

"AS DUAS FACES DE EVA"

Rita Lee Jones (Rita Lee)

NAS DUAS FACES DE EVA,
A BELA E A FERA,
UM CERTO SORRISO DE QUEM NADA QUER
SEXO FRACO, NÃO FOGE A LUTA
E NEM SÓ DE CAMA VIVE A MULHER

POR ISSO NÃO PROVOQUE, } Refrão
É COR DE ROSA CHOQUE

MULHER É UM BICHO ESQUISITO,
TODO MES SANGRA,
UM SEXTO SENTIDO MAIOR QUE A RAZÃO
GATA BORRALHEIRA
VOCÊ É PRINCESA
DONDOCA É UMA ESPÉCIE EM EXTINÇÃO.

POR ISSO NÃO PROVOQUE, } Refrão
É COR DE ROSA CHOQUE

VETADO

SIGLA SISTEMA GLOBO DE GRAVAÇÕES AUDIO VISUAIS LTDA
RUA ASSUNÇÃO, 443 - TEL.: 286-6482 / 286-6112 / 286-6072 / 286-6212 / 286-6612 / RIO DE JANEIRO - RJ

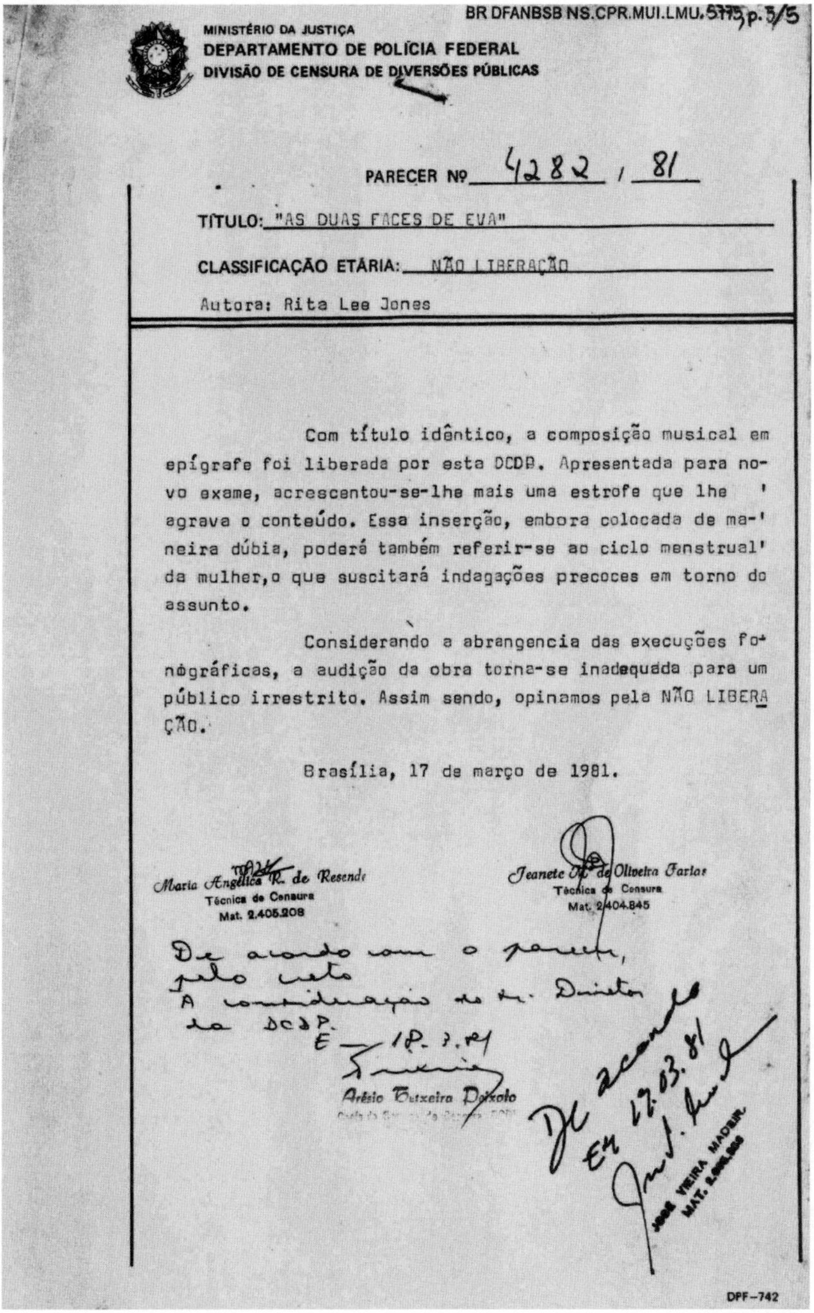

BR DFANBSB NS.CPR.MUI.LMU.5775, p. 3/5

MINISTÉRIO DA JUSTIÇA
DEPARTAMENTO DE POLÍCIA FEDERAL
DIVISÃO DE CENSURA DE DIVERSÕES PÚBLICAS

PARECER Nº 4282 / 81

TÍTULO: "AS DUAS FACES DE EVA"

CLASSIFICAÇÃO ETÁRIA: NÃO LIBERAÇÃO

Autora: Rita Lee Jones

Com título idêntico, a composição musical em epígrafe foi liberada por esta DCDP. Apresentada para novo exame, acrescentou-se-lhe mais uma estrofe que lhe agrava o conteúdo. Essa inserção, embora colocada de maneira dúbia, poderá também referir-se ao ciclo menstrual da mulher, o que suscitará indagações precoces em torno do assunto.

Considerando a abrangencia das execuções fonográficas, a audição da obra torna-se inadequada para um público irrestrito. Assim sendo, opinamos pela NÃO LIBERAÇÃO.

Brasília, 17 de março de 1981.

Maria Angélica R. de Resende
Técnica de Censura
Mat. 2.405.208

Jeanete M. de Oliveira Farias
Técnica de Censura
Mat. 2.404.845

De acordo com o parecer, pelo veto.
À consideração do Sr. Diretor da DCDP.
Em 18.3.81

Arésio Teixeira Peixoto

De acordo
Em 17.03.81

José Vieira Madeira

DPF-742

RECEBI

Gualter de Souza Guimarães
Ag. Adm. - Matr. 2.128.250

AFRODITE

Roberto de Carvalho
Rita Lee

Que tal nós dois,
Numa banheira de espuma
El cuerpo caliente
Num dolce farniente
Sem culpa nenhuma
Fazendo massagem
Relaxando a tensão,
Em plena vagabundagem,
Em qualquer posição
Falando muita bobagem,
Bulinando com água e sabão

Lá no reino de Afrodite,
O amor passa dos limites
Quem quizer que se habilite
O que não falta é apetite

VETADO

Lib-esc. Dec. 187/81
(Tít. Banho de Espuma)

MINISTÉRIO DA JUSTIÇA
DEPARTAMENTO DE POLÍCIA FEDERAL
DIVISÃO DE CENSURA DE DIVERSÕES PÚBLICAS

PARECER Nº 4848 / 81

TÍTULO: VIDE TEXTO

CLASSIFICAÇÃO ETÁRIA: NÃO LIBERAÇÃO

"UAI UAI"
"FAVORITA"
"GALINHAGEM"
"AFRODITE"
"BARRIGA DA MAMÃE"

Procedemos ao exame das letras musicais supramencionadas e verificamos que exploram em seus versos termos chulos, frases de conotação maliciosa, grosseira, bem como insinuações de relação sexual.

Nessas condições, somos pela NÃO LIBERAÇÃO das referidas obras.

Brasília, 01 de setembro de 1981.

Maria Angélica R. de Resende
Técnica de Censura
Mat. 2.405.208

De ordem do Sr. Diretor liberar "Galinhagem". As demais pela manutenção do veto.
E 01/09/81

Hellé Vicente Carvalho
Matr. 2.415.791

DPF–742

SOM LIVRE

<u>ARROMBOU O COFRE</u> (Rita Lee/Roberto de Carvalho)

Oh! Oh! Brasil
Quem te vê e quem te viu
Pra frente, pra frente que até caiu
Chega dêsse nhém, nhém
Bye bye Brazil's vintém
Moratória é a moral da História

Maluf se cala mas a Luftfalla
Ivete dá bandeira que seu sonho é ser vedete
Filoporquequilo Jânio é sempre o mesmo grilo
Galã de várzea vai pro trono Andreazza

Governadores, deputados, vereadores
Saqueando bancos e bancando defensores
Ninguém se ilude mais que a comida está no fim
Olhem só a pança do sinistro Delfin
(Tá cheia de cupim)

Beltrão é o mandão da nossa burrocracia
Na moita Goubery fazendo muita bruxaria
No breque de improviso Aureliano se embanana
Nas eleições diretas uniforme é à paisana

Que ótimo Juruna e o escandaloso Timóteo
Na linha dura basta a Solange da censura
Cabecas vão rolar que tal a gente apostar
Incêndio! Incêndio! Incêndio! Pegou fogo o bêrço esplêndido.

SIGLA SISTEMA GLOBO DE GRAVAÇÕES AUDIO VISUAIS LTDA
RUA ASSUNÇÃO, 443 · Tel.: 286-6432 / 286-6112 / 286-6072 / 286-6212 / 286-6612 / RIO DE JANEIRO · RJ

MINISTÉRIO DA JUSTIÇA
DEPARTAMENTO DE POLÍCIA FEDERAL
DIVISÃO DE CENSURA DE DIVERSÕES PÚBLICAS

PARECER Nº 4445 / 83

TÍTULO: "ARROMBOU A FESTA III"

CLASSIFICAÇÃO ETÁRIA: NÃO LIBERAÇÃO

Letra musical de: RITA LEE e ROBERTO DE CARVALHO

Analizando as composições apresentadas a esta DCDP., pela SOM LIVRE - SIGLA - SISTEMA GLOBO DE GRAVAÇÕES AÚDIO VISUAIS LTDA., constantes do processo nº 07536/83-DCDP. , indicamos a NÃO LIBERAÇÃO da letra musical em epígrafe por criticar o sistema econômico e a descredibilidade política, identificando nominalmente personalidades políticas e administrativas cenário brasileiro, além de insinuar mudanças governamentais, denegrindo frontalmente a imagem do País.

Respaldada nos preceitos legais do art. 41, alíneas "d" e "g" e art. 77, do regulamento aprovado pelo Decreto nº 20.493/46, sugerimos a interdição.

Quanto a letra intitulada "OUTRO MUNDO", embora possuindo uma certa malícia é perfeitamente liberável.

Brasília-DF., 22 de setembro de 1983

TC.Mat. [illegible]095.877

MINISTÉRIO DA JUSTIÇA
DEPARTAMENTO DE POLÍCIA FEDERAL
DIVISÃO DE CENSURA DE DIVERSÕES PÚBLICAS

PARECER Nº 4443 / 83

TÍTULO: ~~LETRA MUSICAL~~

CLASSIFICAÇÃO ETÁRIA: PELA NÃO LIBERAÇÃO

Proc: 007536/83/BSB

A letra musical "Arrombou a festa III" de autoria de Rita Lee e Roberto de Carvalho apresenta todo um contexto crítico que denigre imagens de nossas autoridades vigentes.

Por estar em desacordo com o que preceitua o art. 41, alíneas "d" e "g" do Dec. 20.493/46 , somos pela sua não liberação.

Para um dossiê completo da censura nas músicas de Rita durante a ditadura militar, consulte o livro *favoRita* (Globo Livros, 2018).

NAMORANDINHO

Depois do episódio "flerte fatal" com Roberto, segui com os Fruttis em turnê pelos brasis e ele com Ney. Nos encontrávamos nas folgas de ambos e mantínhamos contatos diários pelo telefone.

Alguma coisa acontecia no meu coração, corpo e alma, fazendo com que me sentisse a mais santa das criaturas e *la mas caliente de las mujeres*. Da bandeira *sex, drugs and rock'n'roll* sobrou apenas *sex and rock'n'roll*. Entrei numa fase inédita na vida e disse bem alto para quem quisesse ouvir: "Afasta de mim esse cálice". Não precisava nenhum "extra" para me sentir viva e confortável dentro do corpo, eu me sentia plena. Minha menstruação nunca foi certinha, mas no segundo mês seguido que o "chico" não veio, caiu a ficha: tô grávida. A tabelinha da lua (não me dava bem com pílulas) desta vez falhara, fiz exame de sangue e bingo!

Voltando ao hotel depois de um show no Rio, bateu desespero e, fragilizada, chamei meu amigo Baratão (aquele do bicarbonato). Precisava de alguém para contar a novidade, alguém que não me julgasse, alguém que não fosse da família e muito menos da banda. Papo vai, papo vem, confessei que não estava a fim de jogar a gravidez pra cima de Roberto, que seria uma produção independente, coisa e tal.

"Tudo bem, Rita, mas você tem de pelo menos avisar que o cara é o pai do baby, ele tem todo o direito de saber, acho justo. Se acontecesse um lance assim comigo, eu gostaria de ser avisado." Me deixou lá remoendo sozinha se devia contar a Rob ou deixar a coisa como estava. Rolando na cama com minha amiga insônia, decidi ligar para Rob, que estava com Ney numa turnê pelo Nordeste e àquela hora já estaria no hotel.

"Boa noite, telefonista, por favor, pode transferir a ligação para o quarto do sr. Roberto de Carvalho?".

Triiiiiim...

"Alô. Oi, meu amor, acabei de entrar no quarto, tô exausto, o show aqui tava maravilha, lotadaço. E você, como foi aí no Rio?"

Silêncio do meu lado. Coragem, Rita, conta logo pra ele e desliga na cara! Não consegui encontrar palavras, preferi cantarolar "*Huhu, daddy* *you're a fool to cry"** dos Stones e esperei na linha sem saber se ele havia entendido a sutileza da mensagem.

"Bacana... Vou tomar uma chuveirada... A gente se fala depois...", finalizou ele.

Caindo em mim, com o telefone mudo na mão: "Tudo bem, Rita, você será uma mãe solteira bonitinha".

COMPACTANDO

Na onda do sucesso do *Fruto proibido*, gravei um compacto duplo, lado A com "Ovelha negra" e "Status", lado B com "Caçador de aventuras", uma quase moda de viola, e "Lá vou eu", esta uma declaração de amor à beleza sisuda de São Paulo, uma coisa bem minha cara. Lembro de tê-la concebido de uma só tacada, letra e música, daquelas que gostei de mim por ter composto. Como surgiu o nome de um segundo "parceiro" justamente nessa, não sei. Ou melhor, sei: bobeira minha que assinava com a editora sem ler.

Não me vanglorio como única dona das composições na época tuttifruttiana, mas *hay* que considerar quem continuou produzindo depois que a banda acabou. Lúcia gravou um disco solo com várias músicas de sua autoria, Lee Marcucci, este sim parceiro de verdade, formou com sucesso a banda Rádio Táxi e tocou sua vida de compositor adiante. Estranho é aquele que se diz "dono" do nome viver do repertório antigo da banda sem produzir até hoje um "roquinho" novo que justifique suas "autorias" do passado. Nem todo músico é compositor, mas todo compositor é um criador.

* "Papai, você é um bobo por chorar." Trecho da canção "Fool to cry". (N. E.)

O DISCO USURPADO

O golpe final do "bota meu nome aí" aconteceu no terceiro disco, *Entradas e bandeiras*, com "Corista de rock", "Lady Babel", "Departamento de criação"(!) e "Com a boca no mundo". Sendo que em "Superstafa", "Posso contar comigo" e "Troca-toca" (Paulo Coelho, Luis e Lee) eu servi apenas de "inspiração", como veio escrito na ficha técnica. Completando o repertório, "Bruxa amarela", o mimo que Raul havia me prometido.

A faixa de mais sucesso nas rádios foi "Coisas da vida", que fiz viajando de ácido e o santo baixou no piano, tipo "*shut up and play*",* passando batido pelo meu ego, a única composição que compus inteira no teclado, letra e música, em cinco minutos, outra que deu orgulho ter psicografado. A fotografia da capa foi feita no Ibirapuera, eu de "índia urbana" usando um colar de esmeraldas caríssimo emprestado da H. Stern, e junto com ele um guarda-costas da loja pra ficar de olho. O papagaio Paco era de um amigo. Depois de colocar a voz e fazer os vocais, marquei a mixagem para dali uma semana com a cabeça fresca, coisa e tal. O que se segue parece novela colombiana cuja mocinha ingênua é ludibriada pelo cartel de Medellín. Aconteceu que dois dias depois a Governanta me comunica que Luis, para me "poupar", já havia mixado o disco inteiro e estava tudo nos conformes, pronto para masterizar. Quando fui ouvir o resultado final, era um festival de guitarras atropelando voz, vocais, teclados, baixo e tudo o que havia pela frente, ou seja, virou um disco do moço. Não, não estou me fazendo de vítima, eu fui burralda mesmo e aderi ao "deixa como está para ver como fica". Aqueles "complôsinhos" beiravam o limite, eu já dava como certo recomeçar da estaca zero, montar uma banda nova com repertório novo e dar um bom pé na bunda da Governanta. Sem medo de ser feliz ao me aventurar por mares musicais nunca dantes navegados.

* "Cale a boca e toque." (N. E.)

A GOVERNANTA

Assim que *Entradas e bandeiras* foi lançado, o *Mortal Kombat* passou de tenso para insuportável e, já que a guerra estava declarada, quem jogou a bomba H fui eu ao dar a notícia da gravidez. A "reunião de emergência" com a Governanta rolou mais ou menos assim:

"Grávida?!?! Nem pensar! O que as cocotinhas vão achar? Seu público é só de meninada. Conheço uma ótima clínica, não há outra saída. Você logo se recupera, porque semana que vem temos a estreia do *Entradas e bandeiras*. Pronto, está resolvido."

"Tá boa, santa? Eu quero porque quero e vou ter esse filho, danem-se vocês."

"Então vamos escolher um pai para você apresentar na coletiva da estreia. Que tal o Duda?" (Um rapaz lindo que fazia as vezes de secretário dela.)

"Larga a mão de ser besta, o Duda é gay!"

"Já sei: o Luis é perfeito! Sendo guitarrista do Tutti Frutti, os fãs vão aceitar e a gente ganha mais publicidade para a turnê."

"O pai do meu baby é guitarrista, sim, só que do Ney Matogrosso. É o Roberto, aquele gato lindo."

"Nem morta! Já proibi a entrada desse cara em todos os lugares e não vai ser agora que aquele carioca espertalhão chega perto de você!"

"Resumindo: tô dentro da temporada do *Entradas e bandeiras* em São Paulo, depois pulo fora e vocês ficam livres de mim para tramar a carreira solo da banda."

DOCES BÁRBAROS

Os tropicalistas exilados estavam de volta ao Patropi. Gil, Caetano, Gal e Bethânia apresentavam os Doces Bárbaros no Anhembi e no repertório uma música composta pelos quatro deliciosamente dedicada a mim que dizia

"Rita Lee, i, i, quando a Governanta der no bode, pode crê, eu quero estar com você, superstar com você!". Já quase desmaiando de emoção na plateia, vejo Roberto chegar de surpresa ao meu lado e pegar minha mão. Não nos falávamos desde aquele telefonema "*daddy you're a fool to cry*". Agora o "*daddy*" estava lá me dizendo que ia sim chorar... de alegria. A cena só não foi perfeita porque de repente uma ex-namorada-groupie, sei lá de onde, pula sobre Rob e queima-lhe o braço com um cigarro. Ainda bem que foi no escuro e não perturbou o show. De qualquer maneira, barraco de ciúme é bom quando não é com você.

A OVELHA DEU BANDEIRA E ACABOU ENTRANDO

Bem que meu amigo astrólogo, o Bola, me aconselhou a não estrear *Entradas e bandeiras* em agosto de 1976 no teatro Aquarius, mesmo com o script oculto "esta é minha última gargalhada com vocês". Como sempre fui esquelética, aos três meses de gravidez minha barriga ainda nem aparecia. O público não precisava saber do meu estado interessante, pois eu podia perfeitamente cantar e chacoalhar no palco como sempre fiz. A estreia foi como toda estreia: tensa e cheia de erros a serem corrigidos nas futuras passagens de som.

Logo no primeiro fim de semana, na saída do teatro, uma senhora, dona Nair, toda de preto, chega perguntando se eu me lembrava de um show dos Mutantes em Itaquera, quando um rapaz morreu e interrompemos a apresentação. Sim, eu me lembrava.

"O rapaz em questão era meu filho, muito fã da senhora, tinha um álbum com fotos suas, foi um dos primeiros a comprar ingresso para aquele show. Preciso que a senhora me responda só uma pergunta: meu filho caiu morto dentro ou fora do salão? A senhora estava num lugar privilegiado e pôde ver, não?"

"Sim, o garoto caiu dentro do salão, perto da entrada."

"O policial que o matou está solto, disse que meu filho estava criando caso e querendo entrar sem ingresso, que foi morto do lado de fora do salão. Esse policial passa todo dia em frente à minha casa dando risada. O processo ainda está em andamento e amanhã haverá uma audiência com testemunhas dos dois lados. Se a senhora pudesse comparecer, eu ficaria eternamente grata."

Respondi que não saberia reconhecer o rosto do policial de onde estava, o que era verdade, só lembrava que o rapaz havia caído já dentro do salão.

"Não é para fazer reconhecimento do rosto, apenas diga o que a senhora viu de lá de cima do palco, só isso."

Fiquei tocada com a história da mulher e topei. Dia seguinte, fui ao fórum e contei a mesma cena. Mal sabia que estava metendo a colher no caldeirão corporativo da polícia paulista. Recebi o troco três dias depois, quando quatro deles chegam de madrugada na rua Pelotas com uma ordem de busca sem apresentar qualquer documento.

"Viemos buscar o quilo de maconha que a Rita Lee guarda aqui."

Balú estava lá comigo, a única da família que sabia da gravidez. Foi ela que levantou da cama para atender as batidas na porta. Sem conversa, os meganhas a afastaram, subiram direto ao meu quarto, acenderam a luz na minha cara e a bela adormecida quase pirou de susto.

A princípio, pelos seus blusões de couro e jeans apertadinhos, pensei: "Ó, céus, quem são esses roqueiros?". Depois, pelos revólveres na cintura, pensei: "Ó, céus, esses roqueiros são ladrões". Quando ouvi: "Levante-se, temos um mandado de busca pra senhora, onde está a erva?", eu finalmente entendi que os roqueiros-ladrões eram mesmo meganhas com péssimas intenções.

"Aaah, é isso? É que eu estou grávida e não tenho nem uma bituca, sinto muito... Fosse três meses atrás, vocês iam achar um monte, podem procurar à vontade", respondi com a ingenuidade de uma jumenta. Nem pedi para ver documento algum e muito menos sabia que teria direito a convocar uma testemunha da rua para acompanhar a busca. Notei que se entreolharam com um certo desconforto e fizeram cara de "você não nos comove". Sem muita delicadeza, começaram a fuçar armários e gavetas do meu quarto, e eu lá assistindo de pijaminha, sentadinha na cama, crente que tava tudo limpeza. Enquanto me vestia no banheiro, os meganhas cresceram e se multiplicaram na casa tipo gremlins. Balú, que a tudo assistia, fez a velhinha pentelha, perguntando o que era aquilo que estavam "plantando" em vasos, caixinhas e gavetas. Trancaram Balú e Danny no banheiro. Finos.

Ao abrirem a porta da cozinha que dava para o quintalzinho dos fundos, Ziggy & Martha cravaram os dentes na perna de um deles, sorte que usava jeans. Enquanto o primeiro meganha chacoalhava a perna e urrava de dor, o segundo sacou o revólver e mirou nas onças, aí chega o terceiro e avisa ao segundo para não atirar que poderia atingir a perna do primeiro. Momento Trapalhões. Peguei Ziggy & Martha no colo.

"Tão valentes com medo dos meus dois gatinhos!"

Visivelmente constrangidos e recuperando o moral da tropa, veio a sentença: "A senhora está presa por porte de drogas, vamos levá-la até o Deic para prestar esclarecimentos".

Desviei rapidinho meu olhar do peiote, o cacto alucinógeno plantado num vaso da sala que ganhei de presente de uma fã mexicana. Passaram batido por ele, já meu narguilê não teve tanta sorte. Não foram direto para o Deic, o camburão fazia *pit-stops* por várias delegacias me exibindo como troféu "olhem só o que temos aqui, a ovelha negra que de tanto dar bandeira acabou entrando".

NO DEIC

Como nessa época as notícias do dia chegavam com atraso, no caminho os meganhas iam telefonando aos jornais dando o furo da prisão e o horário da chegada no Deic. Quando desci do camburão, flashes explodiam na minha cara, me senti Joana "dark" ouvindo vozes a caminho da fogueira, Lee Oswald no corredor da delegacia antes de levar um tiro, Maria Antonieta com a cabeça na guilhotina. Até aquele momento, ainda havia esperança de explicar que eu não era comedora de criancinhas. Me botaram sentada frente ao delegado e sobre a mesa dele uma pilha de *cannabis* já dixavadinha, pronta para enrolar. Erva de ótima qualidade, aliás.

"A senhora tem algo a dizer sobre isto aqui que meus homens encontraram na sua residência?"

"Isso não é meu, seu delegado. Estou grávida e no momento não uso drogas. Nem Coca-Cola, pro senhor ter uma ideia. Eu vi quando seus homens colocaram isso na minha casa, pode perguntar para minha madrinha que também estava lá."

"Seu colega Gilberto Gil foi preso em Santa Catarina e acabou se dando bem. Aqui é São Paulo, e você não vai se dar bem, entendeu?"

"Mas... mas... mas..."

"Coronel, recolhe a moça!"

Lá fui eu imprimir meus dedinhos na ficha policial e tirar foto frente/perfil. Lembrei do *mugshot* do Charles Manson dando uma risadinha. "Faz isso, Rita, e você vai direto pro pau-de-arara." Aquela cena manjada da mocinha inocente apavorada sendo jogada na carceragem junto com putas e travestis e ainda ouvindo a gracinha: "Vamos ver agora o que essas leoas vão fazer com a ovelhinha". As leoas eram mansas, inconveniente mesmo era o carcereiro japa que volta e meia entrava na cela e mijava no chão para a mulherada não sentar. Fino ele, no duplo sentido.

Ainda no Deic, um carcereiro avisa que tenho visita. "O filho do secretário de um ilustre político veio falar com você. Se der com a língua nos dentes não vai ser bom para ninguém, entendeu?"

Loki me aguardava na sala do delegado, todo arrumadinho e limpinho. Já havia saído na imprensa que eu estava grávida e ele contou ao delegado que era o pai da criança, exigindo minha soltura imediata, tipo "Vamos ver quem manda mais nesta porra, vocês ou Ademar de Barros". Ó, céus, o "ilustre político" nessas alturas do campeonato já estava morto e enterrado e os meganhas perceberam que o elemento não batia bem da cabeça, queria bagunçar a zona. De repente, puxa do bolso do paletó um baseado e grita:

"Olha aqui, putada, venham me prender". O baseado era orégano e, para meu alívio, se é que havia algum naquele lugar, o delegado o mandou pastar e eu voltei para a cela.

X 21

Fiquei uma semana no Deic e depois fui transferida ao Hipódromo Feminino, onde passei um mês e meio. De cara, quem me recebeu no Xadrez 21 foi a detenta-chefa do pedaço, Mendonça, uma *mucho* macha, verdadeira cavalheira, inclusive me cedeu sua cama de baixo no beliche sabendo do meu estado interessante. As outras sete mulheres também aderiram ao afeto, acharam o máximo estarem presas com uma celebridade. Tudo ia bem até eu perguntar onde ficava o banheiro. "É aquele buraco ali no chão, colega."

Volta e meia um delegadinho de plantão mandava me chamar para interrogatório, dizia que se entregasse um "peixe graúdo minha sardinha ia se dar bem". Jogavam verde, ora dizendo que quem me denunciou havia sido um roqueiro chamado Percy, cantor da banda Made in Brazil, ora um músico dos Fruttis. Ninguém mandou me meter a besta no caso de Itaquera, quando o policial que matou o filho de dona Nair acabou indo preso. Dias depois, claro, o cara foi solto, e nessas eu entrei na mira.

De volta à jaula, as perigosas assassinas e ladras se mostravam cada vez mais gente-fina-sangue-bom comigo. Um dia, as colegas perguntam se eu poderia cantar umas musiquinhas para elas.

"Puxa, se tivesse um violãozinho aqui eu faria um show inteiro para vocês."

"Não por isso", disse Mendonça, e "cantou" para a carcereira, que "cantou" para os carcereiros que espalharam a notícia no Hipódromo Masculino. Dali um tempo, surge um violão meio vagabundinho com os cumprimentos da ala dos presos políticos que, mesmo torturados, não perdiam o humor.

À noite, todos em suas celas, silêncio bem-vindo, boa hora para uma serenata. Então eu, possuída pelo espírito de Elvis em "Jailhouse rock", empunhei o violão e mandei "Ovelha negra", com direito ao bis do bis. O inferno de Dante cantando em uníssono "Baby, baby, não adianta chamaaar..." merecia um Oscar de melhor musical.

Como agradecer minhas colegas de cela por tanto colinho? Inspirada, escrevi ali mesmo letra e música de "X21", baseada na história de cada uma delas. Dona Solange fez o tipo "não ouvi, não gostei e censurei" e a letra provavelmente ainda está lá no meio de outras tantas que receberam o carimbo "desacato aos valores da família". Orgulho no currículo.

ELIS, A PODEROSA

Só pode ter sido manobra do meu Anjo da Guarda ter acontecido justamente no dia em que eu estava tendo um sangramento com cólicas insuportáveis. Mendonça (sempre ela) já havia liderado um canecaço com as outras pedindo a presença de um médico. O perigo de um aborto era real. Nada foi feito. Naquele exato momento, chega uma carcereira dizendo: "Rita Lee, chegou uma artista famosa aqui na portaria e tá lá junto com o filhinho rodando a baiana querendo te ver de qualquer jeito. O delegado quer que eu te leve logo de uma vez pra sossegar a mulher antes que ela chame a imprensa, como está ameaçando".

Céus, quem seria essa santa porreta que me aparece exatamente na hora em que eu mais preciso, Nossa Senhora das Roqueiras? Chego corcunda de dor na sala do delegado e quem vem me dar um abraço dos mais fofos que já recebi na vida? Elis, aquela que fazia cara feia para roqueiros! Elis, a musa mor da MPB! Elis, a maior cantora do Brasil! Lá estava ela de mãos dadas com o filho João Marcelo peitando os milicas.

O delegadinho da vez, sem saber se pedia autógrafo ou enfiava a cara no apontador de lápis, fazia papel do falsinho atencioso, ora oferecendo cafezinho, ora perguntando sobre música. Elis ignorou o cara e disse em alto e bom som: "Se um médico não chegar em cinco minutos, você é que vai precisar de um cafezinho, porque eu vou convocar uma coletiva e denunciar o que está acontecendo aqui com minha amiga Rita Lee".

Elis não representava uma *person of interest* da ditadura, ao contrário, era reconhecida como a rainha do Olimpo musical e nenhum generaleco se atreveria a mexer com ela.

Ficou lá de plantão até eu ser medicada e o sangramento estancado. Ainda mandou vir comidinha de um restaurante porque me achou magrela demais para uma grávida.

Na cadeia mulher nenhuma fica linda, e quando Roberto foi lá me visitar, minha vaidade feminina se recusou a vê-lo. Nada mais constrangedor do que uma grávida descabelada no xilindró. Eu precisava manter a minha fama de bacana e ao mesmo tempo oferecer a ele a chance de me dar definitivamente um pé na bunda.

LOS MUI AMIGOS

Lá no xilindró, fiquei sabendo que, além de mim, também foram presos a Governanta e sua namorada, Luis e Stone, o office boy. No caso deles, teriam encontrado uma quantidade razoável de cocaína, *cannabis* e mescalina. Soube também que não ficaram um dia presos. Os advogados fodões contratados pelo pai da Governanta, um político aposentado, mexeram os pauzinhos e horas depois soltaram meus *mui* amigos. Do filme *Esqueceram de mim* volume máximo.

O teatro Aquarius, onde acontecia o show *Entradas e bandeiras*, foi interditado, e os equipamentos de som e luz, confiscados. Mais tarde, consegui reaver os instrumentos na garagem na casa da Governanta, no Pacaembu.

Enquanto eu apodrecia no Hipódromo, João Araújo, do alto de sua generosidade, contratou o advogado José Carlos Dias para cuidar do meu caso e apressar os trâmites legais.

No dia do julgamento, compareci ao fórum de terninho branco tipo mãe de santo urbana e uma camisa cor-de-rosa mostrando uma certa fragilidade feminina. Fui condenada a um ano de prisão domiciliar e, por falta de uma tal "casa do albergado", o "domicílio" escolhido foi o velho casarão da rua Joaquim Távora, sempre com um policial dando plantão no portão. O sobradinho da rua Pelotas foi desocupado e Ziggy & Martha foram soltos numa reserva florestal depois de adotados por um veterinário amigo que os reeducou para sobreviverem na natureza.

Pela nonagésima vez, a caçula retorna à casa do papai e da mamãe com uma mão na frente e outra atrás, dessa vez com um bebê na barriga, sendo que a família só soube da gravidez pela imprensa depois que fui presa.

Dois fatos emocionantes assim que cheguei no casarão: os Jones me esperavam com uma festinha, tipo chá de bebê caseiro, com roupinhas, brinquedinhos e docinhos. A outra surpresa foi a presença de Roberto lá, assumindo o papel de meu futuro "marido" e pai do baby que ia nascer.

ADEUS, DANNY

Como toda boa hippie, eu planejava meu parto na água. Tinha lido que os bebês saem da mãe nadando e a ruptura é bem menos traumática. Fui pedir a "bênção" do juiz (qualquer saída de casa precisava alvará de soltura) e me matriculei numa academia de natação a dois quarteirões do casarão, sempre levando a tiracolo o guardinha diurno, Nataniel, que se desculpava pelo grude forçado. Claro que Chesa, Balú e Carú o mimavam com cafezinho e bolo, já sabiam até o nome da avó dele, o que o fazia se sentir ainda mais culpado. O da noite, Alcides, era mais sisudo e de pouca conversa.

Um dia, Chesa chamou a família e comunicou que abandonaria de vez a quimioterapia, disse que a força para combater o câncer e continuar viva viria com o *new baby*. Meu pai entrou numas de preparar *smoothies* vitamínicos de frutas e legumes e fazia campanha contra laticínios em geral. Balú como sempre arrasando nas comidinhas e Carú tricotando roupinhas de bebê feito louca. Mary e Virgínia, na vidinha de casadas, nos visitavam com frequência.

Enquanto estive na cadeia, a saúde de Danny complicou de uma maneira tão rápida que não conseguia mais comer nem andar. Cachorros são meio para-raios dos humanos, enquanto gatos neutralizam o baixo-astral. Chegando em casa, no dia seguinte minha filha-cachorra-*best-friend* morreu nos meus braços. Claramente me esperou voltar da prisão para se despedir. Quando eu for para o céu, se não encontrar Danny, certamente lá não será o meu céu. Minha vida a partir daquele momento passou a ter um marco: a.D. e d.D., antes de Danny, depois de Danny. Para equilibrar o vácuo deixado por ela, minha mãe adotou uma cachorrinha vira-lata branca e preta e batizou de Cacilda, em homenagem à sua atriz predileta, La Becker.

DURANGA

Enquanto estive em cana, Roberto andou investigando e descobrindo malandragens da Governanta que eu, na minha imbecilidade, nunca desconfiei, tipo documentos de shows superfaturados e outros em branco com a minha assinatura. Conseguiu recuperar meu equipamento de som e ainda orientou um advogado a desfazer o processo que a outra movia contra mim por perdas e danos no contrato que não cumpri da temporada *Entradas e bandeiras*. Fina.

Não preciso dizer que nessas alturas estava devendo a alma e precisava trabalhar urgentemente. Para tanto, deveria me apresentar pessoalmente ao juiz, me mostrar boazinha e conseguir permissão. Por mais que eu quisesse montar uma banda nova, não havia tempo suficiente para ensaiar do zero. Nessas, os Fruttis espertamente engoliram o motim e se convidaram a me acompanhar. Não queriam perder a publicidade que o evento traria. Pensei em rebatizar a banda de Rita Lee & Os Falsinhos. O primeiro show foi no ginásio do Palmeiras. Charles não gostou muito e Chesa se fez de superior. Acompanhada de duas policiais femininas, entrei no palco já meio barrigudinha, vestindo o modelito listrado dos Irmãos Metralhas com o número X21 grudado no peito, em homenagem às ex-colegas. Inesperado sucesso retumbante. Nada como uma ficha policial para um roqueiro se sair de bacana.

Roberto continuava morando no Rio e semanalmente vinha a São Paulo de ônibus, se hospedando no casarão-prisão. A família toda apaixonada por ele, e eu mais ainda. Uma noite, enquanto aguardava sua chegada, compus "Doce vampiro" de uma só tacada com o violão apoiado no barrigão, imaginando Rob Drácula entrando pela janela do meu quarto e me dando uma bela chupada na nuca.

Só sei dizer que a profecia dos Doces Bárbaros aconteceu, e quando definitivamente "a Governanta deu no bode" eu fui superstar com Roberto, agora na função de empresário e, para pânico dos Fruttis, meu novo guitarrista/pianista/arranjador/produtor e parceiro musical.

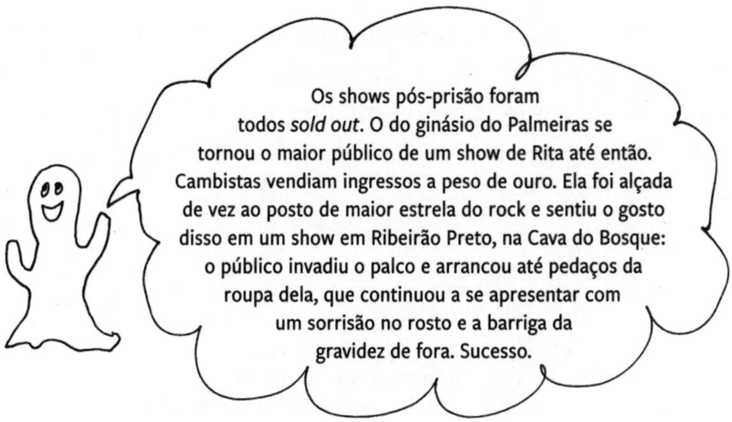

ARROMBANDO A FESTA

Eu devia um trabalho bacana para a Som Livre depois de tudo o que João Araújo fez por mim. Num encontro mágico com meu querido Paulo Coelho, surgiu a ideia de um compacto-bomba com uma música para escandalizar de vez os bons costumes da MPB. Entre gargalhadas, compusemos "Arrombou a festa", inspirada na "Festa de arromba", hit jovenguardiano. Lembro que parafraseamos várias pérolas que Raul comentava na intimidade sobre artistas brasileiros. Tirando Elis, não poupamos ninguém. A letra citava celebridades em evidência na época, de uma maneira pra lá de deseducada, tudo o que hoje o politicamente correto se arrepiaria de indignação. Depois de cascar o malho em todos, o ainda atual refrão resumia o enredo da ópera-bufa:

> Ai, ai meu Deus
> O que foi que aconteceu
> Com a Música Popular Brasileira?
> Todos falam sério
> Todos eles levam a sério
> Mas esse sério me parece brincadeira!

Como a música "X21" havia sido censurada, escolhi "Corista de rock" para o lado B do compacto simples e batemos recorde de vendas no formato. Sucesso retumbante nas rádios, o disquinho vendia feito água, trocentos shows na cola. Deu para pagar o que eu devia e ainda sobrar uma boa graninha.

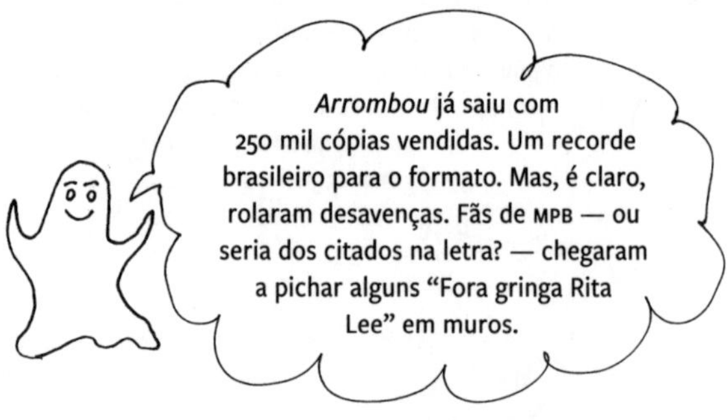

Rob se mudou para São Paulo e alugamos um microapê na rua Eça de Queiroz, na Vila Mariana, tocando nossa vidinha, agora nem tão besta assim. O novo endereço da prisão domiciliar teve de ser novamente registrado e nessas os guardinhas perderam a boquinha do cafezinho com bolo, pois tinham que dar plantão no lado de fora do portão do edifício.

Nos anos que se seguiram, sempre que eu viajava ao exterior rolava um carão tanto na saída do Brasil como na entrada do país estrangeiro: puxavam minha ficha e lá estava "ex-presidiária, cumpriu pena por envolvimento com drogas" e era um tal de revistar mala, bolsa, calcinha *oskimbau* até me soltarem na rua. Me sentia uma espécie de "Hildebranda Pascoal" com uma motosserra escondida no rabo. Depois da anistia, as autoridades pararam com essa gracinha.

Voltando ao tempo do pós-prisão, não demorou para o casal começar a compor uma música atrás da outra, a primeira foi "Disco voador", em homenagem a um avistamento da janela do nosso quarto. Um Ovni nos céus de Sampa? O.k., talvez tenha sido uma aparição de Nossa Senhora das Grávidas, o que para mim dava no mesmo. E Deus viu que a dupla Lee & Carvalho dava mó liga e abençoou a parceria.

MANIA DE ROBERTO

Roberto, meu amor-perfeito-muso-parceiro, caçula dos três irmãos, filho de Heber e Helyete. Não conheci minha sogra, ela morreu de câncer quando ele tinha cinco anos e logo depois foi adotado pela altiva tia Silvia, irmã mais nova da mãe, que morava num luxuoso apê na Vieira Souto. Contam que Rob aos três anos já arrepiava no piano, o menino sentava no banquinho e de ouvido repetia as músicas que sua mãe acabava de tocar. Estudou no colégio São Vicente de Paulo e fez Direito na PUC. Nessa época, ainda morava com tia Silvia, tio José e a filha única deles, dez anos mais velha que o primo. Rob foi educado para ser diplomata, seguindo a saga da família. Música era um talento à parte.

Mas eis que o rapaz começa a preferir a companhia de amigos não tão bem-educados, frequentadores do *bas fond* carioca, celeiro de músicos e *beautiful people* da *night*, totalmente fora do círculo social a que estava acostumado.

Rob se vê numa encruzilhada: ou se segurava no luxo a que estava acostumado, porém sufocado, ou mergulhava de vez na vida dura de músico, mas livre das regras rígidas dos tios, sendo que uma opção automaticamente eliminaria a outra. Decidiu mergulhar na música e foi morar com Heber, o pai, então no segundo casamento com Edith, num apê simples da rua Barata Ribeiro. De um lado, o padrão de vida baixava, do outro, o reconhecimento musical subia. Rob não demorou a ser disputado por nove entre dez bandas como pianista e/ou guitarrista. Participava de recitais de piano, tocava em barzinhos, dava canjas em shows e eventos, ensaiava uma nova banda só de meninas, as Frenéticas, fez parte das turmas de Jorge Mautner, João Ricardo e Ney Matogrosso quando finalmente, graças aos deuses da música, me conheceu.

A FAMÍLIA CARIOCA

Grávida do Beto, fui ao Rio conhecer o lado paterno de Roberto, descendente de Zacarias de Góis e Vasconcelos, e também o lado materno do ex-ministro da guerra de Getúlio, marechal Zenóbio da Costa. Ambas ilustres famílias brasileiras quatrocentonas que escolheram o Rio como *point*. Me acolheram superbem, curiosos em receber uma estranha *mezzo* famosa no ninho deles. Todos, menos tia Silvia. Antes de me estender a mão, disse, com seu sotaque carioquês carregado: "Rita, você sendo cinco anosh maish velha que Roberrrto deveria, isso sim, incentivá-lo a voltarrr aosh eshtudosh e se tornarrr diplomata". Fina. Vamos combinar que Silvia tinha toda a razão, pensa bem, criou o sobrinho num ambiente chique e educado para chegar uma cantorazinha paulista vigarista, bem mais velha, presa por tóxico e dando o golpe da barriga? Se bem que depois de conhecer Chesa, passou a me tratar um pouco melhor, deve ter feito uma analogia entre ela e a mãe de Roberto, duas vítimas do mesmo câncer. Gostou tanto da sogra do sobrinho que mandava por ele garrafadas de um "elixir milagroso" que curava a doença. Sim, Silvia como boa carioca socialite também tinha um pé na macumbinha. Fofa.

Já Heber e Edith, supersimpáticos, me receberam no pequeno apê deles e de cara se mostraram felizes com a ideia de um novo neto, me tratando sempre por nora e abençoando a união. Fofos.

DO BAÚ

Por essa época, Henfil andava fazendo minha caveira, tipo "a cantora descalça Lee, representante do imperialismo musical americano" coisa e tal. Fiquei triste, eu era muito fã do cara e comentei com Elis que até havia escrito uma letra baseada em suas tirinhas do personagem Ubaldo, o paranoico. Elis fez a diplomata e passou a história a ele que, em *off*, se declarou meu fã também, mas que precisava manter o discurso esquerdette e que dali em diante só faria a irresistível piada "ritalee, ritaqui". Não teve tempo de receber esta minha singela homenagem...

Desconfio da pomba
No meio de urubus
Desconfio de quem fala
Em nome de Jesus
À direita um abismo
À esquerda um vulcão
O beco é sem saída
Estou na contramão
Lá está o demo camuflado
Onde certo é o errado
Mãos ao alto!
Sorria!
Você está sendo assassinado
Desconfio que o rei
É filho da máfia
Desconfio que o herói
É da mesma falácia
Desconfio que os humanos
É que são os animais
Medo do velho, da criança
Das novelas, dos jornais
Lá está o demo camuflado

Onde certo é o errado
Mãos ao alto!
Sorria!
Você está sendo assassinado
Eu sou Ubaldo, Ubaldo, o paranoico
Apesar do ar heroico que procuro demonstrar

ROBERTO LEE – O BETO, ARIANO

Estava de sete meses e meio de gestação e numa das idas quinzenais ao ginecologista (sempre acompanhada do guardinha) os batimentos cardíacos do bebê se revelaram preocupantemente fracos. A orientação médica seria seguir direto ao hospital para uma cesariana de emergência. O guardinha, nervoso, ficou com a incumbência de avisar o juiz sobre a situação inesperada e lá fui eu apavorada para o hospital Albert Einstein.

Depois de uma peridural, dei um tchauzinho para Roberto que espiava tenso através de uma janelinha, nessa época não era permitido ao pai ficar na sala de parto segurando a mãozinha da mulher. O primeiro choro afastou de vez a possibilidade de um natimorto. O médico se aproximou, me estendeu o bebê e disse: "Pensei que o moleque fosse filho do Gilberto Gil. Nasceu pretinho, pretinho, com o cordão umbilical enrolado no pescoço, mais uns minutos e a gente perdia ele. Parabéns, nasceu perfeitinho! Dá um beijo nele pois vamos mandá-lo para a incubadora até desenvolver melhor a parte respiratória, nada preocupante. Ele não completou o oitavo mês e precisa passar um tempinho no estaleiro, só isso, mas você vai poder visitá-lo quando quiser e dar de mamar assim que o leite descer".

Beto parecia um macaquinho, mas abocanhava meu peito feito bezerrinho e eu, a feliz vaca sagrada leiteira. Sempre ouvia dizer que muito pai, depois de a mulher parir, se "constrange" em voltar a ter relações, sei lá, diz que pegam bode. Já Roberto e eu continuamos coelhos e transamos no hospital um dia depois que pari. Tesão desenfreado, coisas de um casal apaixonado por si mesmo, agora com um bebê fofo a tiracolo.

PECADO

Já em casa, continuamos "fazendo amor no-chão-no-mar-na-lua-na-melodia-por-telepatia" várias vezes ao dia e, claro, em pouquíssimo tempo embarriguei novamente. Gravidez extrauterina, disse o médico, a se pensar numa curetagem levando em conta a recente cesariana complicada ainda em fase de cicatrização. O que me fez decidir mesmo por interromper foi a hemorragia que aconteceu dias depois e pirei de vez. Mesmo já tendo abandonado a religião, entrei no *mea culpa* catolicista e me autocondenei ao mármore do inferno. Até hoje me chicoteio pensando que talvez aquele baby poderia ter vingado, que foi um ato precipitado, que daquele momento em diante eu estaria condenada a lamentar a decisão para o resto da vida.

ADENDO ABORTO

Nenhuma mulher faz aborto sorrindo. Cabe a elas, e somente a elas, a decisão de interromper uma gravidez, assim como de segurar sozinhas as consequências moral, espiritual e *oskimbau*. Me refiro ao "sagrado feminino", de nós meninas que temos um buraco a mais no corpo para administrar, do nosso universo complexo demais para machos, religiosos e políticos meterem o bico, esses para os quais prevalecem mais o direito do feto que ainda nem nasceu ao da mãe que não deseja pari-lo por motivos que não nos cabe julgar, psicológicos, econômicos, neurológicos, até mesmo espirituais.

Aborto não é uma mutilação no corpo da mulher. Há em suas entranhas um ser indesejado advindo de estupro, acefalia e de tantas deformações irreversíveis já detectadas nas primeiras semanas de gestação. Parir e abandonar o bebezinho numa lata de lixo é criminoso. Parir e pôr para adoção é irresponsavelmente confortável. Parir e criar em condições sub-humanas é indigno. Parir para ganhar bolsa família é humilhante.

O COMPADRE

Trocando figurinhas com Gil, combinamos duas aventuras:

1. O batizado de Beto com Gil e Sandra de padrinhos na igreja Santo Inácio, na Vila Mariana, onde fui anjinho de procissão e fiz a primeira comunhão.
2. Unir nossas ex-prisões, nossas duas bandas, nossos últimos trabalhos, *Refavela* e *Arrombou a festa*, batizar a reunião de *Refestança* e partir para a estrada acompanhados da *big band* Tuttivela & Refafrutti.

Gil estava na macrobiótica radical, só comia arroz integral com bardana, um santo. Quanto a mim, nunca fui santa. Montar o repertório já merecia um filme. A primeira escolha, é claro, foi "É proibido fumar", a seguir pescamos "Odara", "Domingo no parque", "Back in Bahia", "Eu só quero um xodó", "Arrombou a festa", "Aquele abraço", "Esse tal de roquenrou", "Dançar para não dançar", "Patuscada de Gandhi", "Mamãe natureza", "Giló" e duas parcerias nossas, a música "Refestança" e uma versão gay de "Get back" dos Beatles que virou "De leve", devidamente censurada, mas tocada por nós na moita.

Gravamos o show ao vivo meio nas coxas com a tecnologia pobrinha da época, que não conseguiu reproduzir nem metade da farra que rolava no palco. Lembro que estávamos lá no meio do show no Maracanãzinho lotado quando a estrutura do cenário começa a tremer tipo placa tectônica e tudo escorrega pelas beiradas do palco. Diante da iminência de rolar um Vesúvio sobre nossas cabeças, o show foi encerrado, houve quebra-quebra na plateia, a polícia chegou, evacuou e interditou o local. Só lembrando que roquenrou nessa época era oposição e tinha cara de bandido.

Um bom tempo depois, lá por 2000 e pouco, Gil e eu estávamos animados bolando o *Refestança 2*, até já havíamos anunciado o projeto na imprensa coisa e tal. E foi nesse momento que chegou o convite para ele assumir o Ministério da Cultura. Minha bronca com o PT procede.

TRAIÇÃO

O motim dos Fruttis naquele momento andava adormecido, mas não morto, a insatisfação deles com Roberto na dianteira era evidente, principalmente depois que foram descobertas as malandragens da Governanta, inclusive com a ajuda de alguns membros da banda. Tanto a musicalidade inquestionável quanto a transparência e eficiência na agenda de shows com que Roberto tocava a coisa não davam brechas para maiores reclamações.

E foi nesse climão que, mal terminadas as gravações do disco *Babilônia*, descobrimos que Luis, cujo apelido era Rato, sem consultar ninguém, registrou na moita sozinho o nome "Tutti Frutti", que por justiça criativa pertencia a Bivar. Traição para Judas nenhum botar defeito, principalmente com Lee Marcucci, seu antigo colega do Lisergia. Os outros músicos da banda, também traídos, se solidarizaram comigo dedurando outros "desvios comportamentais". Como estava no começo da turnê *Babilônia*, seguimos para a estrada com a banda ainda sem nome. Chegamos a pensar em Hortelã, *private joke* meio sem graça e, agulhados com a urgência, tapamos o nariz e escolhemos um pior ainda, Cães & Gatos. Dãã.

JARDINS DA BABILÔNIA

O disco foi gravado no estúdio da Som Livre no Rio, produção de Guto Graça Mello e Roberto. Algumas visitas engraçadas passaram por lá naquela ocasião. Num *break* para trocar a fita e tomar uma água, apareceu um rapazote bonitinho, cabelinho enrolado, língua presa, pedindo se podia espiar a gravação, que era muito fã, que adorava rock. Ficou lá na técnica bicando e quando foi embora soube que era o "filho do patrão" da Som Livre, chamava-se Cazuza. Fofo.

Outro que apareceu por lá e que na época trabalhava na gravadora foi Luiz Maurício, que viria a ser Lulu Santos. Quem também fez presença no estúdio foi Rod Stewart acompanhado de um pajem que entrou e saiu mudo. Num dado momento, rolou um baseado numa roda de conversa e imediatamente Rod chamou o pajem para tragar e depois assoprar a fumaça boca a boca. Deve ter ficado com nojinho de por os lábios no mesmo cigarrinho que passava entre os silvícolas brazucas.

A música "Jardins da Babilônia" é um clássico dessa safra, letra minha e música de Lee Marcucci, que então se revelava um ótimo parceiro. São nossas também "Agora é moda", numa levada James Brown cuja letra é ainda mais atual hoje do que quando foi escrita, e "Miss Brasil 2000", um rock-cheguei, descrevendo como eu imaginava a primeira Miss Brasil do século XXI, acreditando que o país então já estaria em plena era *The Jetsons*. No começo da faixa, convidei Milton Gomes, o apresentador oficial dos concursos de Miss Brasil, para gravar o anúncio da "vencedora".

A marcação cerrada de Rob no quesito autoria real já se fazia sentir e assinei sozinha "O futuro me absolve", inspiração pitagoriana sobre reencarnação, "Eu e meu gato", louvando meu recente romance com Rob, e "Modinha", guardada na manga desde aquele voto de silêncio.

Quando ainda ensaiávamos o show *Babilônia*, aconteceu de a estilista e ex-dona da famosa Biba de Londres, Barbara Hulanicki, abrir uma butique superbacana em São Paulo. A fofoca era de que ela e o marido fugiram do fisco e se mudaram para o paradisíaco Patropi. Fui dar um rolê na loja e Barbara veio me receber pessoalmente dizendo que adoraria fazer os figurinos do próximo show. E o melhor: de graça. Diante de tamanha generosidade, minha consciência culpada me obrigou a confessar ali mesmo o roubo das botas prateadas da Biba, que ainda estavam comigo e eu poderia perfeitamente devolver, apesar de já meio descascadinhas. Fui absolvida no ato com uma boa gargalhada. Barbara escutou o disco todinho e desenhou mais de um figurino para cada música, a escolher. Pouco tempo depois, recebo em casa trocentas caixas lotadas de modelitos sensacionais superfáceis de tirar e pôr, sem precisar sair do palco. Gente coisa é outra fina. Os figurinos de Hulanicki me renderam vários pontos na carteirinha rock-fashion.

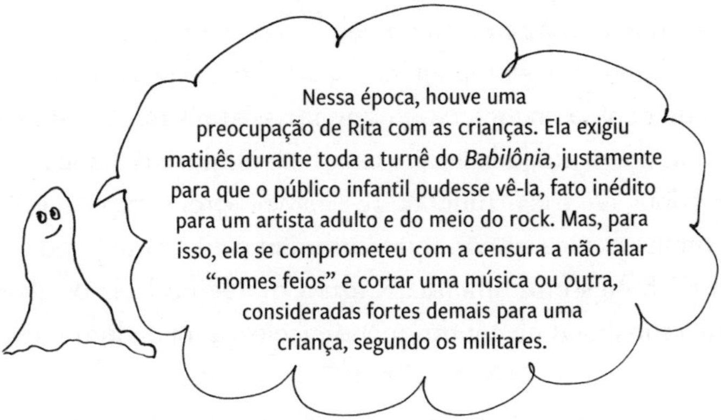

O RASPUTINHO

Entre os *mui* amigos cariocas de Rob estava o ciumento crítico de música Ezequiel Neves, que nunca foi lá com a minha cara. Pensando bem, nenhum crítico de música antes, durante e depois foi com a minha cara. Adiante. Me lembro especialmente deste, pois foi quem plantou na imprensa o boato de que eu estava com leucemia. Quis o destino que o "Abominável das Neves", como passei a chamá-lo, se transformasse no "Rasputinho" na vida do Cazuza e durante anos fez minha caveira, boicotando qualquer tentativa do menino se aproximar de mim, tal qual sua chapa, minha Governanta, fazia comigo.

Foram eles, Rasputinho & Governanta, que espalharam nos bastidores musicais que Rob não era o pai do meu filho. Ao entrar no palco para receber o Prêmio Shell pelo conjunto da obra, não lembro o ano, o "Abominável" se esgoelava da plateia gritando maldades. Pois bem, na recepção que se seguiu à premiação, tive o prazer inenarrável, guardado durante anos, de fazer sangrar o nariz da tia com uma porrada certeira. Barraco bom. Só pra constar: entrei na vaquinha quando o Abominável estava terminal num hospital e precisou da caridade de quem ele detestava, a minha. A gente "somos" ruins, mas a gente "temos" bom coração.

Já no finzinho da vida, Cazuza estava internado num hospital aqui em São Paulo e me chamou para visitá-lo. Eu acompanhava a distância suas aventuras no Barão e me informava sobre sua saúde com os pais, Lucinha e João Araújo. Aquela seria uma oportunidade única de dar meu beijo saudoso no menino de cabelo encaracolado que ia assistir a minhas gravações.

Ao entrar no quarto, dei de cara com Rasputinho e já ia me retirando quando Cazuza falou: "Vem cá, Ritinha. Te chamei porque exijo que Zeca te peça perdão na minha frente, ou não vou morrer em paz". O que a gente não faz por um amor maior. Nesse mesmo dia, Cazuza me deu a letra de "Perto do fogo" dizendo que se inspirou na cor dos meus cabelos, e foi a última vez que o vi.

O VENTO A FAVOR

O casal Lee/Carvalho se tornava cada vez mais fazedor de músicas e filhos. Grávidos de um novo baby e grávidos de inspiração, nossas parcerias brotavam assim-feito-jasmim, numa sucessão de hits, todos executadíssimos nas rádios. O disco, que eu chamo de *Mania de você*, contém um buquê delas. Gosto muito de "Corre-corre", numa levada beat-disco *à la* Donna Summer, um refrão chiclete e letra atemporal resumindo a mesmice de todo final de ano quando fazemos um balanço da vida. "Chega mais" é uma dance-music com pegada brasileira, um primeiro ensaio do que mais tarde eu chamaria de rockarnaval, prima das futuras "Lança perfume", "Banho de espuma", "Pega rapaz" e tantas mais. A letra, pra variar, revelando algumas intimidades do casal. "Papai me empresta o carro", caricatura-homenagem à inocente problemática jovem dos anos 1950/1960 com um quê de Elvis e Little Richard. Em "Doce vampiro", eu no papel da vítima apaixonada pela figura do Drácula romântico, narrando o orgasmo ao sentir os dentes dele cravando meu pescoço, sonhos eróticos da minha virgindade adolescente. A figura poderosa de Elvira Pagã com a cobra enrolada em seu corpo nu sempre fez parte dos meus fetiches. "Maria Mole", personagem inspirada naquela minha amiga-mala melecada de Mandrix ao enrolar a língua para dizer que estudava "amdinistação dimpêsa". "Arrombou a festa II", confesso que não lembro qual versão foi essa porque desde então, de ano em ano, venho atualizando a letra, aliás, com o cenário musical brasileiro cada vez mais bizarro, inspiração nunca há de faltar. Finalizando o repertório, minha música favorita, "Mania de você", composta em cinco minutos com o inspiradíssimo script de uma recém-trepada perfeita. Sem pudores, o casal se mostrava de corpo e alma, oferecendo a trilha sonora da sexualidade elegante para motel cinco estrelas nenhum botar defeito.

Na capa do disco exibo uma *tattoo* no ombro com o logo do meu nome desenhado pelo genial Hans Donner. Na contracapa, o casal fatal, ele na guitarra e ela de hiponga com barrigão segurando uma flauta.

A vida pro meu lado estava boa, todos da minha "antiga" família ainda vivos, trabalho dando certo, grana entrando, paixonite à mil e a vinda de um novo baby.

Com o álbum *Rita Lee* (1979), os LPS de Rita passaram a vender feito água. Com Roberto de Carvalho, pariu clássicos. O primeiro deles a tomar as rádios é mais do que uma música romântica: "Mania de você" traz uma mulher porreta, tomando as rédeas do prazer para si. E numa época em que o prazer feminino era um tabu! O sexo era sempre cantado do ponto de vista masculino. Muita gente achou um absurdo, mas muito mais gente se identificou com Rita e a música passou semanas em primeiro lugar nas paradas. E foi parar num comercial de jeans onde casais tiravam a roupa para transar debaixo d'água. Ou seja, como Rita mesmo diz, vendeu-se ao sistema. E chocou a sociedade ao mesmo tempo.

JOÃO LEE – O JUCA, CANCERIANO

Parimos o disco e a seguir parimos na marra nosso segundo filho. Digo "na marra" porque estava eu no oitavo mês quando Beto vem correndo dar um "abaço na mamã", pula na barriga e *puff*! A bolsa estourou num jorro só e lá fui eu encarar outra cesariana. Quem ficou superorgulhoso com a vinda de Juca foi Charles: o neto nasceu no aniversário dele e no exato minuto em que o Corinthians marcava um gol no estádio do Morumbi, ao lado do hospital. Nasceu fortão, com uma ligeira depressão na testa devido ao encaixe súbito da cabeça quando a bolsa estourou. Cirurgia simples, igual levantar um amassadinho numa bola de pingue-pongue, disseram. Quase morri de amor quando Juca chegou no quarto com a cabecinha enfaixada "garrando" no meu peito. Dessa vez, a vaca sagrada leiteira até tirou uma foto provando que uma mãe magricela pode desenvolver tetas volumosas.

A família crescendo, uma boa graninha entrando e nos mudamos para uma casa térrea simpática na rua Ferdinando Laboriau, a um quarteirão do estádio do Pacaembu. Beto tinha dois anos e já dava ares de hiperatividade, sempre seguido de perto pelo harém pouco acostumado a lidar com meninos. Rob me ordenhava e, de madrugada, quando eu desmaiava de sono, dava mamadeira, trocava fralda e fazia nanar.

O primeiro banho do bebê, assim como a primeira papinha, eram rituais da família Carvalho, e Rob mais uma vez cumpriu a missão com louvor. Batizamos Juca também na igreja Santo Inácio com o casal de padrinhos Guto e Nayla. Quando retomamos os shows, os meninos se hospedavam no casarão com Chesa, Balú e Carú disputando para ver quem paparicava mais. Charles cuidava para que Guna, a onça, não sentisse ciúme dos netos. Mary às vezes sequestrava Beto para um passeio e dizia a todo mundo que era seu filho. A família entendia. Com o tempo, Balú se mudou de mala e cuia para nossa casa. Quando voltávamos das turnês, os boys estavam sempre bem alimentados e limpinhos. Minha madrindinha aplicava neles a mesma disciplina com que criou as filhas de Chesa: linha dura *pero con ternura*.

MARIA ELIS

Por uma grata coincidência, a casa de Elis e a minha eram vizinhas na Cantareira e logo passamos a nos frequentar tipo as mais novas amigas de infância. Por mais que sua fama fosse de encrenqueira, comigo era só dengo, afinal, eu não representava a menor ameaça à coroa de melhor cantora, daí que meu ego não se digladiava com o dela. O que realmente surpreendia a nós duas era a impensável amizade sincera entre uma roqueira porra-louca e a rainha da MPB. O "sistema de segurança" de sua casa não era eletrônico nem canino: tinha uns gansos pra lá de brabos que faziam uma algazarra danada quando alguém dava as caras por lá. Inventamos que éramos colegas de internato, ela me apelidou de Maria Rita e eu a chamava de Maria Elis. Um dia lá, depois de fumarmos um baseadinho, baixa uma personagem até então desconhecida por mim e, acredito, por muita gente: Elis, The Pelvis! Cantou "Hound dog" à capela num inglês perfeito e soltando a franga para Elvis nenhum botar defeito. A danada era muito mais rock'n'roller do que jamais fui. Ah, se eu tivesse um nono daquela voz!

O grude era tanto que Elis me convidou para cantar com ela num especial para a TV gravado no teatro Fênix do Bixiga. Seu outro convidado era o sensacional Adoniran Barbosa, que, ao sermos apresentados, me deu um beijinho e disse: "Sabia que seu nome, Rita, é diminutivo do italiano Marguerita?". Fofo.

Como retribuir tamanha colher de chá de Maria Elis? Só mesmo uma parceria nossa feita especialmente para ela, "Doce de pimenta", cujo refrão dizia: "Quando alguém precisa de um carinho meu, não há nada que me prenda, mas se eu sentir que um bicho me mordeu, sou mais ardida que pimenta".

Chegamos ao ensaio e de cara encontramos um climão entre Elis e Cesar Camargo Mariano, que se recusava a nos acompanhar ao piano. Ela bateu o pé e no fim Roberto passou a música para sua banda e, sem Cesar, gravamos nosso número.

No camarim do teatro Fênix, Elis desfilou críticas hilárias às novas cantoras do momento, chamando-as todas de "noviças do vício", aquelas que se metiam a cantar mais pelos dotes físicos no "teste do sofá" do que pelo talento vocal. Guardei o conteúdo daquele papo na manga para um dia escrever uma letra.

Só para registrar, na missa de sétimo dia dela, Cesar veio até mim e se desculpou pelo tal barraco. Gênios não precisam se desculpar por serem gênios. Para não restar nenhum perrengue, o convidamos para fazer o arranjo da música "Só de você", e mais uma vez o maestro exuberou no chiquê musical.

MULHER 80

Logo depois do especial da Elis, Daniel Filho me convidou para engrossar o elenco de um outro especial somente com cantoras, o *Mulher 80*. Elis me ligou dizendo que também havia sido convidada, mas que não ia, que para ela não fazia a menor diferença, que não tinha saco de viajar ao Rio contracenar com um monte de noviças do vício. Usando meu melhor argumento, consegui que topasse o convite: "Ah, não mesmo, Maria Elis! Você vai sim, vai lá mostrar quem é a fodona, a maior cantora brasileira de todos os tempos, e deixa que eu fico lá no meio das noviças, louca pra te ver de madre superiora deitando e rolando!". Das cantoras, só ela e eu morávamos em São Paulo, fomos juntas de avião e juntas chegamos ao estúdio. O ensaio foi meio tenso, a ideia era cada uma fazer seu número solo e no *gran finale* todas entrariam juntas no palco apresentar "Cantoras do rádio". Queridas coleguinhas reunidas, engolindo seus eguinhos em nome de um programa histórico. A mestra de cerimônia era Regina Duarte, que na época estrelava a série feminista *Malu Mulher*.

Muitas fêmeas juntas é receita de boas fofocas, não muito amorosas. Elis e eu dividimos o camarim e, claro, tricotamos muito sobre as preferências sexuais da maioria delas e veio sua pérola debochada: "A gente devia mudar a letra da música para 'nós somos as sapatas do rádio, vivemos a vida a chupar".

O programa foi um marco, como tudo em que Daniel Filho botava as mãos. Cast escolhido a dedo: Elis, Bethânia, Gal, Simone, Joanna, Marina, Fafá, Zezé Motta e Quarteto em Cy. Elis fez dueto com Simone no quesito "a altona e a baixinha" e eu com Fafá no quesito "o gordo e o magro". Sutilezas da direção.

Voltando a São Paulo, Elis telefona pedindo uma música para seu próximo disco. Rob e eu fizemos "Alô, alô marciano" numa levada sambalanço *à la* Jorge Ben. No dia em que ia pôr a voz, nos convidou para assistir à gravação. A levada era outra, mais *jazzy*, mais chique. Entramos no aquário da técnica e avistamos Elis no estúdio, deitada num sofá, com meio headphone na cabeça, fumando e cantando com um microfone na mão. Matou de prima. A música fez um baita sucesso. Maria Elis gaiata era uma delícia. Quando ia estrear o *Trem azul*, confessou sem pudores: "Bicho, copiei aquele teu modelito da capa do *Lança perfume* e tô lindona, ha-ha-ha".

ADEUS, MARIA ELIS

Pouco antes de morrer, tornou a me pedir uma música. Eu sabia que ela escrevia poesias, segundo a própria guardadas a sete chaves, então dei um ultimato: "Meu, desta vez vamos fazer uma parceria. Joga na mão uma letra que você já tem que a gente faz a música". Combinado. Estávamos Rob e eu na Cantareira esperando a qualquer momento ela chegar quando ligo a TV.

"Faleceu hoje em São Paulo a cantora Elis Regina aos 37 anos, decorrente de uma parada cardíaca."

Hããã?

Semanas antes, eu, barriguda do nosso terceiro filho, mal podendo me aguentar nas pernas, não fui à estreia do *Trem azul* em São Paulo e Rob foi sozinho prestigiar. Quando chegou, contou que no camarim havia amparado Elis por conta de uma súbita "apagada" e que, quando ela se recompôs, disse não haver comido nada aquele dia. Lembrei desse fato diante da notícia de que teria morrido de overdose de cocaína. Nunca vi Elis cheirando pó perto de mim, sabia o quanto eu abominava a praga. Até hoje participo da teoria da conspiração de que o japa médico legista, notório chapa dos milicas, deu um jeitinho de envenenar a história dizendo que Elis era usuária contumaz de tóxicos e álcool. Vamos combinar que até meu cachorro sabe que um acidente estúpido de jogar cocaína no copo de uísque com guaraná é coisa de principiante, não de viciado. Minha irmã Mary havia morrido pouco antes e na ocasião Elis se ofereceu à minha mãe para que a "adotasse" no lugar. Dizia que sentia falta de um dengo de mãe. Guardo uma foto dela deitada no colo de Chesa no sofá da minha casa.

Fiquei órfã de duas manas, a de sangue e a de alma. Saudade de você, Mary. Saudade de você, Maria Elis.

ON THE ROAD

No começo dos anos 1980, saíamos em turnê pelo Brasil tipo *freak show*. Três caminhões na estrada com aparelhagem própria de som e luz, figurinos e efeitos especiais. Quando chegávamos numa cidade parecia um circo extraterrestre aterrissando no meio dos ubuntus. Levava dois dias para montar tudo, até na passagem de som a casa ficava lotada de curiosos. Quando começamos a usar microfone sem fio nos shows, aí sim os ubuntus pensavam que éramos ETs ou que os enganavam com dublagens. Tive uma ideia: convidar nativos a subirem no palco para "experimentar" o microfone sem fio e constatar que não era um truque, apenas uma modernidade tecnológica. Deu tão certo que o número "venha falar no microfone mágico" virou dos mais aplaudidos, aquela novidade que os cara-pálidas paulistas traziam às "aldeias" espalhou no boca a boca e cada vez menos os ubuntus duvidavam que éramos um bando de safados.

O casal de coelhos R & R continuava firme e forte. A graça era transar em locais inusitados, de banheiros de avião a praias desertas, de banheiras de espuma a escadas de incêndio, de elevadores de serviço a camarins de shows. Com essa bagagem erótico-musical, partimos para um novo disco, o *Lança perfume*, a consagração total das nossas parcerias, cada vez mais autobiográficas. Éramos *crème de la crème* para *voyeurs* auditivos, com os sugestivos "me vira de ponta-cabeça, me faz de gato e sapato, me deixa de quatro no ato, me enche de amor...", "Misto-quente, sanduíche de gente, empapuçados de amor..." e "Me deixar levar por um beijo eterno, mais quente que o inferno". E assim caminhava a paixonite sem pudores de dois famintos diante de pratos cheios de sedução, mergulhados na gula da paixão.

Eu, que até então compunha trogloditicamente com meia dúzia de posições, expandi meus horizontes musicais com as ricas harmonias e melodias trazidas por Rob, e meu rockinho radical virou rockarnaval, virou tango, virou bossa, virou pop, virou bolero, virou metal, virou tudo ao mesmo tempo agora. Nada mais "mutante" do que desfilar por quaisquer avenidas musicais. "Danem-se gregos e troianos que eu sou marcianita desde pequena." Uma polaroide engraçada da gravação do *Lança* foi quando o genial Lincoln Olivetti, de gaiato, desandou a tocar "What a fool believes" dos Doobie Brothers no teclado e acabou ficando na abertura da faixa. A letra com vários duplos sentidos descreve uma trepadaça, *pero sin perder la* elegância. Em "Bem-me-quer" a figura da mulher safada e suas conotações florais, "a praga, a maria-sem-vergonha, a flor que se cheire, a topa-tudo", uma margarida sendo despetalada na brincadeira do bem-me-quer-mal-me-quer.

Quando ainda estava grávida do Juca, um dia sonhei que cantava uma música desconhecida, mas muito familiar, aquelas surrealidades que acontecem em sonhos e que a gente lá na hora acha supernormal. Levantei, encaixei o violão na barriga e, em cinco minutos, "Baila comigo" estava feita. Meu ego não interferiu em nada, o santo fez tudo sozinho, aliás, um santo pioneiro ambientalista quando ainda nem existia a moda de artistas defenderem a natureza.

Na época das Cilibrinas fiz uma música chamada "Bad trip", a letra era superdeprê: "Às vezes odeio sorrir, tenho vontade de dar um tiro na cabeça" e coisas do tipo. Claro que foi censurada com o carimbo "mau exemplo" e acabei esquecendo dela. Um dia toquei o que eu lembrava para o Rob, que achou que merecia ser retomada. Substituí a parte deprê da letra por um toque romântico-nervoso: "Se me der na telha sou capaz de enlouquecer e mandar tudo praquele lugar". Rob refez a música da segunda parte e rebatizamos de "Shangrilá". Sempre gostei do som das latinidades *calientes*, mas não tinha habilidade harmônica para compor algo do tipo antes de Rob. Assim como "Mania de você" flertou com a bossa-nova, "Caso sério" quis namorar boleros e, para reforçar a melodia sensual do meu parceiro, escrevi uma letra imaginando Ângela Maria cantando à meia-luz numa boate cubana decadente e enfumaçada.

Começou com a brincadeira óbvia, mas até então inédita em música, das palavras gêmeas-opostas luxo e lixo. Depois de explorar os paradoxos do tema partindo de um refrão com rima inteligentinha, foi moleza escrever o resto da letra de "Nem luxo nem lixo", que também veio prontinha diretamente do santo.

O general Figueiredo, ditador do "prendo e arrebento", foi o muso inspirador do meu ego para escrever a letra de "João ninguém", um cara pé de chinelo que saiu do estábulo e virou rei, mas o cheiro do estábulo nunca saiu dele, aliás, uma carapuça que cabe perfeitamente em nossos políticos de hoje. Coroando o repertório, "Orra meu", expressão puramente paulistana, até então só conhecida da cena roqueira, é um hino ao desacato. O refrão "guerrilheiro, forasteiro" foi chupado da torcida corinthiana num jogo que fui assistir no Pacaembu, o estádio de honra do timão, contra um timeco sul-americano.

Na foto da capa do *Lança perfume* uso um modelito da famosa estilista Norma Kamali feito especialmente para mim (sim, aquele mesmo que Elis depois copiou no seu *Trem azul*). Na contracapa, o casal numa pose Fred & Ginger. Na onda do sucesso, gravamos um especial da Globo no teatro Fênix, dirigido por Daniel Filho. Para a música "Baila comigo", Daniel bolou um efeito supersimples e eficiente: começo eu dançando com Ronaldo Resedá e num dado momento entramos atrás de uma tela com *back projection* onde uma bailarina profissional em *silhouette* toma meu lugar e arrasa dançando com Resedá, segundos antes de retornarmos ao palco, apaga-se a *back projection*, eu imediatamente tomo o lugar da dançarina e entro ao vivo com Resedá, ganhando os aplausos esfuziantes pela performance alheia. A última apresentação do show *Lança perfume* foi no Maracanãzinho lotadaço, dessa vez não despencou o cenário e o show foi maravilhoso, como sempre acontecia no Rio. Uma hora lá, escapando da coxia e dos seguranças, eis que entra meu filho Beto vestido de Superman com uma guitarrinha de plástico e atravessa o palco de ponta a ponta, tipo Chuck Berry. Essas coisas a gente não esquece. Nem do frasco de perfume que atiraram e me atingiu em cheio na cara. Achei "atitude roquenrou" seguir com a bochecha sangrando. A gente não parava o show por uma coisinha à toa.

Um ano depois de *Mania de você*, quando muito se especulava que a autora desta biografia não conseguiria outro sucesso daquele tamanho, chega *Lança perfume*. A liberdade da mulher e o prazer feminino novamente cantados por ela. E dessa vez o recado era mais claro: não tinha essa de só o homem gozar. "Vê se me dá o prazer de ter prazer comigo." Na época, Elis Regina — sempre ela — foi uma das primeiras, durante entrevistas, a chamar atenção para a importância de Rita falar abertamente sobre o assunto. A venda do LP foi tamanha que Rita e Roberto receberam o disco de ouro, platina e diamante. Além do príncipe Charles, *Lança perfume* conquistou o mundo: entrou na parada da *Billboard* e saiu em compacto por tudo quanto é lugar: Europa, México, América do Norte, Japão...

RIODEJANEIRANDO

Quando me apresentava no Rio, o que eu mais gostava, além da beleza da cidade e da simpatia dos nativos, era da plateia VIP. Eu, a caipira branquela paulistana, sendo prestigiada pelo *celebrity dream team*, quando minha vontade era descer do palco com um caderninho pedindo autógrafos. Muitas vezes não resistia e descia, mas para cantar sentada no colo dos VIPs, tipo anfitriã-fã. Os autógrafos eu conseguia quando os VIPs vinham me cumprimentar no camarim depois do show. Pensavam que fosse brincadeira minha, mas era pura caipirice deslumbrada mesmo. Até hoje guardo com orgulho o tal caderninho. O Rio sempre teve esse *côtè beautiful people*, lembro de mim criança folheando encantada as revistas *O Cruzeiro* e *Cinelândia* com fotos de famosos em bailes de Carnaval do Copa que, mesmo em branco e preto, mostravam o glamour dos astros e estrelas brasileiros. Fiquei impressionada quando noticiaram (mas não publicaram a foto) que Luz del Fuego, com uma capa até os pés e nua por baixo, roubou a cena das estrelas internacionais. Muitos anos depois chupei essa ideia para encenar "Miss Brasil 2000" com uma peladona gostosa desfilando no palco, uma vez que tal peladona jamais poderia ser eu por motivos de magrelice extrema.

PAPA JOÃO GILBERTO

Não posso esquecer de contar uma aventura que aconteceu no meio das gravações do disco *Lança perfume*, quando recebi um telefonema tarde da noite. Alguém me pregava um trote se passando por João Gilberto. Já estava desligando na cara quando ouço do outro lado uma inimitável voz cantando "Mania de você" acompanhado de um inimitável violão. Cantou a música inteira. Congelei. Ninguém a não ser João Gilberto teria aquele chiquê vocal junto daquele violão suingadaço. O.k., não era trote. Congelei mais. No fim da serenata telefônica, eu ainda petrificada, João me convida para cantarmos juntos "Jou Jou Balangandans" no seu especial da Globo dali uns dias. Ainda me deu uma cantada dizendo que na apresentação me queria "usando um vestidinho bonitinho para cantarmos bem juntinhos feito dois namoradinhos". Desligou e eu desmaiei. Rob desmaiou junto porque para ele o cara era a mais completa tradução da perfeição musical.

Fiz tudinho como o mestre mandou, Rob tirou a música no violão e me ensaiou à exaustão.

Cheguei ao teatro Fênix antes da hora com minha lição de casa feita, meu vestidinho na mala e meu namorado a tiracolo. Sentamos babando na plateia para assistir ao ensaio. Uma hora lá João roda a baiana com um cellista da orquestra por achar que o instrumento estava desafinado, que aquilo era inadmissível e que o músico estava demitido. Logo depois desse barraco, Daniel Filho me chama para passar meu número. Suei frio. Pensei que nosso dueto seria apenas com o violão de João como estava na fita K7 que ele me mandou, mas, subindo no palco, notei que a orquestra continuava lá sentadona. Com o mestre puto saído de cena, Daniel Filho gentilmente vem me explicar o que estava rolando: "João não vai ensaiar mais, disse que na hora vocês farão o 'Jou Jou Balangandans' com a orquestra e que tudo vai dar certo. Agora vai para o camarim se preparar. Te pego lá cinco minutos antes de entrar. Confia em mim, tá?". Confiar nele eu confiava, mas e em mim?

Cantar com João Gilberto e orquestra sem ter ensaiado uma só vez era missão impossível para uma roqueira porra-louca e desafinada feito eu. Se o cellista fora saído da orquestra, eu seria no mínimo degolada em cena. Pânico no camarim. Rob massageava meus ombros retesados, um ou outro entrava para ver se eu precisava de um chazinho ou algo mais forte para encarar o matadouro que me aguardava.

Faltando cinco minutos, abre a porta do camarim e entra João Gilberto: "Você está lindinha nesse vestidinho, agora te pego pela mãozinha e vamos para o palco assim juntinhos, como dois namoradinhos".

Os diminutivos dele acalmaram meus aumentativos emocionais. Antes de entrar em cena, ele cochicha no meu ouvido: "Sabe, Ritinha, você pode achar que é roqueira, mas sua voz é de bossanoveira".

Não sei explicar como acabou dando tudo certo, uma vez que eu já mordia meu ombro de nervosismo, minhas ligeiras desafinadas e a falta de confiança no meu taco meio que passaram batido. Baixou em mim a segurança de uma poderosa Nara Leão e até que desempenhei bonitinho.

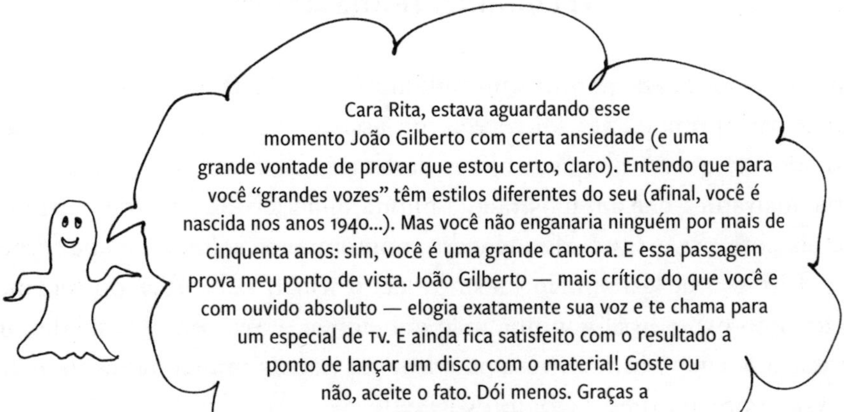

BRAZIL COM S

Pouco tempo depois, Rob e eu estávamos num avião entre Portugal e Nova York com um mapa gringo na mão conversando sobre antigos e novos impérios quando entramos num papo sobre o Z do nome Brasil. Em cinco minutos escrevemos a letra de "Brazil com S" e, já com a música delineada na cabeça do Rob bossanoveiro, entramos numas de ousar convidar João Gilberto para gravá-la conosco. Sonhar alto dentro de um avião não custa.

Cheios de dedos, mandamos uma demo, já meio que esperando uma negativa. Dias depois, ele nos liga dizendo que adorou a música e que topava gravar, deu o tom confortável para ele, era só marcar dia, hora e lugar que estaria lá. A fama de "sujeito complicado" não rolou para o nosso lado. Comentava-se que quando João dizia que ia, não ia, e quando João dizia que não ia, ia. O folclore em torno dele era famoso. Para nós, João disse que ia e foi. Chegou na hora certa, ouviu o arranjo, sugeriu modificar uma coisa ou outra nas cordas, deu uma bola com a gente, gravou de prima e foi embora. Profissa.

VELHINHOS TRANSVIADOS

Na estreia do *Lança perfume* no Anhembi, em São Paulo, Charles e Chesa foram pela primeira (e única) vez me assistir. Eu não sabia que estavam sentados na quarta fila, os canhões de luz me cegavam, ainda bem, ou não teria abaixado a calça e mostrado a bunda, nem jogado jatos de perfume na plateia com um extintor de incêndio, muito menos soltado uns palavrões.

Elis estava lá naquele mesmo dia (o irmão dela, Rogério, era nosso técnico do PA) e disse à minha mãe que achou o máximo quando dei umas lambidas no microfone. Chesa não deve ter notado minha intenção maliciosa. Gil também estava lá me prestigiando.

Depois do show, chegam os velhinhos no camarim com zoinho arregalado, meio zonzos, não sabiam o que dizer, tadinhos. Vinham do planeta

"Lá em casa ou se estuda, ou se trabalha, música é um hobby" e deram de cara com um bando de gente maluca pulando à minha volta. Deve ter passado um filminho na cabeça deles... A caçula que Magdalena Tagliaferro jurou ter medo de palco, o anjinho de procissão que mordeu a hóstia, o menino baiano que tomou um porre na fazenda da tia, a fanática pelos Beatles que assistiu *A hard day's night* dezesseis vezes seguidas sem sair do cinema, a rebelada que fugia pela janela para tocar bateria, a hippie comunista que não trancou matrícula na USP, a que foi presa grávida, a mãe do Beto e do Juca. Estava explicado por que a filha, *thank God*, não foi ser freira nem dentista.

CARAVANA RÓLIDEI

A turnê do *Lança* passou por estádios e ginásios lotados em todas as capitais, inclusive Brasília, onde desde sempre eu estava proibida de me apresentar. Foi nessa ocasião que conhecemos o general Uchôa, figura do *côtè* esotérico do pedaço e ridicularizado pelos colegas milicas. Ele nos levou a um local onde discos voadores eram facilmente avistados. O lance era seguir no escuro por um chapadão sem olhar para trás e sem medo no coração. Tudo bem que eu não estava sóbria, mas que eu vi várias luzes maravilhosas dançando no breu do céu, eu vi.

Para cobrir cada região do país, ficávamos em média quinze dias direto na estrada, às vezes um mês seguido, voltávamos para lamber os filhos e partíamos rumo a outra etapa, *never a dull moment.** Para acalmar a anfetamina natural de um pós-show, entramos de sola nos Quaaludes e Mandrix, duas poderosas substâncias que derrubavam elefante. Quem nos descolava grandes quantidades era nosso querido Ronaldo Resedá, cujo namorado, um piloto gringo, trazia os comprimidos em potes de maionese

* Nunca um momento monótono. (N. E.)

Hellmann's. Coisa boa era dar o sangue nos shows, chegar no hotel pilhadaça, tomar banho, comer, encher a cara de tarjas pretas (na época brancas) e ainda dormir o sono dos justos. Agora Rob e eu, além de parceiros musicais e amantes *calientes*, viramos também tomadores de sossega-leão fazendo amor em câmera lenta.

Não saber quando parar *is my middle name*. Não demorei a entrar no palco já babando, muitas vezes nocauteada antes do bis, para alegria dos jornais locais sensacionalistas. Se naquele tempo tivesse internet, certamente eu não sairia dos *trending topics*. #PloftCaiu.

ON STAGE

Sim, é um clichê. Sou mais uma a dizer que o lugar onde mais me sentia em casa era no palco. Lá somos bem mais porretas do que fora dele. No meu caso, se uma barata pousasse em mim enquanto cantava, era bem capaz de dar uma de Clarice Lispector e comer a nojenta tipo "o que a gente não faz para divertir as pessoas". O altar do palco é viciante, o lugar mais seguro para se viver perigosamente. Podia estar com cólica, piriri, dor nas costas, de luto, no que abria a cortina lá estava miss saúde-simpatia. Até quando o som pifava no meio, como muitas vezes acontecia, a boba da corte dava um jeito de tirar proveito do mico.

Certa vez, depois de um show, a imprensa local de uma cidadezinha veio me cobrar porque proferi barbaridades sobre rodeios justamente onde estes eram a grande atração do pedaço. Nada educada, respondi: "Não tenho rabo preso com essa gentalha daqui e nunca aceitei cachês superfaturados desses eventos escrotos para fazer vista grossa enquanto caubóis de araque laçam bezerrinhos". Além de processada, fui crucificada, morta e sepultada, mas na terceira instância ressuscitei e ganhei na justiça.

Hoje, para um artista se dar bem, ele tem que vender a alma ao cartel empresarial, que por sua vez vende a alma ao cartel político, que vende a alma ao cartel da poderosa nova ordem mundial. Muito diabo pra pouco caldeirão.

Luiz Garrido (também na p. 292)

Capa do *Mania de você*, com o clássico logo/*tattoo*.

Grávida do Juca.

Arquivo pessoal

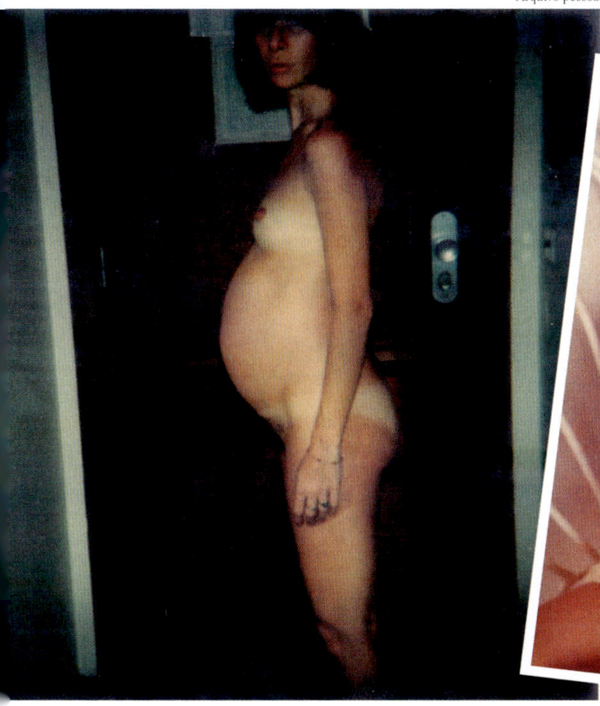

Beto com o braço quebrado segurando o bebê Juca.

Arquivo pessoal

Arquivo pessoal

Chesa, toda feliz com os netos.

João Gilberto e a roqueira, os dois namoradinhos.

Arquivo/Agência O Glo

"Azmina" tudo da música no especial *Mulher 80*.

Divulgação

Miro

Modelito de Norma Kamali para a capa do *Lança perfume*.

Elis no camarim do Anhembi, no show *Lança perfume*.

O modelito de Elis, copiado do meu, e uma cartinha fofa que ela mandou para minha casa no bairro do Pacaembu.

Augusto/Folhapress

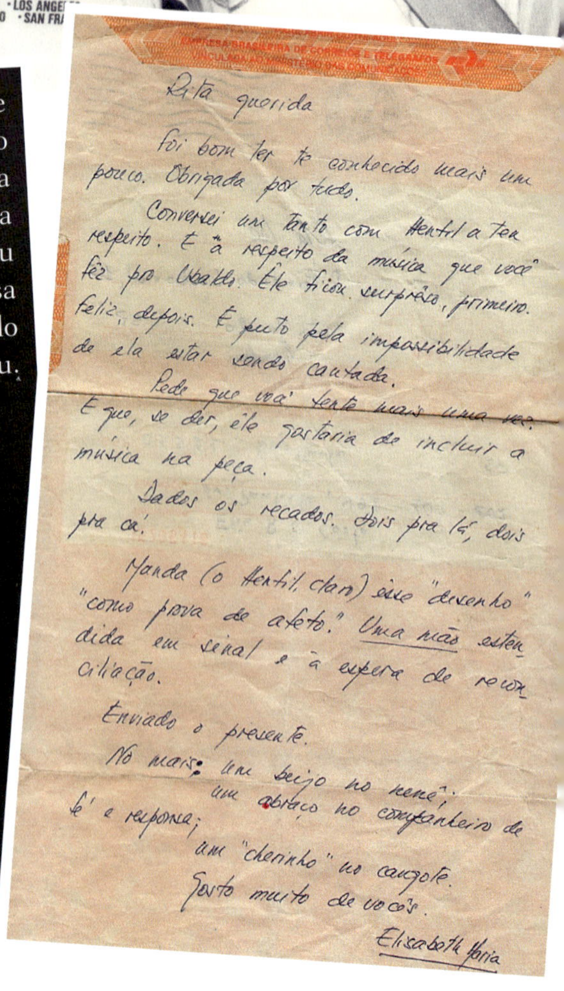

EMPRESA BRASILEIRA DE CORREIOS E TELÉGRAFOS
VINCULADA AO MINISTÉRIO DAS COMUNICAÇÕES

Rita querida

Foi bom ter te conhecido mais um pouco. Obrigada por tudo.

Conversei um tanto com Henfil a teu respeito. E à respeito da música que você fez pro Ubaldo. Ele ficou surpreso, primeiro. Feliz, depois. E puto pela impossibilidade de ela estar sendo cantada.

Pede que você tente mais uma vez. E que, se der, ele gostaria de incluir a música na peça.

Dados os recados. Dois pra lá, dois pra cá.

Manda (o Henfil, claro) esse "desenho" "como prova de afeto." Uma mão estendida em sinal e à espera de reconciliação.

Enviado o presente.

No mais: um beijo no nenê;
um abraço no companheiro de fé e responsa;
um "cherinho" no cangote.
Gosto muito de vocês.

Elisabeth Maria

Fotos: arquivo pessoal

No palco do show *Lança perfume*.

Charles e Chesa no camarim depois do primeiro – e único – show meu que assistiram na vida.

Não lembro onde estava, mas parecia estar feliz.

Sílvio Correa/Agência O Globo

Fotos: arquivo pessoal

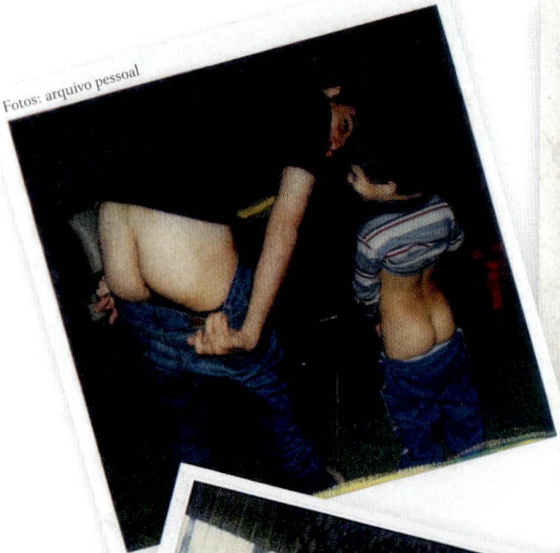

Juca e Beto nas festinhas. Lá em cima, Rob e Juca descontraídos.

Grávida de Tui, com prima Regina, a madrinha.

Mixando o disco *Saúde*, em NY.

s: arquivo pessoal

Tui, o bebê feliz. Abaixo, ele e sua Cuca dando beijinhos na mami e com Rob e Juca abrindo presentes de Natal.

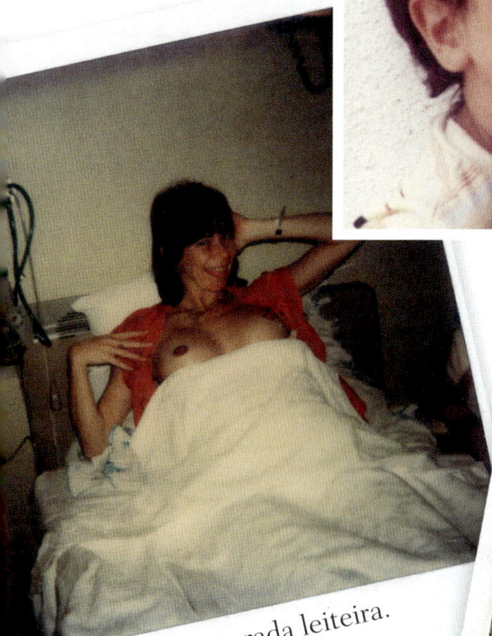

A feliz vaca sagrada leiteira.

Fotos: arquivo pessoal

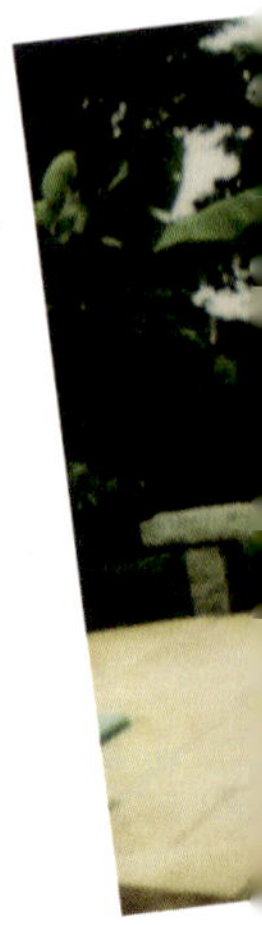

Férias em Barbados: comprando "conchas" no barquinho, pelada na praia e fumando "conchas".

Arquivo pessoal

Última foto com o Ráá no desastroso Roquinrriu.

Arquivo pessoal

"Huguinho, Zezinho e Luizinho" com mami.

Arquivo pessoal

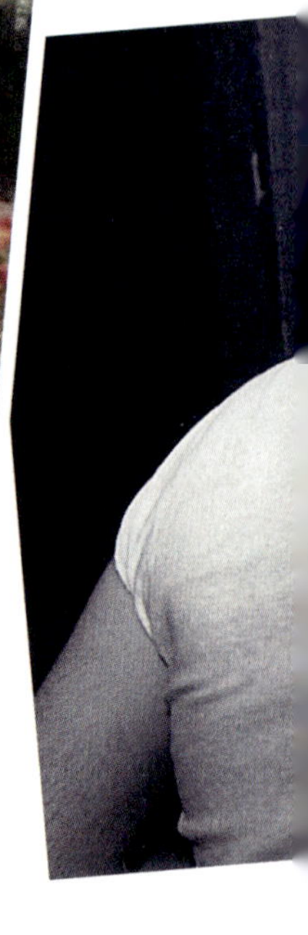

Antonio Carlos Piccino/Agência O Globo

Um guenta de Rob.

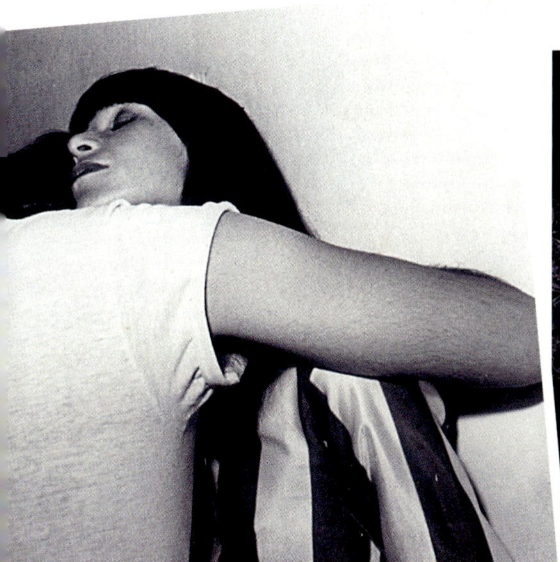

Arquivo pessoal

"Lavou bem sua emilinha borba?"

Arquivo pessoal

Acervo Editora Globo

Quando Glória F se atira
do viaduto do Chá para o
especial da Globo de 1985.

Arquivo pessoal

No paraíso com meu harém.

RITA WHO?

Nos anos 1980, "Lança perfume" estourava nos quatro cantos do mundo, ficou um tempão em primeiro lugar nas rádios francesas, onde a pista da famosa *discothéque* Regine's em Paris era termômetro de sucessos. A dona da boate, Regine Choukroun, entrou em contato conosco toda empolgada contando que o príncipe Charles tinha estado na casa e pedido pessoalmente para que tocassem "Lança perfume" enquanto se esbaldava de dançar e cantar o refrão com sotaque britânico, "landza, landza perfumee". Ela perguntou como Charles conhecia a música tão bem: "*Oh, this is my favorite song and Rita is my favorite singer*".* Na época, saiu no *Daily Mirror* uma foto de Charles saindo descabelado da boate com o título "*Rita who?*".** A matéria explicava que se tratava de uma cantora brasileira que conquistou o 1º lugar na parada de sucesso do príncipe. Entre as diversas versões da "Lança" em outras línguas, inclusive hebraico, a que eu achei mais chique foi a francesa de Henri Salvador, "Question de choix", que tornou a bombar nas rádios europeias.

VOLTA AO MUNDO

Certa vez Rob e eu entramos num *shopping spree**** em Nova York, tipo "quem nunca comeu melado...", naquela cena dos dois caipiras *nouveaux riches* que alugam uma limusine e saem comprando a cidade, misturando champanhe com Quaalude e *cannabis* com mescalina. *The days of wine and roses.***** Lembro que no Studio 54 fui barrada no baile por ter ido fantasiada de mendiga, do encontro com Clodovil e Andy Warhol no Mr. Chao's,

* "Essa é a minha música favorita e a Rita é minha cantora preferida." (N. E.)
** "Rita quem?" (N. E.)
*** Frenesi de compras. (N. E.)
**** Os dias de vinho e rosas. (N. E.)

onde apaguei na mesa, derreti pro chão e ambos foram lá me levantar, das dúzias de tulipas que Rob espalhou pelo quarto do hotel, de quando quisemos dar uma de Scott & Zelda e entramos na fonte em frente ao Plaza.

Em Santorini, salvei Rob de ser atropelado por um coitadinho de um jumento que fugiu ao controle do dono. Na Turquia, cismei de vestir um par de chuteiras e passear num mercado de tapetes, as sapatilhas da bola eram perfeitas para longas andanças. Quando olhei para trás, uma fila de homens mal-encarados me seguia com pedras na mão apontando meus pés, tive que entrar num bazar e comprar rapidinho um par de sandálias. Em Roma ficamos trancados no Coliseu quando nos distanciamos do guia turístico para dar uma rapidinha atrás das colunas e fomos salvos pelo guardinha noturno. Uma vez, nos hospedamos no famoso L'hotel de Paris, onde Oscar Wilde se autoexilou. Dormir no mesmo quarto do gênio não passou em brancas nuvens pelo casal de coelhos. Tudo ali era convite para uma boa sacanagem e que posteriormente rendeu boas inspirações musicais.

DISCO-SHOW-DISCO-SHOW

Nem bem acabávamos uma turnê e já partíamos para um novo trabalho. A parceria continuava firme e forte, o tesão idem. Tanto que engravidei no meio das gravações e, quando isso acontecia, significava virar santa, tomações eram substituídas por um estado de graça tipo *Je vous salue, Marie.** Daí que o nome do novo disco, claro, foi *Saúde*, mais um sucesso para nossa coleção de hits e mais uma vez com a colaboração musical dos magos do suingue carioquês Lincoln Olivetti, Ariovaldo e Robson Jorge. Das quase trinta músicas novas, só nove foram liberadas, mesmo assim com ressalvas.

"Banho de espuma" chamava-se "Afrodite", mas a "Solanja" implicou com o nome e com as expressões "bolinando" e "em qualquer posição".

* Ave-Maria. (N. E.)

Mudei o título, troquei bolinando por "esfregando" e em qualquer posição por "com toda disposição". Mandei de volta e passou. Dãã. Essa música, aliás, foi baseada numa cena autobiográfica do casal na banheira do quarto de Oscar Wilde.

Outra faixa que fui negociar a liberação foi uma frase na música "Favorita", que dizia: "Me sinto dentro do túnel do amor". Solanja só liberou quando eu disse ter me inspirado na inocente "Tunnel of love" de Doris Day, da qual ela também era fã. Fofa.

Fico eu aqui posando de vítima da censura, mas até que era excitante tentar driblar os caras. Já íamos meio que preparadinhos para o duelo, na maioria das vezes perdendo o jogo. Nessa leva de censuradas, brecaram a letra toda de uma toada caipira chamada "Uai, uai", na parte, já de domínio popular, que dizia: "Uai, uai, quem trupica também cai, minha mãe morreu sem dente de tanto morder seu pai", foi considerada perigosa para o "esteblishment", escrito assim mesmo no carimbo. Mudei a letra toda, mas esqueci de trocar o título. Nada feito. Um ano depois, Ney a gravou com uma versão mais boazinha para o "esteblishment" e eu fiz *backing vocal*.

A faixa de que mais gosto é "Atlântida", mais de meia hora ininterrupta de gravação. Estávamos todos tão chapados que na hora baixou uma jam hipnótica sem começo nem fim e simplesmente não dava para interromper o transe. Precisou ser editadíssima, um trabalhão giletar a fita e emendar com durex no compasso exato, precisão cirúrgica com tecnologia medieval da época.

Na letra da música "Mutante", não sei se contei um filme triste ou se uma *personal joke** para exorcizar o vudu. Depois de tanto tempo, eis que me reconheci como a verdadeira mutante, aquela coisa minha de não ser fixa no rock de uma nota só, de sair do conforto ilusório para viver na fragilidade da dúvida. "Tatibitati" é uma das que chamo "tolinhas", letra infantiloide, musiquinha-preguiça para a censura achar engraçadinha e liberar no

* Piada interna. (N. E.)

ato. Gravávamos às cegas, sem saber se as músicas haviam sido ou não barradas por Solanja, muitas faixas que já estavam prontinhas foram apagadas para economizar fita. Com tantas censuradas, não tivemos outra opção a não ser incluir uma versão malfeita da minha velha "Mamãe natureza (Mother nature)", da série "baixar a cabeça e aceitar a que sobrou".

"Tititi" tem um quê meio Stones, levada malemolente, meio prepotente e mal-educadinha com frases do tipo "Vai ver se eu estou na esquina, e se estiver, vê se me deixa em paz" e "Nada mais furado do que papo de tiete" e "Muita caca pra pouco penico". Caiu como luva na abertura de uma novela com o mesmo título. A Globo gostava de garimpar uma faixa nossa já pronta como mote para uma nova história.

Gosto muito de "Saúde", a música-título, um beat-disco com letra despretensiosa e alto-astral. Meu ego assinou a autoria num momento aqui-agora, denunciando minha real pretensão por trás de tudo: "Enquanto estou viva, cheia de graça, talvez ainda faça um monte de gente feliz".

Mixamos o disco em Nova York. Os gringos do estúdio perguntavam o que significavam palavras exóticas como "lero-lero", "glug-glub xuá-xuá" e "tititi". Quando lançamos *Saúde*, a crítica (sempre ela) me crucificou porque pela primeira vez no país usei em algumas faixas a bateria eletrônica Korg. Diziam que eu havia tirado o trabalho de bateristas humanos. Enquanto a crítica vinha com a farinha, minha antena futurista já comia o bolo. Ser pioneira tem um preço.

Daniel Filho dirigiu o especial do novo trabalho em nossa casa vazia, quando já estávamos de mudança para uma maior com a inesperada gravidez do nosso terceiro filho. Lugar perfeito para gravar por três dias seguidos até altas horas da madruga. "Atlântida" foi o primeiro registro no formato de clipe, muito antes de existir a MTV, antenações de Daniel, que também captou uma jam ao vivo de "Roll over Beethoven" no meio da nossa ex-sala de jantar. Na faixa "Tatibitati", R & R se personificaram de Olívia Palito & Popeye. Filmamos um rolê por lugares da minha infância num ônibus alugado e, para completar, cenas do show *Saúde* ao vivo no Anhembi. Naquele especial, nada foi ensaiado. Todos nós levando às últimas inconsequências da "uma câmera na mão e uma ideia na cabeça".

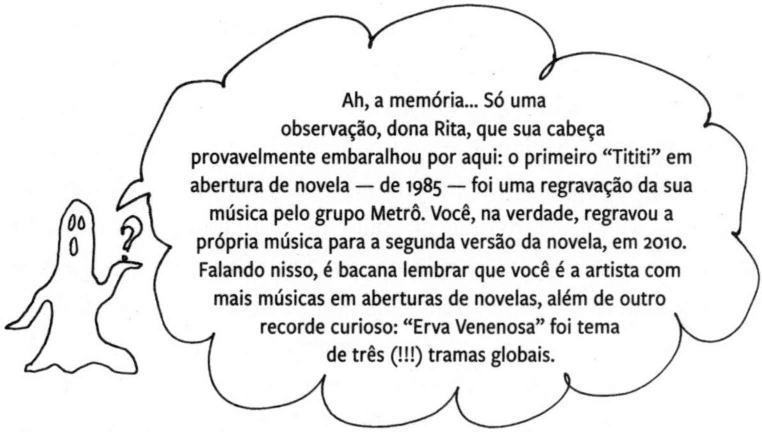

ANTONIO LEE – O TUI, LEONINO

O nome Antonio em homenagem ao santo de devoção. Dessa vez, meu baby não se enrolou no cordão umbilical nem teve a cabecinha presa na porta de saída. Tui completou os nove meses de gestação, nasceu de cesariana como os irmãos e nem bem chegou no quarto já abocanhou o peito. Meus três meninos eram bons de deixar os mamilos ardendo entre uma mamada e outra, mas, quando pegavam o bico, anestesiava tudo e a vaca leiteira entrava em alfa. Tui chamava atenção no berçário como o bebê mais bonito daquela safra, em casa quase não chorava, bastava um bichinho de pelúcia ao lado para dormir tranquilo. Com o terceiro baby, resolvi fazer laqueadura e fechar definitivamente a fábrica de filhotes. Três é bom, quatro é demais. Só Baby do Brasil tinha tutano para parir naquela sequência.

Assim como Beto e Juca, Tui foi batizado na igreja Santo Inácio, a madrinha foi Regina, uma prima de Rob que morava em Nova York, e o padrinho, Okky, seu colega de infância que ao se tornar crítico de música virou a casaca e ingressou no clube dos falsinhos encabeçando a lista *mui amigos*.

Eu conseguia dar de mamar por três meses. O leite ia diminuindo à medida que minha ansiedade de palco subia. Quando Tui nasceu, morávamos num sobradão bacana estilo espanhol na rua Manoel Maria Tourinho, com piscina, jardim e um espaço legal para os meninos se esbaldarem. Para aliviar o trabalho de Balú, agora com três garotos para cuidar, contratamos por meio de uma agência um cozinheiro, sujeito meio fechadão, fazia um trivial até que gostosinho. Um dia, acordamos e cadê do cara? Dali a pouco chega a polícia com uma foto perguntando se tínhamos visto o elemento. Tratava-se de um fugitivo procurado por ter matado um policial. Sim, contratamos um assassino para cozinheiro e a família toda a um passo dos crimes da serra elétrica. Afff!

Pouco depois, estávamos todos viajando, a casa foi depenada, daí que decidimos mudar rapidamente para um apartamento modesto no bairro do Paraíso, em frente de onde Virgínia morava com o marido e os três enteados. Ficamos lá por pouco tempo, sentíamos saudade das vizinhanças do Pacaembu, garimpamos grana aqui e ali e alugamos um megaduplex de cobertura na rua Bahia, a um quarteirão da Faap, entre as praças Buenos Aires e Vilaboim, grande o suficiente para jogar vôlei na sala. Como estávamos quase sempre na estrada, matriculamos os meninos na Escola Graduada de São Paulo, praticamente um semi-internato de língua inglesa, tão cara quanto rigorosa, alunos de todas as raças, caldeirão de informação. O único inconveniente era os meninos levarem de uma a duas horas de buzanga de Higienópolis até o Morumbi.

FÉRIAS

Mergulhados na estrada, Rob e eu perdemos algumas gracinhas dos meninos tipo primeiro dentinho, primeiro passinho, primeiro "mamã-papá". Doía no coração. Quando Beto estava com cinco anos, Juca com três e Tui com um, tentamos carregá-los numa turnê junto com Balú. Misturar filhos à loucura que rolava em shows não era lá muito saudável, se é que me entendem. Para compensar nossa ausência física enquanto estavam em aula, os destinos de nós cinco nas férias eram sagrados: São Paulo-Manaus, Manaus-Miami, Miami-Caribe. Primeiro mostrar a eles o Brasil belo e selvagem, depois um rolê nas magias da Disney e, por fim, o paraíso das praias caribenhas de mar azulzinho e areias brancas.

Em Manaus, mergulhos no rio Negro, que para os meninos parecia feito de Coca-Cola, visitas a aldeias indígenas quase virgens de turistas, as inigualáveis fauna e flora, aventuras mil que nos deixavam boquiabertos e orgulhosos de nosso país. A próxima parada seguia o caminho oposto, caíamos de boca nos contos de fadas e consumismos disneysianos. Certa vez, demos de cara com uma excursão de brasileiros que nos cercou e eu me senti o Mickey tupiniquim. Nessas, Rob e os meninos saíram de fininho, me abandonando no meio de fotos e autógrafos. Meus meninos não entendiam direito o que tanta gente via na mãe deles. Não tinham ciúme, só achavam ruim quando os fãs empacavam os passeios.

Nossa ilha caribenha favorita era a inglesa Barbados, nos hospedávamos em dois quartos no Glitter Bay à beira da praia, era só abrir a porta e já dava de cara naquele paraíso quase deserto de gente, onde o excelente gererê era vendido num barquinho dentro de conchas. Nosso fornecedor era Horace, um negão rasta gente fina que chegava na praia cantarolando: "*Good morning, beauty. Want some meditation today*?".* Do Brasil, Horace só conhecia Pelé e achava que falávamos espanhol. No meio da praia havia um mercadinho de frutas e legumes, num mais distante, frutos do mar. Fazíamos diariamente uma feira básica e Rob preparava um rango dos deuses na pequena cozinha do quarto. A louça era por minha conta. À noite, casal e filhos dormiam tranquilos empapuçados de sol, mar e *cannabis* da boa. Tivesse uma máquina do tempo, seria para esse momento da vida que eu gostaria de voltar e ficar para sempre.

¿VAMOS A LA PLAYA?

Há cagadas que a gente faz e não conta a ninguém. Essa é uma delas. Por mais que nossas músicas tivessem estourado no exterior, raras vezes tinha disposi-

* "Bom dia, bela. A fim de um pouco de meditação hoje?" (N. E.)

ção de me apresentar fora do país. Se meus antepassados vieram se abrasileirar, não seria eu a fazer o caminho inverso deles. Além do que, naquela época lançávamos uma base de dois discos por ano. Haja inspiração e disposição.

Mesmo assim, atendendo a pedidos dos fãs do mercado estrangeiro, gravamos um disco extra com alguns hits em espanhol da Espanha cujas versões ficaram caretésimas e perderam o duplo sentido que tinham em português. Para sentir o drama de alguns títulos: "Pide más (Chega mais)", "No se olvidarte (Mutante)", "Mania de ti", "Dulce vampiro" *y otras musiquitas más*. O mais constrangedor de tudo foi ter gravado o clipe de "Baila conmigo" no México, que, de tão cafona, negarei no juízo final. Me vestiram toda de branco, saia rodada tipo baiana de acarajé, blusa de renda, uma flor no cabelo e me puseram lá fazendo dancinhas étnicas à beira do mar tipo "reino encantado de Iemanjá". Clara Nunes deve ter se revirado no túmulo com a minha performance da série "se vergonha matasse".

Pior é que o disco fez um sucesso razoável e, por contrato, gravamos um outro, só que dessa vez escolhemos um versionista com verve mais pop e conhecedor dos macetes das nossas letras, o argentino Patricio Bisso. O ego do versionista anterior, o espanhol, que também era diretor da editora, recebeu uma punhalada. Resultado: barrou o lançamento e sumiu com o master. Graças aos tempos pré-YouTube, creio não haver qualquer registro daquele clipe vexaminoso de "Baila conmigo". Se houver, queiram, por gentileza, deletar.

FLAGRA

De volta ao Brasil, de onde eu nunca deveria ter saído, gravamos um novo disco, sem nome (eu chamo de *Flagra*), na capa Rob e eu mergulhados num mar de plástico azul, cenário chupado de *E la nave va* do Fellini. Repertório de sucessos. "O circo", uma melodia quase lírica, conta a manjada história do palhaço triste rejeitado pela bailarina, aquela falsa alegria que se nota nos personagens do picadeiro.

Compusemos "Cor-de-rosa choque" por encomenda. A Globo ia estrear um programa diário, o TV Mulher, com o trio Marília Gabriela, Clodovil e Marta Suplicy comandando a mesa, só faltava a música de abertura, algo que expressasse o universo feminino com conhecimento de causa, o definitivo hino das fêmeas planetárias com sotaque brazuquês. Sendo assim, usei e abusei de palavras-chaves como Eva, menstruação, sexto sentido, gata borralheira, dondoca, sexo frágil, culminando com o refrão-ameaça: "Não provoque, é cor-de-rosa choque". Claro que a censura implicou com "mulher é bicho esquisito, todo mês sangra". Eu lá diante da mulher-tailleurzinho-cinza-soviético, defendendo a tese: "Sabe quando a senhora antes de menstruar sente uma esquisitice hormonal e meio que dá uma pirada? Então, é isso que eu quis dizer". Na época ainda não existia a sigla TPM para explicar melhor.

Outra que entrou na lista negra e por um milagre acabou liberada foi "Vote em mim". Apenas troquei "abaixo a repressão" por "depressão". Dãã. A música virou uma espécie de jingle da Democracia Corintiana depois que Sócrates e Casagrande subiram ao palco para reforçar o coro dos descontentes.

"Barriga da mamãe", outra tolinha que há dois anos estava presa sem a menor explicação, foi liberada.

"Frou-frou", *très* tolinha, viagem na maionese retrô a caminho de lugar algum. Confesso que às vezes até torcia para uma composição preguiçosa minha ser censurada por imbecilidade.

Já por "Barata tonta" tenho carinho. Letra e música caminham juntas na mesma cadência, oferecendo uma baladona romântica bem-feita. Aliás, puxando a sardinha pro meu lado, fui a primeira a aplicar o substitutivo "que se exploda" para "que se foda".

"Flagra" foi outra que fizemos por encomenda para a abertura de uma novela que seria toda ambientada nos anos 1950. Misturamos Beach Boys com Tony Campello sugerindo o *look bad boys* de *Juventude transviada*. O que engasgou na letra de "Flagra", depois liberada, foi a frase "chupando drops de anis". Dãã.

Na faixa "Só de você", música favorita de Hebe, com arranjo e o piano chique de Cesar Camargo, o clima sugeria um filme em branco e preto com

Fred Astaire e Ginger Rogers dançando na sincronia perfeita de duas borboletas humanas com traje a rigor.

Não me pergunte por que, mas fizemos "Pirata cigano" imaginando Sidney Magal num navio fantasiado de Barba Negra cantando com uma rosa vermelha entre os dentes, tipo Jack Sparrow gay.

*And last but not least,** a participação de João Gilberto em "Brazil com S", uma espécie de bossa-nova do crioulo doido louvando e misturando as idiossincrasias da história do Brasil que aprendíamos na escola.

O disco superou em vendas o *Lança perfume* e ganhou mais um especial em mais outra direção de Daniel Filho. Dessa vez, gravamos ao vivo do ginásio do Ibirapuera, uma superprodução da TV Globo intitulada *O circo*, com palco giratório e figurinos exuberantes. Seguimos numa megaturnê pelos brasis, dessa vez com quatro caminhões carregando toda a produção do especial. Sim, ainda guardo os figurinos da Globo.

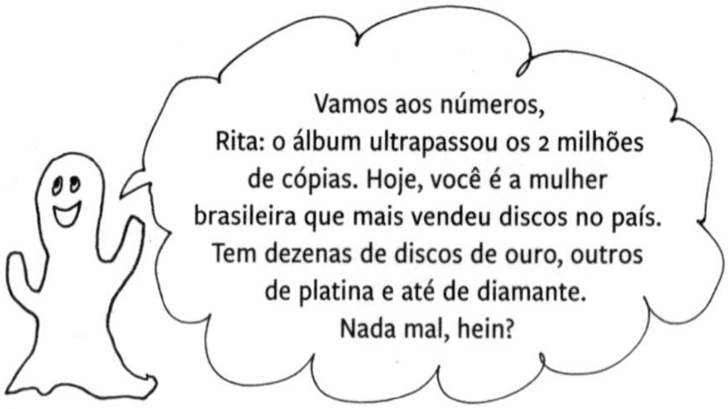

BYE-BYE PAPAI

Não lembro onde estávamos com a turnê de *O circo* quando recebi um telefonema de casa dizendo que meu pai estava passando malíssimo, coisa séria. Peguei um avião *back to* São Paulo e, lá chegando, Charles sussurrou

* E por último, mas não menos importante. (N. E.)

baixinho para que eu continuasse com os shows, que ele ia "comandar o marcapasso" até minha volta. Retomei a turnê e, para não ver a proximidade de perder o velho, entrei de sola nas tomações e comecei a dar detalhe comprometendo as apresentações. Depois de alguns apagões em público, a solução foi me internar num *rehab*, que naquele tempo se chamava hospício.

A clínica Tobias era uma casa orientada no sistema Rudolf Steiner, comida natureba, trabalhos manuais, homeopatia, mexer na terra, culinária. Na aula de terapia musical escolhi o violino. "Minha mão treme-treme renderá um bom *staccato*", pensei eu. O lugar recebia tanto riquinhos piradinhos quanto favelados piradões, sem distinção de classe social. Nessas, ganhei um fã esquisitão que me seguia dia e noite com um caderno e um lápis vermelho na mão sem falar uma palavra. Ele só queria que eu desenhasse maçãs, páginas e páginas só de maçãs. Num dia de visita, o pai dele me contou que o moleque pirou justamente ouvindo o disco *Fruto proibido*. Nunca soube se o pai me odiava ou me agradecia pelo filho ter sido internado.

Era de manhã cedinho quando o psiquiatra veio me dar a notícia da morte de Charles. Falou num tom tão calmo que minha reação foi de imediata aceitação. Ele disse que se eu quisesse, me liberava para o velório, mas que depois precisava retornar para dormir na clínica. Rob me buscou e fomos direto ao velho casarão onde acontecia o velório. O corpo de Charles ainda estava numa cama improvisada na copa para facilitar a vida das mulheres, tão bonitinho e tranquilo que não enxerguei mais ninguém lá, me aproximei da cama e tasquei-lhe um beijo na boca. Dei meia-volta e Rob me levou para a Tobias. Soube que gerei mal-estar entre os discretos "irmãos" maçons presentes no velório. Fico pensando se não foram lá apenas para recuperar a tal maleta preta-mistério de Charles antes que o harém fuçasse o conteúdo.

Duas semanas depois, saí na limpa, pronta para entrar na porra-louquice do dia a dia. *Clean, but weirdo.** Como não vi meu pai no caixão nem acompanhei a cremação, para mim ele continuava dormindo naquele mesmo quarto junto da onça e da barata. Aliás, Guna, a onça, morreu semanas depois.

* Limpa, mas esquisita. (N. E.)

O casarão ficou grande demais para Chesa, Carú e Cacilda. O próximo passo era engolir a tristeza e colocar à venda a nave-mãe que abrigou nossa família por mais de cinquenta anos. Rob alugou um apê para elas na rua Alagoas, pertinho do nosso, era só atravessar a praça Buenos Aires.

Depois da morte de Mary, minha mãe deu uma baqueada, mas se segurou como pôde com a vinda dos netos. Com a ida de Charles e a venda do seu querido casarão, a rosa rainha murchava a olhos vistos, maldita metástase. A grande alegria eram os três netos que a visitavam todos os dias. Chesa mantinha aquela ideia católica de que o sofrimento purifica a alma e não queria saber de remédios para atenuar a dor. E eu ali ao lado torcendo para ela entrar na morfina, com minhas segundas intenções droguísticas: "Quero tomar o que há para não ver o que há". E eu ainda nem havia chorado as mortes morridas da minha família que aconteciam numa rapidez brutal, Tinô, tios, tias, primos e primas de ambos os lados, muito menos eu queria pensar naquelas ainda por vir. O jeito mais fácil era encher a cara, anestesiar as tristezas e fazer a roqueira sempre feliz e debochada. Balú seguia cuidando dos meus meninos, Carú de minha mãe e Rob de mim.

MALUCO POBREZA

Fuçando gavetas, encontrei um texto escrito numa das vezes em que fui parar num hospício, não lembro qual.

"E esse maldito relógio me observando? Cadencia os segundos num volume tão alto que não consigo sair do tempo. E ele me engana. Bato o olhar e lá está 5:30:00. Fecho os olhos. Sinto dores, medito sobre a vida, lembro cenas da infância, rezo, o corpo aprisionado por eletrodos, a bexiga estourando com o soro pingando. Abro os olhos e vejo o desgraçado lá, com cara de pizza, cravando 5:30:01. E ainda pregado torto na parede. O tique-taque dele *versus* meu TOC. Patético. Antes de sair daqui vou amarrar o canalha no trilho de trem que nem Nossa Senhora Desatadora dos Nós pra livrar. Enfermeiras entram e saem do quarto, denuncio a má índole do cara na parede e elas sorriem, imaginando minha abstinência dos tarjas pretas. Não sei quando sairei daqui, o que sei é que você, relógio anticristo, vai morrê ê ê ê! Fique aí se divertindo com minha loucura e prepare-se porque vou estraçalhar seu vidro, torcer seus ponteiros e arrancar seus números a unha. E ao olhar os cacos espalhados pelo quarto, finalmente direi: 'Agora vamos ver quem é que manda nessa porra de tempo!'."

SUSTO

Uma historinha tragicômica que lembrei agora. Certa vez, numa outra casa que alugamos na Cantareira, nosso caçula Tui teve uma febre de quarenta graus que não baixava, precisávamos de algum remédio mais potente.

Era madrugada quando Rob e eu descemos a serra de carro em busca de uma farmácia aberta àquela hora. Encontramos uma, estacionamos na calçada em frente, Rob entrou e eu fiquei aguardando no carro. Dali uns segundos chega um ogro apontando um revólver, mandando baixar o vidro. Obedeci.

"Quietinha. Sai daí com as mãos na cabeça. Já apaguei teu marido na farmácia, se gritar meto chumbo na tua cabeça aqui mesmo."

Obedeci e chorando baixinho entrei na farmácia onde seu comparsa mantinha o farmacêutico sob a mira de outro revólver. O "meu" bandido me conduziu até uma porta e me empurrou escada abaixo num porão escuro. Comecei a tatear o lugar procurando o corpo ensanguentado de Rob.

Dali meia hora a porta do porão se abre, a luz me cega, duas silhuetas descem destrambelhadas, o farmacêutico, seguido de Rob, sãos e salvos, brancos de terror. Rob ficara preso no banheiro até o fim do assalto e não viu nada do que rolou. Contou que antes de fugirem em nosso carro, os bandidos disseram: "Apagamos tua mulher e jogamos o corpo dela no porão. Bom enterro pra vocês". Finos.

Pouco depois chegaram dois guardinhas num carro de polícia e, pimba, me reconheceram no ato. "Pronto, é agora que volto pro xilindró acusada de assalto." Em vez de registrarem o BO, os fardas fizeram questão de nos dar carona até nossa casa, em troca queriam saber das idiossincrasias de um cantor famoso do qual ambos eram fãs.

A trilha sonora ao chegar em casa seria Inezita Barroso cantando "Oi de braçu dadu é cum dois sordado, e muitobrigadu".

BROXADA

Nessa sequência de mortes, a vida pro meu lado andava maus, eu meio que encampei umas de pequena órfã da humanidade, vontade de mandar tudo praquele lugar e voltar à personagem irresponsável dos meus vinte anos, só que agora, com três filhos, a situação era outra, então vamos engolir a deprê e fingir que a vida continuava bela. Nada melhor do que mergulhar num novo trabalho, e com Rob ao lado não podia dar errado. O disco *Bombom* foi gravado em Los Angeles com um timaço de gringos feras do naipe de Carlos Vega, Steve Lukather, Michael Landau, Mike Porcaro, Abe Laboriel, Michel Boddicker, Randy Kerber, além do melhor percussionista do mundo, Paulinho da Costa. Alguns já haviam gravado com Miles Davis, Michael Jackson e a então iniciante Madonna. Todos sob a batuta do nosso técnico de som predileto, Antonio "Mug" Canázio, que se mudara para os "estêites" e já se fazia respeitadíssimo nos estúdios americanos.

Minha preferida dessa safra é "On the rocks", trenzão pesadão e chique, letra bem colocada, instrumentália precisa, mixagem perfeita, uma de que muito me orgulho.

Refeita de um ataque de ciúme improcedente, escrevi um bilhetinho a Roberto tentando negociar um perdão pelo barraco que dei, coisa e tal. Ele me respondeu musicando o tal bilhetinho e assim surgiu "Desculpe o auê".

Outra de que gosto é "Raio X", misteriosa e bonita. Achamos chique não ter refrão, pensamos num filme *noir* com uma personagem esquisitinha espiando os vizinhos de binóculo vivendo a vida alheia para preencher sua solidão, um *Big Brother* caseiro.

As faixas "Tentação do céu" e "Fissura" são tão tolinhas que escolho deletá-las da memória, dando espaço a outras duas mais interessantes como "Degustação" e "Pirarucu"; a primeira um hino à escatologia infantil: "Querida, vamos chupar ferida? Não, amor, vamos chupar tumor. Tumor não me seduz, tomaremos dois copos de pus", que no meu tempo de criança já era um clássico de domínio popular. A segunda, uma meditação com sotaque caipira sobre a jequice moral do país de ontem e mais atual ainda no de hoje cujo refrão "euxinguxatuduxingú, eupirocupirarucu" brincava com um jogo de palavras exóticas.

Em "Strip-tease", imaginei um casal se amassando no elevador de uma *big store*, a cada andar correspondente despiam uma determinada peça do vestuário.

"Bobos da corte" e "Menino" são rockarnavais, a primeira, com enfoque *gay friendly* feita para Ronaldo Resedá, que a gravou num compacto junto de "Pif-paf", outro mimo nosso para ele. A segunda é uma apologia aos garotos bonitinhos, nenhum muso em especial, uma quase tolinha.

Escolhi a figura da japa do Lennon para interpretar a mulher falsamente submissa na música "Yoko Ono". "Me deixa ser a tua gueixa de baby-doll ou quimono, me deixa, me deixa ser a tua Yoko Ono." Aquela que pede licença depois de invadir sua vida.

O disco prontinho para o lançamento e o censor que substituiu dona Solange, para evitar maiores dores de cabeça, exigiu que já constasse na capa a advertência "Proibido para menores de dezoito anos". Não bastando isso, na primeira leva os vinis vinham com duas faixas literalmente riscadas a gilete, "Arrombou o cofre" e "Degustação". Quanta *delicatessen*.

Aquela perseguição broxante já beirava uma chatice insustentável. Não quis dar entrevistas nem sair em turnê. Dei um sumiço do mundinho musical, e foi aí que os tais boatos da leucemia se intensificaram.

APOSTOLADO EQUIVOCADO

As mortes não choradas de Mary, Danny, Charles, Guna e do casarão-nave desenvolveram em mim um escudo protetor antissentimental alimentado por chapações cada vez mais cada vez. Minha espiritualidade foi nocauteada. Justamente nessa época apareceu nos bastidores uma figura pra lá de bizarra (um impressionante separado do berço de Lula) que fazia luzes explodirem, vertia perfume das mãos, entortava talheres e invocava minidiscos voadores coloridos. Tais milagres só aconteciam na presença dele, o que fazia um considerável bando de babões elevarem-no à categoria de iluminado.

Quem nos levou a conhecê-lo, claro, foi Baby (então Consuelo). Marcamos no hotel onde Thomaz Green Morton estava hospedado. Ganhou esse nome garboso, dizia, em homenagem ao inventor da anestesia e que passou a ter poderes sobrenaturais depois de atingido por um raio enquanto pescava. Saindo do elevador, demos de cara com uma fila de "apóstolos" instalados no corredor à espera de uma "consulta" mediante senha. Baby furou a fila e nos pôs para dentro, já que era superchapa dele. Quando testemunhamos ao vivo a avalanche de surrealidades, Rob e eu fizemos como todos os demais, caímos de joelhos gritando "Rááá!".

Lá estavam R & R mergulhados na seita das ovelhas brancas seguindo o "pastor mais fodaço desde Moisés". Ninguém lá questionava o cara, afinal, aparições de disquinhos voadores coloridos e luzes espoucando quando ele gritava "Rááá" o eximiam de perder tempo explicando o inexplicável. Eu diria que os efeitos especiais equivaliam a um oitavo de uma pedrinha de LSD. Seu quartel-general ficava na cidade mineira de Pouso Alegre. Nunca presenciei o tal milagre que os seguidores mais antigos contavam, quando o "mestre" pegava um ovo, cobria-o com as mãos e ao abrir saía um pintinho vivo. O perfume que vertia das mãos, mesmo estando sem camisa, era superenjoativo, mas ninguém ousava reclamar. Quando ia com o rebanho todo a um restaurante, era um festival de talheres entortando sobre a mesa sem que o cara os tocasse, inacreditável mesmo. O uísque corria solto, o homem consumia sozinho direto da garrafa, e as refeições nababescas eram pagas pelos fiéis. Fala a verdade, vendo aquele monte de efeitos patafísicos acontecendo bem na sua frente, você ia ficar lá dando uma de apóstolo André?

Um dia lá, começamos Rob e eu a perguntar o porquê e o que ele pretendia com tudo aquilo, e o milagreiro divagava em respostas tipo "Minha missão só interessa a mim" ou "Vocês nunca entenderiam". Começamos a perceber que depois dos encontros voltávamos para casa exaustos e confusos, principalmente depois que o "Moisés" começou a nos aplicar "manás" de injeções energéticas de cor avermelhada. Seria alguma entidade metafísica quem realizava aquelas proezas? Ninguém sabia, mas que tudo acontecia a olhos vistos, acontecia. Uma explicação plausível era de que Thomaz induzia os presentes a um hipnotismo coletivo, um vampirismo psíquico, digamos assim. Neguinho queria era seguir o circo não importava se real ou não. O mágico era muito mais interessante do que o rotineiro pão nosso de cada dia. O cara era ostensivamente megacachaceiro, megaespertalhão e megaprestidigitador, mas o séquito se deixava levar por pura falta do que fazer mesmo.

Um dia lá, seu ego exacerbado sempre cercado de celebridades começou a eclipsar suas habilidades mágicas em detrimento da adoração de sua imagem. Aliás, minha desastrada participação no primeiro Rock in Rio em 1985 foi sob "efeito Thomaz", que num dado momento fez estourar um projetor de luz no palco em cima da nossa cabeça, a gota d'água para que a admiração bovina fosse definitivamente substituída pela "confiança" que sentimos por políticos. Thomaz Green Morton era a mais completa tradução da diabice do falso profeta. A arrogância de se pavonear para deslumbrados como sendo o novo Jesus o transformou no próprio anticristo.

Tudo foi definitivamente pelos ares quando o mago apareceu em nossa casa de São Paulo sem avisar. Rob e eu estávamos em Santos e chegaríamos do show na manhã seguinte. Thomaz se apresentou a Balú como amigão do casal, contou que o convidamos a passar a noite lá. Deve ter entortado uns talheres, vertido perfume da mão, estourado umas luzes, enfim, o cirquinho de sempre que hipnotizava quem quer que fosse. Para ter passado por cima da marcação cerrada de Balú e sequestrar Beto, Juca e Tui, o cara se mostrou pra lá de abusado. Quando acordamos e não vimos os meninos, Balú, ainda sob efeito hipnótico diz: "Não entendo como não vi ele saindo com os três e até agora não voltaram". Hã? Aquilo era, sim, uma declaração de guerra com um recado claro: não ousem me peitar. Coisa de filme de terror.

Desistimos de chamar a polícia, sabíamos muito bem onde estavam. Pegamos o carro e fomos direto a Pouso Alegre rezando para estarem a salvo. Chegando lá, Thomaz veio nos receber todo indignado e ainda reclamando:

"Seus filhos são insuportáveis, ficaram a viagem toda enchendo o saco para eu fazer meu carro voar". Meus meninos certamente esperavam truques melhores que os da Disney.

Alguns discípulos começaram a debandar tipo "ninguém engana a todos durante tanto tempo". Soube que hoje "Moisés" mora na Alemanha onde é guru de alguns times de futebol. Talvez os 7 × 1 não tenham passado de um hipnotismo coletivo. Ráá!

ROQUINRRIU

Não via com bons olhos aquele auê que rolava em torno de um festival de rock metido a Woodstock tupiniquim com trinta anos de atraso. Estava na cara que os artistas gringos levariam a melhor no cachê, som, luz, camarins, horários de ensaios e apresentações. O boato de que eu estaria com leucemia plantado na mídia pelo Abominável Ezequiel das Neves justificava minha primeira recusa em participar do tal festival. Só topei me apresentar mesmo para demolir de vez a fofoca maldosa, que nessas alturas do campeonato até minha mãe já começava a acreditar. Magreza extrema e boatos de internações (nem sempre verdadeiros) contribuíam para a fama de "doente terminal", era preciso voltar à cena com minha fama de mau.

Fiz a burrice de usar uma peruca preta na assinatura do contrato, o que rendeu mais boatos ainda: "Ela está careca da quimio". A cagada seguinte foi Rob e eu darmos uma festa de arromba na suíte presidencial do Copacabana Palace na véspera da nossa apresentação. Acompanhados de celebridades globettes, viramos a noite direto para a cidade do rock, exaustos, sem energia nem para escovar os dentes. Como esperado, o show foi péssimo, mas o que mais me arrasou mesmo foi o roubo de Carmen, minha guitarra Telecaster *vintage*. Sim, eu devia ter seguido a luzinha vermelha me dizendo para ficar longe daquele evento. Esta é da série "se arrependimento matasse" *premium size*.

BACKSTAGE

Farra boa mesmo rolava no Chacrinha, lar doce lar da maluquice brazuca. Depois da Hebe, o programa que eu mais gostava de participar era o dele, nunca se sabia o que o velho ia aprontar de improviso.

Nos bastidores, não havia esse negócio de camarim exclusivo. A alta rotatividade de artistas entrando e saindo do palco não dava conta dessas frescuras de hoje em que neguinho exige quinhentas toalhas bordadas a ouro, frutas tropicais da Indonésia e 200 mil garrafas de água das geleiras do Himalaia. Eu preferia já chegar pronta e ficar lá pelos corredores do estúdio trocando figurinha com os calouros e artistas convidados.

No *break*, Rita Cadillac, a primeira e definitiva representante da bunda brasileira, depois de estrelar o "Roda, roda, roda e avisa, um minuto de comercial. Alô, alô Teresinha, é um sucesso a discoteca do Chacrinha", vinha correndo atrás da coxia me fazer companhia. Abelardo Barbosa era o dono real do pedaço, mandava e desmandava na direção, nos câmeras, na plateia, falava o que queria quando queria, atirava bacalhau, dava esporro na produção, soltava palavrões no microfone, esculachava artistas e calouros. Ele sabia que todos estavam lá porque seu programa era campeão absoluto de audiência.

Uma vez, chegamos bem antes de o programa começar e Chacrinha nos chamou em sua sala privada. Abrimos a porta e a primeira coisa que ouvimos foi o petardo fino e direto: "Entrem, entrem... E aí, Rita Lee, tem chupado muito o pau do Roberto du caralho?".

FÃS

O fã-clube oficial foi o Ovelha Negra, no começo dos anos 1980, capitaneados por Mauricio, Vilma e Rubens. Faziam camisetas, editavam mensalmente para sócios com carteirinha um fanzine xerocado, os *Raios Leenáticos*, e compareciam a todos os shows. Fui pessoalmente inaugurar a sede deles no centrão de Sampa, cuja privada era forrada com fotos do crítico musical bola da vez. Não sei se procede a informação, mas dizem que também guardavam um OB meu usado. Hoje tenho vários fã-clubes virtuais, um mais fofo que o outro, descolam fotos e fatos que eu nem sabia existirem. A todos, meu cordial *muchas gracias*.

Antes do Ovelha — e desde a época dos Mutantes — Rita fazia a festa dos inúmeros fã-clubes que apareciam em sua homenagem. Era comum, entre os anos 1970 e 1980, encontrar pichações em muros e paredes cheias de carinho à artista. A mais famosa é a que apareceu no casarão da Vila Mariana: "Rita, pra você a agilidade do gato e o brilho da estrela". Apareciam às dúzias também admiradores que se vestiam inspirados em Rita. Mais recentemente, com o advento da internet e das redes sociais, os fã-clubes ganharam novo fôlego e surgiram novos grupos que publicam e trocam fotos e informações on-line. Rita, quem diria, ganhou até um bloco de Carnaval, o Ritaleena, que toca suas músicas em ritmo de folia pelas ruas de São Paulo. Em dois anos, ele se tornou um dos maiores da cidade e carrega uma multidão pelo bairro de Pinheiros.

LA PRENSA

Que ninguém lida bem com fracassos já sabemos e, em vez de culpar o mundo pelo fundo do poço, eu rebatia a frustração com uma autorrejeição. Digamos que eu gostava de ser eu, mas naquele momento tudo o que queria era virar uma maria-ninguém. Críticos de música adoravam me crucificar, não importava o que eu fazia ou deixava de fazer, um ranço que durou por todos os meus cinquenta anos de estrada. Até hoje é quase impossível encontrar matérias falando bem de um trabalho meu. Os caras não escondiam que eram membros do bocejante time "Pra fazer rock tem que ter culhão".

Na verdade, seria injusto dizer que nenhum jornalista gostava de mim. Dois deles me achavam bacana, dois que raramente falavam bem de alguém e eram meus fãs, dois de língua afiada e sarcástica que esculhambavam sem pudores artistas, intelectuais, políticos e socialites de seu tempo, que não poupavam os queridinhos da mídia. Dois que hoje fazem a maior falta nessa mesmice tediosa do panorama jornalístico rabo-preso: Telmo Martino e Paulo Francis, gênios rebeldes para os quais tiro meu chapéu e lhes faço cortesia. Com esses dois do meu lado, quem precisava de "amiguinhos" na imprensa?

Claro que receber críticas era desconfortável para mim, mas ao mesmo tempo inspirador. Tal implicância também acabou chegando em Rob, "o marido oportunista que pegou carona é um músico parasita que logo desaparecerá da vida dela e, aí sim, a Rita retornará triunfante para o rock". Haja saco para viúvos de Mamutes e Fruttis. A mídia adora um *loser* pra chamar de seu, ainda mais se for do sexo masculino.

NEW TRAMPO

A melhor resposta aos meus *haters* era um disco novo, e dessa vez fizemos questão de colocar o nome *Rita & Roberto*, mostrando que, enquanto os cri-cris ladravam, nossa caravana rolidêi desfilava bonito. O repertório do novo trabalho tinha um quê cinematográfico. "Vírus do amor", uma parceria das mais felizes do casal, levada swingadona e potente, bem-arranjada e executada à perfeição. A letra se localiza em algum ponto cinzento de São Paulo e fala sobre a sorrateira aids camuflada de amor.

Gostei do resultado final de "Vítima", uma homenagem a Hitchcock, música-mistério baseada no filme *Janela indiscreta*, letra fria e calculista, clima policial chique, que se encaixou perfeitamente na abertura da novela *A próxima vítima*.

"Noviças do vício", outra feliz parceria, com levada modernosa meio nervosinha, a letra inspirada nas pérolas debochadas que Elis comentava comigo sobre a nova safra de cantoras brasileiras.

Depois de cair na real do horror que passei no Roquinrriu, escrevi a letra de "Choque cultural" como ato de contrição *mea culpa* e exorcizei a apresentação num autodeboche cruel.

"Não titia" tinha um quê de desenho animado retrô na melodia e arranjo, uma bem-humorada resposta ao boato da leucemia.

"Glória F" é uma repaginada da música "Suicida" (Raphael e Tobé) dos tempos do O'Seis, do qual fiz parte no começo dos anos 1960, a personagem que se esborracha pulando do viaduto do Chá e vira uma frankenstina.

Em "Molambo souvenir" baixou uma personagem *noir mezzo* Maysa *mezzo* Dolores Duran cantando uma bossa-melancolia numa boate pós-guerra dos anos 1950.

Se "Noviças do vício" falava das neocantoras, "Yê yê yê" é um roquinho-caricatura comentando a safra de neorroqueiros brasileiros com cara de mocinhos dos anos 1980, o que hoje chamo de rock-situação.

"Nave Maria", uma bela parceria de Rob e Caetano, música oração sobre a espiritualidade feminina intra-extraterrestre.

Dessa vez no especial da Globo a direção-geral foi do genial e esfuziante Jorge Fernando, que teve a brilhante ideia de convidar outros diretores, entre eles Roberto Talma ("Noviças do vício"), Nelson Motta ("Nave Maria"), Tisuka Yamasaki ("Choque cultural"), Herbert Richers Jr. ("Yê yê yê") e o próprio Jorge Fernando dirigindo os clipes clássicos de "Vítima", "Vírus do amor", "Glória F" e "Molambo souvenir". O especial fez sucesso tamanha criatividade na produção de cada clipe, com figurinos de Patricio Bisso e Luiz Lacerda. Estrelando esse céu televisivo, contamos com a presença de convidados especiais como Dercy Gonçalves, Tônia Carrero, André Valli, Dirce Migliaccio, Chica Xavier e Selma Lopes.

Com esse disco terminou meu contrato com a Som Livre e entrei numas de não renovar. Ainda não sabia se eu estava pirando ou as coisas melhorando...

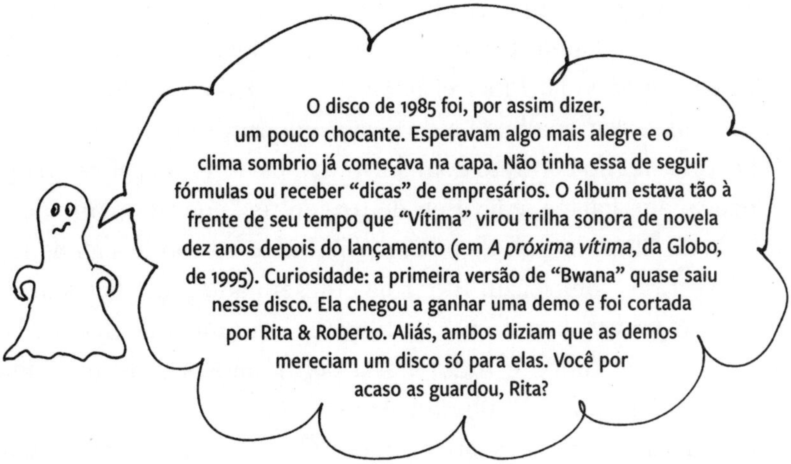

NAS ONDAS DO RÁDIO

O lado bom do Roquinrriu foi reencontrar meu primeiro diretor, o sempre chique Antonio Bivar, e rapidinho começamos a tricotar novas aventuras pelo mundo das artes. A primeira delas foi a apresentação no festival de Viña del Mar, ainda nos tempos de Pinochet, quando ficamos em primeiro lugar entre vários artistas de outros países e ganhamos La Antorcha de Oro. A vida até que dava uma boa guinadinha.

A seguir topamos o convite da 89 FM para fazer semanalmente o programa que bem entendêssemos, liberdade total, freelas para pintar e bordar. Os geniais textos de Bivar davam pano para botar minhas manguinhas de atriz de fora, e completávamos com uma seleção de músicas totalmente fora das paradas de sucesso e com convidados especiais: Hebe, o multiartista Patricio Bisso, Supla, Wanderléa, a traveca Claudia Wonder, Virgínia do grupo Metrô, Paulo Ricardo, Sonia Braga, Elza Soares, entre outros maravilhosos.

O sucesso do programa *Radioamador* incomodou as outras rádios, que passaram a boicotar meu último disco. Naquele tempo, artista-radialista era um acinte, como se eu usasse o programa para promover minhas músicas, sendo que nunca toquei uma sequer, pois a brincadeira era justamente me personalizar em tudo, menos em Rita Lee. Foram 35 programas, transmitidos ao vivo em São Paulo, Rio de Janeiro e Portugal, uma das épocas mais divertidas da minha vida. Precisei parar porque a nova gravadora entendia que o *Radioamador* atrapalharia a divulgação do futuro trabalho.

Na assinatura do contrato com a EMI demos outra megafesta na pérgula do Copacabana Palace, com Rob de tuxedo tocando um piano de cauda posicionado na "ilha central" da piscina, enquanto eu cantava ali do ladinho com um vestido "bolo azul de tule" desenhado por Patricio Bisso. Terminamos o *pocket show* com "Só de você" e no meio da música caímos os dois na água de roupa e tudo. Casal performático. Nos aplaudindo lá estavam Emilinha Borba, Guilherme Araújo, Cauby Peixoto, Angela Maria, Sonia Braga, Lulu Santos, Scarlet Moon, Glória Maria... tantas eram as celebridades que minha caipira interior desmaiou de emoção.

LA MIRANDA

Fiz uma pequena participação numa série musical da Globo cujos mestres de cerimônia eram Chico e Caetano. O convite partiu de Nelson Motta e pela primeira vez me senti "emepebeísta", algo até então inimaginável, se bem que João Gilberto já havia me decifrado como bossanovista.

Ficou subentendido que cantar roquinho lá nem pensar, então, para agradar esquerdas e direitas, escolhi Carmen Miranda em "I like you very much". Não ousei me vestir de baiana, seria muita audácia. Patricio Bisso então sugeriu o modelito de Dorothy de *O mágico de Oz*. Devem ter achado um número tolinho no meio de gente tão séria da MPB. Ponto pra mim. O melhor momento nesse mesmo programa foi Bethânia e eu cantando e rodopiando juntas em "Baila comigo" num clima romântico, eu vestida de boy e ela de Iemanjá urbana.

DOCE LAR

Enquanto o casal se ausentava de casa, Chesa, Balú e Carú tocavam as fazendas domésticas dos Lee/Carvalho nos reinos de Higienópolis, três velhinhas cuidando de três moleques danados não era função para maricas. Quando bobeavam, Huguinho, Zézinho e Luizinho atiravam coisas pela janela, jogavam futebol na sala, acampavam na cozinha, traziam amiguinhos para pernoitar e chegaram até a jogar *paintball* na varanda. Fora o resto.

Certa vez, fui chamada no colégio para explicar por que Beto apareceu um dia com o cabelo descolorido, por que Juca tinha mania de pegar na orelha dos colegas e por que Tui preferia chupar o dedo a participar das atividades. Meus meninos eram bons alunos, apesar de esquisitinhos. Perto do que eu fui, eram santos. Indignada, me retirei da reunião de pais e mestres: "Não pago uma fortuna nesta escola para ficar aqui discutindo a personalidade 'bizarra' dos meus filhos. O trabalho de vocês é ensinar. *Mind your own business*".*

Beto quebrou o braço, Juca quebrou o braço, Tui não quebrou porque aprendia com os irmãos o que fazer para não quebrar o braço. Para acalmar um pouco os ânimos infantis, precisávamos urgentemente de um pet, então fomos ao Instituto Biológico e adotamos o ratinho Alex.

A fofura de Alex inspirou Rita, que colocou na cabeça que lançaria um livro infantil com ele como personagem principal: um cientista alemão que se transforma em um ratinho de laboratório, o dr. Alex, para fugir daqueles que queriam impedir seu plano maior, que era o de proclamar a independência dos animais. Teve muita gente torcendo o nariz. As perguntas eram do tipo: "O que uma roqueira que vende milhões de discos vai querer fazer lançando livrinho pra criança?"; "Como assim ela vai falar de respeito aos bichos?"; "Quem ela pensa que é?". Quando finalmente conseguiu lançar o primeiro volume, a criançada sempre antenada fez filas de dar voltas no prédio da Bienal, em São Paulo, na sessão de autógrafos. Rita abriu caminhos para que artistas considerados "adultos" se aventurassem em infantis e, mais do que isso, ensinou aos pequenos o horror dos testes com animais e a importância de se preservar a natureza.

* Cuide dos seus problemas. (N. E.)

O duplex de cobertura da rua Bahia era imenso. Finalmente pude montar minha bateria Ludwig vermelha *vintage*, que batizei de Gilda, em homenagem a Rita Hayworth. Lá estava eu na minha torre de marfim descendo o cacete nela sem incomodar a vizinhança.

Havia espaço suficiente para reunir todas as minhas traquitanas do passado, espalhadas em vários lugares. Ainda tenho Gilda guardadinha bonitinha, assim como o Minimoog dos tempos mutantescos, a bateria Korg culpada por ter "tirado trabalho de bateristas humanos", Fred e Ruth, as Telecasters *vintages* e Michael, o teremim. Fora os instrumentinhos bizarros.

Meu baú ainda guarda roupas dos Mutas, entre elas as que usamos na capa do primeiro disco e as que roubei das TVS Record e Globo nos festivais, figurinos e adereços de quase todos os shows que fiz por aí, modelitos das capas dos discos, especiais, clipes e do TVLeezão.* Lá no meio de tudo, em lugar de destaque, as botas prateadas de plataforma roubadas da Biba.

A RAINHA ESTÁ MORTA. VIVA A RAINHA!

Estávamos com nossos meninos de férias na ilha caribenha de Saint Martin quando no meio da noite sonho com Chesa se transformando num cometa cruzando o céu e me dando um tchauzinho. Quando acordo, encontro um telegrama embaixo da porta do quarto: "mãe morreu hoje. enterro amanhã. virgínia".

Não lembro como foi nossa volta, não estava dentro do meu corpo. Rob cuidou de fazer malas e conseguiu voo para o dia seguinte, escalas em Miami e Recife, ou seja, quando chegamos Chesa já estava enterrada. Dessa vez não deu tempo de me despedir com um beijo na boca, como eu havia feito com Mary e Charles. Mais uma vez não vi o corpo no caixão, não fui ao enterro. Para mim, ela continuava bonitinha logo ali ao lado, na rua Alagoas.

Chesa há muito havia perdido sua beleza loira *à la* Doris Day e andava reclusa. Às vezes, por insistência de Rob, tirava um som no teclado eletrônico,

* Programa que foi ao ar em 1991 pela MTV.

o padre da igreja do bairro vinha diariamente lhe dar comunhão. Uma velhinha sofrida sem se fazer de vítima, generosa até o fim, conquistando admiradores com a luz que emanava de sua presença. Na época do *Radioamador*, Chesa não perdia um programa e especialmente para minha rainha-mãe oferecíamos Chico Alves, Angela Maria, Nelson Gonçalves, Emilinha Borba, Cauby, Carmen Miranda, Inezita Barroso, Hebe, só artistas dos bons tempos do rádio, a trilha sonora que embalava o velho casarão da rua Joaquim Távora.

Inconsolada por se ver órfã de pai e mãe, Carú foi morar conosco na rua Bahia. Mais uma vez, entrei nas tomações para não cair na real e enfrentar as mortes. Na minha cabeça, passava a leva de amigos queridos que perdi para a aids, como Bellonzi, Martino, Ronaldo Resedá, Auggie & Cliff, Paulo Villaça, Julinho e Denise Barroso, Caio Fernando, Cazuza, Russo. E eu lá vivendo a morte de todos eles. Os coquetéis de *downers* dessa vez foram acrescentados de vinho potencializando a bomba. A vida inteira Charles me alertou sobre os casos de alcoolismo nos genes paternos e eu dizia: "Que nada, pai. Odeio gosto de birita. Meu negócio é *cannabis* mesmo, não se preocupe". Aquele vinho alemão docinho que mais parecia um suco de uva inocente junto com Mandrix dava a sensação de paraíso, um *valley of dolls*, perfeito para eu tocar a música adiante e engolir o choro. Só que não. Meu *côtè* "exagerado jogado aos seus pés" preocupava quem estava ao redor. A novela da vida virou disco-internação-show-internação-casa-internação, e assim caminhava minha maturidade transviada.

MUST GO ON

Não posso dizer que sofria no estado dito "alterado". Ao contrário, eu me sentia "alterada" quando estava sóbria e me percebia castrada de bom-humor e inspiração. Claro que quando baixava a *persona non grata* porra-louca, podia explodir o mundo que eu tirava de letra, mesmo porque o egoísmo de todo maluco supera a consideração por quem quer que seja. Foda era quando eu saía do palco pilhada e emendava nas baladas, aí sim eu misturava tudo-ao-mesmo-tempo-agora e desmaiava no chão. Não sei como minha família me aguentou entrando e saindo de hospicinhos como se fosse um SPA de fim de semana. A "alteradinha" só baixava a bola na hora de garimpar músicas para um novo trabalho, sempre fui CDF nesse quesito. Não me lembro dos detalhes de como rolaram as gravações do *Flerte fatal*, nem sei se me lembro de todas as músicas, mas vamos lá.

"Bwana", uma baladona generosa e simpática, a letra mais uma declaração para Rob ali representando o personagem de gibi Fantasma, e eu no papel de Narda, sua namorada submissa.

"Músico problema", um autorretrato meu na época, interpretando as vaidades e chatices de todo *band leader*.

Fiz uma versão respeitosa para "Blue Moon", música predileta de minha irmã Mary.

"Pega rapaz" segue no modo rockarnaval com uma letra retrô tolinha.

Gosto muito de "Brazix muamba", música feroz e impecável com uma letra (ainda mais atual hoje) sobre a desesperança do Brasil em sair do buraco.

"Flerte fatal" é um roquinho embaladinho gostosinho com um jogo de palavras meio cafajestinho.

"Me recuso", um blues cadenciado de uma nota só, letra meio mal-humorada, onde eu ia discorrendo o que me dava na telha até explodir num refrão-vômito: "Tudo isso é muito cha cha cha chato!".

"Picola Marina", parceria de Rob com Bivar, feita para uma peça de teatro estrelada por Maria Della Costa.

E, por fim, "Xuxuzinho", com uma pegada infantil, inspirada na solidão amorosa de Xuxa, a pobre menina rica à procura de um príncipe encantado.

Por essa época, participei de um especial na Globo chamado *Cida, a gata roqueira*, com direção de Roberto Talma, onde eu fazia a fada madrinha vestida de lagarta-perua de Claudia Raia, a Cida. No elenco ainda Tim Maia e Evandro Mesquita. Farrinha boa.

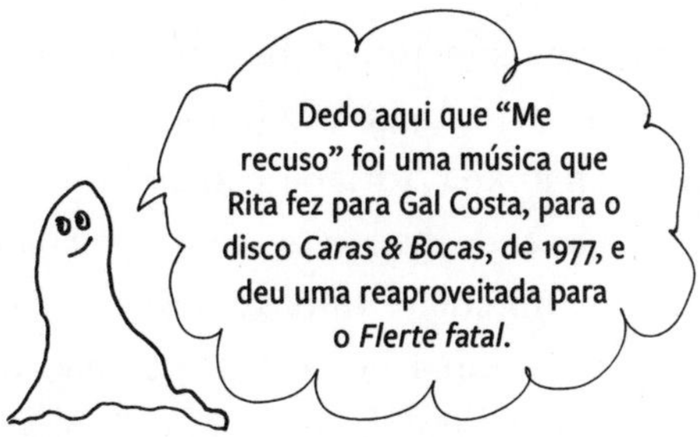

ME AME EM MIAMI

Charles tinha um irmão médico que morou a vida inteira na Flórida e, por meio dos Jones, fiquei sabendo que seu filho alugava apartamentos por preços bastante módicos, coisa de primo camarada.

Demos um tempo das ilhas caribenhas e nas férias passamos a ir para Miami, o Guarujá que deu certo. O Aventura Mall nem existia, a Lincoln Road não tinha calçadão, South Beach era dos anciãos, poucos brasileiros em Coconut Grove e a *fever night* em Miami ainda era calma. Do tempo em que ali se podia comprar Mandrix e Quaalud nas *drugstores*.

Todos os dias rolava um piquenique na praia, éramos farofeiros civilizados. Quando baixava tédio nos infantes, a saída era encarar três horas de estrada até Orlando e mergulhar nas aventuras da Disney.

O MESMO DO DIFERENTE

Apesar da fase preguicite pela qual eu passava, a turnê do *Flerte fatal* não foi tão insossa assim. Ao chegar numa cidade eu recrutava a moça local mais extrovertida para o papel da Miss Brasil 2000, que entrava envolta numa capa de tule rosa e por baixo nua *à la* Luz del Fuego, desfilava de um lado ao outro do palco, chegava ao centro, abria a capa e fechava, dois segundos, se piscasse não via. Quem desempenhava melhor eram travestis e garotas de programa. Uma vez uma anã supergracinha e segura de si topou desfilar nua e foi aplaudidíssima. Em Porto Alegre, quem fez lindamente a peladona foi uma loirinha bonitinha chamada Adriana Calcanhoto.

Outro momento engraçado era quando eu saía voando do palco vestida de Peter Pan, amarrada a um colete que, se despencasse de lá, era pescoço quebrado na certa, da série "uma boba da corte não mede sacrifício para agradar a plateia". Colocamos Virgínia, que era muito parecida comigo, principalmente depois que adotou o cabelo vermelhão, para se colocar diante do microfone central na abertura do show, nesse momento eu surgiria da plateia ou da coxia dando a ilusão de duas ritas lees. Não deu muito certo. Virgínia gostou tanto do palco que não queria mais sair depois e o truque já não funcionava direito. O jeito foi encaixar a mana fazendo parte do *backing vocal*, só que com microfone desligado.

Nessa turnê, Virgínia adorava sair pelas cidades se passando por mim e dava autógrafos, pechinchava um precinho mais camarada nas lojas, posava para fotos, se divertia enganando meus fãs.

Turnê nada muito empolgante, exercíamos uma espécie de funcionalismo público do showbiz, praticamente eu ligava meu piloto automático e missão cumprida. A gravadora era meio desanimada, faltava nela a figura simpática e visionária de um João Araújo no comando. Acabaram os especiais de fim de ano da Globo, não havia mais rádios sem contaminação de jabás. O lado bom foi o aparecimento de bandas brasileiras, do computador, do telefone celular tamanho tijolo e o fim da ditadura. As coisas já não chegavam por aqui com anos de atraso, apenas meses, grandes adiantos nas brasilidades.

Gravamos no Maracanãzinho um especial para a TV Manchete (*oh, divine decadence*!). Primeira vez que senti vontade de aposentar minhas chuteiras musicais, afinal, já havia aberto picadas, ruas e avenidas musicais, melhor seria ver de camarote a rapaziada nova desfilar e mostrar seu valor.

Mentira, a vontade era encher a cara em paz e ficar em casa desenhando, escrevendo historinhas infantis, buscando meus filhos na escola, namorando Rob, aprendendo a cozinhar, colecionando perfumes, tentando comprar uma casinha no mato para fazer horta e adotar bichos. Queria mesmo era ser "uma pessoa comum, um filho de Deus", uma Brigitte caipira.

Foi a partir dessa época que decidi não escutar discos de mais ninguém, nacionais ou estrangeiros, menos ainda os meus. Finalmente entendi o que Rogério Duprat quis dizer quando declarou na frente de todos: "Odeio música!".

Desde 1977, Rob tocava nossa firma, a Trampo Produções Artísticas, cuidava da agenda de shows, estudava contratos com gravadoras e editoras, administrava as contas, enfim, era muito ocupado para mergulhar comigo na vontade de não trabalhar. O casal Eros & Psiquê continuava na saúde, na doença, na alegria e na tristeza.

Um belo dia, os meninos abriram de supetão a porta do nosso quarto e rolou um flagra. Nossa péssima explicação foi: "Papai e mamãe estão dançando twist, dá um tempo pra gente, tá?". Não demorou muito para começarem as risadinhas na mesa perguntando se não estávamos dançando o rock das aranhas.

Para fazer companhia a Alex, adotamos duas vira-siamesas Grace Benedita & Laura Zen, blasés demais para perseguirem o simpático ratinho da família. O amor era tanto que, como não cabiam dentro da gaiola dele, dormiam ao lado, tipo guardiãs.

Volta e meia, quando coleguinhas dos meninos vinham pernoitar lá em casa, baixava meu personagem animal que pulava nos hóspedes, derrubava-os no chão e lambia a cara. Meus filhos, envergonhados, se apressavam em explicar que a mãe deles gostava de imitar cachorro, não repare. Já quando a bagunça passava dos limites, eu incorporava Regina Célia, a solteirona nazista, que entrava em cena aos berros, abanando um leque e exigindo silêncio. Os coleguinhas não entendiam direito a rápida transformação do cachorro na perua antipática, não repare.

A vida andava tão boa que eu pagava para nunca mais sair de casa, apesar de o *Radioamador* ter aberto as comportas para jorrar meus "talentos" em outras áreas além dos costumeiros roquinhos. Fiz pontas em novelas; gravei o "Samba do Arnesto" num disco-homenagem a Adoniran Barbosa; ia aos programas da Hebe só para me atirar aos pés dela; adorei fazer a narração de *Pedro e o Lobo* e *Carnaval dos animais* com orquestra sinfônica regida pelo maestro Roberto Tibiriçá. Depois, *Pedro e o Lobo* saiu em disco, hoje um *collector's item*. Participei do filme *Fogo e paixão*, dirigido por Isay Weinfeld e Marcio Kogan, na cena surreal de um piquenique em plena calçada da avenida Paulista com Rob e eu vestidos de namorados quakers. Essas pequenas aventuras me davam mais afã de viver do que o lenga-lenga de shows, só não dava grana para pagar as contas de manter o duplex de Higienópolis. Sem saída, engoli a preguiça da boa-vida e retomei o modo disco-show.

MICANDO

Escrevo uma pérola que passou pela cabeça antes que me esqueça. Certa vez, estava eu no palco fazendo a imitação cruel de uma cantora em especial (uma noviça do vício), debochando de seus trejeitos e cafonices, quando percebo um certo tumulto na plateia. Paro no meio da música e peço que o canhão de luz localize onde estava o zum-zum-zum, como sempre fazia quando rolava um começo de violência no meio do povo. Sabe como é, alguns fãs mais exaltados soltavam a franga e causavam estresse nos demais. Quando o canhão focou, vi que a tal cantora estava lá me assistindo, e não muito satisfeita, sinal de que minha imitação era na mosca. O mico maior foi quando tentei falsamente consertar o deboche dizendo que lhe prestava uma "homenagem".

Em outra ocasião, havia uma mocinha no gargarejo de um *pocket show* num lugar razoavelmente pequeno, onde o palco era meio baixo. Quando eu falava com o público, entre uma música e outra, a garota emitia um grito contínuo superagudo, tipo sirene, que entrava pelo meu microfone de voz e amplificava, ensurdecendo os presentes. Pedi duas/três vezes para ela dar uma maneirada. Não deu e continuou ainda mais estridente, num evidente "quero ser famosa". Num dado momento, durante uma música pauleira, a chatinha apoiou as mãos no palco para um *headbanging* e eu mais que depressa lhe pisei os dedinhos. Não sei se quebrei algum, mas que parou de gritar, parou.

Um dia, paguei um mico constrangedor quando estava numa farmácia comprando remédio e uma freguesa me reconheceu, deu um grito, apontou pra mim e começou a cantarolar alto uma música que não era minha. Fiz a fina e sorri para não cortar o barato da outra, ainda tirou uma *selfie* comigo que saí de olhos fechados, me enfiou o celular na boca para dar um oi para a mãe do outro lado da linha, e antes de ir embora disse: "Obrigada, Elba, você é muito minha fã".

BOCEJOS

Um trabalho pouco inspirado da dupla R & R foi o *Zona Zen*. É o que dá gravar disco por obrigação, o santo não baixa e o ego imperfeito interfere na inspiração. O resultado final ficou mais pra zona que pra zen. Apesar da pobreza do repertório, gostei do resultado da versão em português que fiz para "Cecy bom (C'est si bon)" com arranjo *saleroso* em homenagem a Bardot quando veio ao Brasil. A música-título, "Zona Zen", tinha um clima chique, um quê etéreo, uma letra *mezzo* dramática, lembro que foi boa nossa apresentação no programa *Globo de ouro* onde toquei bateria.

Há coisas engraçadas como "Nunca fui santa", uma autodenúncia como porra-louca irrecuperável.

O roquinho tolinho "Independência e vida" até hoje não me disse a que veio.

Wanderléa baixou em mim na regravação de "Sem endereço", versão de Rossini Pinto para o clássico de Chuck Berry, onde "Memphis, Tennessee" rimava com "Rapaz do Piauí".

"Maná mané" conta o episódio pra lá de surreal que aconteceu quando latas de *cannabis* apareceram boiando nos mares brasileiros, sendo que a grande aventura era pescar uma delas.

Em "Cruela cruel" personifiquei a diabólica perua disneyana.

E "Livre outra vez" recicla a levada da primeira versão demo de "Vírus do amor", que era mais lenta, e coloquei essa letra em cima.

Não rolou turnê desse trabalho, apenas umas apresentações aqui e ali para manter a forma. Não é um disco do qual tenha orgulho, gostaria de nem tê-lo gravado, muito a ver com a época pesada em que estava vivendo.

Sensações de alegria e tristeza ficam registradas em cada faixa, daí que para evitar dissabores, não ouvia nada meu depois de mixado.

DIAS MELHORES VIRIAM

Dei um tempo das tomações quando o diretor de cinema Cacá Diegues me convidou para interpretar a personagem fictícia Mary Shadow, uma espécie de Lucille Ball numa série americana enlatada tipo "família Doriana" que fazia parte do filme. Elenco de calibre em *Dias melhores virão* e eu lá, de noviça do vício. Quem fazia o papel da minha "dubladora em português" era *the one and only** Marília Pêra. Na trilha sonora, Rob e eu assinamos a música-título e a "abertura" da série americana *The Mary Shadow show*. Cacá foi indicado ao festival de cinema de Berlim e parte do elenco foi junto representando o Brasil. Na véspera da apresentação (não lembro quem descolou a permissão), fomos dar um rolê de carro pelos momentos finais do que brevemente viria a ser o finado lado da Alemanha cinza-soviético-filme-*noir*-pobrinho. Digo momentos finais porque exatamente no dia seguinte acordamos com buzinaços e gritarias: o muro de Berlim estava sendo depredado com os primeiros quebra-quebras. Nós do elenco fomos lá contribuir nas marteladas e ainda guardo pequenos pedaços dessa linda destruição. Estar num filme brasileiro concorrendo ao Urso de Ouro e ainda colaborar um tantinho pondo abaixo o Muro da Vergonha foi sem dúvida um momento "*If mom and dad could see me now*".**

Cheguei a me imaginar uma atriz fazendo há anos o papel de roqueira. Eu até mereceria um Oscar por enganar a mim mesma durante tanto tempo, mas minha canastrice atrapalhava os planos de trocar música pelo cinema. "Menos, Rita, nem cantando você dá conta do recado, imagine atuando. Fazer pontas aqui e acolá já está de bom tamanho."

* A primeira e única. (N. E.)
** Se mamãe e papai pudessem me ver agora. (N. E.)

FIM DE LINHA

Faltava mais um disco para finalizar o contrato com a EMI. Haja miss profissa para encarnar a cantora cumpridora de sua palavra.

Com pouco entusiasmo, Rob e eu desovamos um disquinho (eu chamo de *Perto do fogo*) de musiquinhas preguiçosas, salvo a que eu uso para intitulá-lo, minha primeira e única parceria com Cazuza, o resto do repertório não me traz boas recordações desse trabalho. No dia em que Cajú me deu essa letra, veio junto uma outra, cujo título era "Comprimidos", falando da quantidade de coquetéis que tomava e não davam o barato esperado. "Eu e meus placebos milionários", dizia ele.

Gravamos "La javanaise", uma pérola de Serge Gainsbourg da qual sempre fui fã.

"Tipo inesquecível", um fox romântico, que perfeito ficaria na voz poderosa de Ney.

"La Miranda", mais uma declaração de amor à Carmen. O resto do repertório deletei, realmente não lembro mesmo, e também não iria fuçar nos "gúgous" da vida para tecer comentários.

ADENDO ORGULHO

Nesses cinquenta anos de estrada, nunca pedi nem recebi apoio cultural de leis rouanets, nunca fiz parte da cartolagem musical, nunca subi em palanques políticos, nunca recebi patrocínios empresariais. Sempre bancamos nossas produções partindo do vermelho, tentando recuperar o preju na bilheteria. Um tempo atrás foi noticiado por uma jornalista equivocada que eu teria recebido milhões da lei Rouanet para produzir não imagino o que, sendo que o mais engraçado era que eu já estava havia tempos aposentada dos palcos. Do jeito que a coisa funcionava por ali, não duvido que tenham me feito de laranja.

DANDO UM TEMPO NO TEMPO

Estávamos, Rob e eu, sem energia para montar show. Queríamos quebrar a rotina e dar uma oxigenada na parceria.

Depois que miou o contrato com a gravadora, me recolhi à minha insignificância e Rob foi a Londres estudar Astrologia com a papisa Liz Greene e Cabala com o papa Warren Kenton. Eu fiquei em casa matutando o que fazer da vida. Comecei a estudar violão comigo mesma, descobrindo a quantas andava minha voz, cantando à capela no banheiro, onde a acústica favorecia, interpretando músicas de outros compositores.

Aconteceu que um radialista mineiro chapa meu, Tutti Maravilha, organizava em Belo Horizonte apresentações acústicas em homenagem a Elis, com artistas diversos num pequeno teatro. Me telefonou convidando a participar. A princípio recusei dizendo que estava em "quarentena artística", mas depois que explicou o esquema intimista, sem grana na jogada e a não pretensão de ser um show profissa, achei simpático e topei. Aquela apresentação minimalista foi o embrião do futuro trabalho que se chamaria *Bossa'n'roll*. Adeus parafernália eletrônica, adeus efeitos especiais, adeus banda, adeus produções estratosféricas. Bem-vindo "um banquinho e um violão". A ideia era bossanovar o que era roquenrou, me mostrar despojadinha dos shows "Broadway" a que estava acostumada. Ou me vaiavam e eu saía de cena de vez, ou no máximo seguiria a carreira da cantante de churrascaria.

Rob estava na ponte aérea Londres-Miami entre palestras e cursos, e eu precisava me mostrar nos trinques quando ele voltasse. Garimpei repertório e chamei Alex, um ex-roadie (eles sempre tocam algum instrumento) para fazer o segundo violão. Chamei também minha amiga de ginásio Suely Aguiar, produtora do *Radioamador* e competente em agendar shows. Chamei um iluminador e um técnico de som. Cinco pessoas ao todo, produção baratíssima. Começamos por barzinhos, depois teatros pequenos, depois clubes no interior de São Paulo. E Deus viu que era bom e até dava uma graninha razoável. Em plena expansão de novas bandas barulhentas de rock, lá estava eu num então inédito formato acústico, feito para agradar plateias confortavelmente sentadas e com menos disposição de "participar" do show. As pessoas iam apenas assistir e se sentir mais perto de mim. Não havia canhão de luz na cara, dava para enxergar quem estava sentado na plateia e passei a dar uma de Hebe puxando conversa com uma ou outra pessoa, dando trela a papos intimistas tipo "ao redor da fogueirinha".

Eu só sei que a aventura foi dando cada vez mais certo e passamos a nos apresentar em capitais e cidades de outros estados. O repertório nem sempre era o mesmo, o lance era ter várias músicas engatadas e fazer o set list minutos antes de entrar no palco, sendo que às vezes eu também fazia a "miss simpatia atendendo pedidos da plateia". Comigo sentada o tempo todo sem marcação de luz, a apresentação rolava ao sabor do momento, sem hora para acabar. Mais uma vez João Araújo antenou que aquele projeto poderia resultar num disco comerciável e acenou com a proposta de gravar dois shows sem compromisso. Tudo o que eu queria naquele momento era não ter compromisso nenhum.

O *Bossa'n'roll* lotava pequenos espaços e aos poucos passamos aos ginásios, onde o público cantava junto na dose certa de animação e educação, algo até então surpreendente para mim, acostumada a uma moçada roqueira digamos assim, nem um pouco comportadinha. Ao vivo, o repertório mudava de acordo com a *vendetta* do dia, mais de quarenta músicas na manga e, apesar de constar que o disco foi gravado *on the road*, na verdade o registro do trabalho rolou num único show em Campinas. Além das minhas, bossanovei sucessos de outros artistas: "Alô, alô marciano" (Elis), "Every breath you take" (Police), "Cry me a river" (A. Hamilton), "It's only rock'n'roll" (Stones), "The fool on a hill" (Beatles), "Samba do Arnesto" (Adoniran) e as gêmeas harmônicas, "Do you want to know a secret" emendada com "Maria ninguém".

O disco vendeu bacana, algumas faixas bem executadas nas rádios. Tanto agradou que o formato acústico virou tendência entre roqueiros brazucas. Ser pioneiro tem um preço, mas também faz escola.

BIRINAITES

Nunca se é velho o suficiente para cometer cagadas e durante o *Bossa'n'roll* entrei numas de incorporar cacoetes e drogas bossanovistas, me fazendo de "cavalo" aos deuses etílicos e tabagistas, caindo de boca no uísquinho e no Marlborinho. E o fantasma de Charles me dizendo "eu avisei". O mantra "o defeito da Ritinha é não saber parar" voltou tomando todas.

Rob chegou cheio de energias telúricas e foi me assistir. Ficou orgulhoso do sucesso do show, apesar de ter achado tudo meio harmonicamente pobrinho, como na verdade era mesmo. De qualquer maneira, sua namorada estava bem na fita.

Claro que eu fumava e bebia escondido da família, tipo de volta aos treze anos de idade já sendo quarentona. Meu gene alcoólatra adorou botar as manguinhas de fora, no caso, as manguacinhas. Bebuns são inconvenientes e crentes que o mundo os tem como fodões, ignoram que todos o percebem acima de tudo um grandíssimo chato. Comigo não foi diferente. Pior é que aos poucos eu já tinha a cara de pau de encher a cara na frente dos meninos, de Rob, da Balú, da Carú, de quem fosse. Não havia mais espaço para *cannabis*, meu negócio era destilado, passava batido por cervejas, licores, espumantes, "não adianta vir com guaraná pra mim porque eu quero chocolate". Odiava o gosto daquilo, bebia porque o barato batia super-rápido. O melhor de tudo, ou pior, é que álcool era legalizado, você não ia preso, tinha até outdoors e propagandas na TV, não precisava descolar receitas nem *dealers*. Aprendi que a ressaca do dia seguinte se curava com uma dose dupla de vodca no suco de laranja, crente que a família comprava meu papel natureba.

Fui indo, indo até que acabei "fondo" e terminei internada no simpático hospício Artemísia, também sob a batuta do método Rudolf Steiner, só que dessa vez com o eleitorado mais *raffiné* que o da clínica Tobias. Toda manhã os pacientes eram despertados por um flautista que passava de porta em porta (*how sweet*!*). Café da manhã no refeitório onde cada um lavava seu prato,

* Que fofo! (N. E.)

copo plástico, talheres e arrumava a cozinha (*how boring*!*). O resto do dia, trabalhos manuais, cuidar da horta, passar rastelo, terapia de grupo, bundar pelas matas que cercavam a clínica (*how dull*!**). Lembro de uma terapeuta muito bonita chamada Amparo, que todos os dias vinha me fazer companhia. Aparecia do nada, como se viesse das nuvens, talvez uma mulher-anjo, dessas que ainda estão na Terra movidas a compaixão. Como a comida era reguladíssima, à noite batia uma fome descomunal, não demorou para eu e mais uma interna gordinha, que parecia da família Addams, descobrirmos a chave da despensa, e passamos a roubar pão e queijo para comer no telhado. Éramos as pacientes sem paciência. Uma vez por semana tinha o "dia da melancia", café da manhã, almoço e jantar só na base da fruta, detox natureba na marra, para desespero da minha amiga que estava lá apenas para perder uns quilinhos.

Quando fiquei "limpa", Rob foi me buscar e voltei para a casa. Chamei os meninos e expliquei que aquela *trip* esquisita era só minha "Mamãe gosta de experimentar coisas novas, sabe aquela música do Jimi Hendrix, 'Are you experienced'? Então, é isso. Não vou mentir pra vocês, mamãe é feliz e adora vocês, e quando mamãe entra numas de experimentação fica tudo esquisito mesmo. Lembrem-se que às vezes ela é cachorro, às vezes perua, às vezes burra mesmo". Ficou tudo bem enquanto durou, e durou pouco.

CUPINS CHUPINS

O duplex da Higienópolis foi invadido por um exército de cupins tipo praga bíblica, se instalaram na moita durante anos em todos os cantos imagináveis, não comiam só madeira, os cupins de Belzebu devoravam até aço. Chegavam voando, perdiam as asas e se enfurnavam pelos rodapés ou em qualquer buraco que aparecesse na frente. Até a caixa de luz estava infestada e corroída. Nenhuma dedetizadora dava conta. No silêncio da noite, eu

* Que tédio! (N. E.)
** Que saco! (N. E.)

escutava os caras devorando as paredes. Os buracos imensos pelo apartamento geraram megagoteiras, quando chovia era um tsunami vindo do céu. Nos meus sonhos, uma onda gigante se transformava num enxame de cupins entrando pelos sete buracos da minha cabeça.

Finalmente entendemos a mensagem que os deuses da matéria nos enviavam: "Saiam antes que os cupins tomem o poder e tudo aqui despencará sobre vossas cabeças". Botamos o apê à venda e nas semanas seguintes tratamos de maquiar aqui e ali, tapando buracos com massa de vidraceiro e uma demão de tinta. O que a gente não fazia para vender um imóvel cujas donas de verdade eram as rainhas que desovavam zilhões de cupinzinhos diabólicos. Vendemos e nos mudamos para um apartamento médio no Morumbi, ao lado da Escola Graduada. Os meninos podiam ir e voltar a pé, santa decisão. O padrão de vida deu uma caída drástica, estávamos acostumados cada um com sua suíte espaçosa no duplex de cobertura e agora aquela cena de decidir o que cabia e não cabia nos minúsculos quartos do novo lar. Também compramos um pequeno apê na alameda Jaú para Balú e Carú (até rimou), que a princípio ficaram tristes, depois se conformaram com o *c'est la vie*.

FUNDO DO POÇO

Há mudanças que vêm para o bem, outras nem tanto. Mudei de endereço, mas não de vício, e novamente caí no velho modelito "*hay drogas, no soy contra*". Quando Rob percebeu a recaída, me chamou num canto e colocou: "Se você quer se destruir, foda-se, seus filhos e eu não estamos a fim de ver esse filme chato outra vez. Aqui em casa não tem espaço para isso". Rob havia parado com as tomações havia um bom tempo. Não era justo ficar segurando as minhas pirações. Para ele, o capítulo drogas há muito já era finito. Rob estava certo e eu torta, comprometer a estabilidade familiar, nem morta, então aluguei um apê em Pinheiros, no centro do buxixo, e aí sim minha vida virou de ponta-cabeça.

RITA CACHACEIRA

No pequeno apê da rua Fradique Coutinho acabei acorrentada de vez à escravidão da birita, só não cantava "tornei-me um ébrio" porque ainda estava no modo negação. O sangue do meu avô cherokee, que também não sabia quando parar, falava mais forte e virei a Pocahontas do bebum. No café da manhã, gim. No almoço, caipirinha. No jantar, uísque e, de sobremesa, vodca. Etílicos *made in paraguay* das marcas mais baratas. Rita não era nada chique quando enchia a cara, Rita queria mergulhar no coma.

Beto, recém-formado no *high school,** resolveu ir morar comigo para supervisionar a quantas andava minha tese "*are you experienced?*".** Trocamos de papel, o filho dava banho na mãe, a levava desmaiada pra cama, esvaziava "mamadeiras" que encontrava pelos cantos, fazia sopinha, enfim, mesmo com todo aquele carinho, eis que sua falsa "*mommie dearest*" sempre prometia se emendar, aquele papo de bêbado que não admite a doença.

Na época, fui vista enchendo a cara nas bodegas, capengando pelas ruas desleixadona e inchada. Não me pergunte como, mas eu tocava adiante o show *Bossa'n'roll*, agora já nem tanto no formato acústico radical. Montei uma bandinha com mais dois roadies e rebatizei de Bossa'n'txátxátxá, o que rendeu uma nova temporada no Palace. E foi nessa ocasião que eu tive a brilhante ideia de convidar ozmano Baptista para dar uma canja tipo "eu amo o mundo". Cena patética que todo bêbado faz. Sergio entraria no palco pela coxia, eu chamaria Arnaldo na plateia e então os três patetas improvisariam dois ou três números dos tempos mutantescos. Nem Sergio, nem Arnaldo sabiam que o outro estaria presente, aquelas surpresas desagradáveis tipo "esta é sua vida" daquele programa mico da TV. Quando Sergio entrou e eu chamei Loki, houve tumulto na plateia, Arnaldo revoltado, aos berros, dizendo que não subiria no palco com um cara que tocasse uma Fender e não uma Gibson. Ó, céus, a velha rixa infantil de "valvulados *versus* transistorizados!". Loki saiu indignado junto da fã-esposa-clone-da-rita-lee,

* Equivalente norte-americano ao nosso ensino médio. (N. E.)
** "Você passou por expriências?", referência ao álbum de estreia de Jimmy Hendrix, de 1967.

e eu, "a bruxa que condenou os mutas ao ostracismo", fiquei lá, posando de paisagem. Ninguém mandou tentar uma reunião em nome dos bons tempos chatos que graças aos deuses da música não voltam mais.

Ó, CÉUS!

Outra apresentação que fiz meio alteradinha foi no clube Hebraica, quando esqueci de levar o "papiro" que eu desenrolaria para ler os trocentos nomes das homenageadas na música "Todas as mulheres do mundo". Como trêbados não se apertam numa saia justa, improvisei recitando a ave-maria e, claro, criando um certo constrangimento na plateia predominantemente de judeus.

Lembro de ter me apresentado num teatrinho simpático em Nova York e depois, recebendo VIPS no camarim, confundi David Byrne com Arnaldo Antunes, num momento saia godê. Lembro vagamente que no festival de Montreux enchi a cara de conhaque com mel, o mel para limpar a voz, o conhaque para esquecer a saia plissada do mico da apresentação.

Bêbados adoram o tema "tem que comer quiabo para saber que não gosta" e nessas troquei uma figurinha íntima com uma mocinha bonitinha que encontrei num bar e levei para casa. Ficou lá meia hora, tempo suficiente para tirar a prova de que eu não gostava mesmo de quiabo, momento minissaia.

Dizem que fiz uma apresentação no Anhangabaú pelo aniversário de São Paulo e passei meia hora miando e lambendo minha pata no meio da música "Eu e meu gato", num momento saia longa.

Numa autobiografia que se preze, contar o *côtè* podrêra de próprio punho é coisa de quem, como eu, não se importa de perder o que resta de sua pouca reputação. Se eu quisesse babação de ovo, bastava contratar um *ghost-writer* para escrever uma "autorizada".

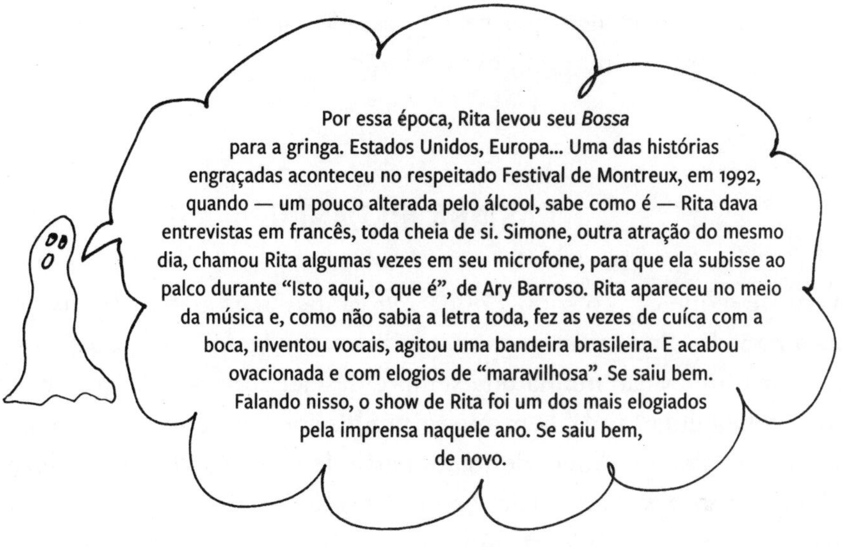

NA TELINHA

Uma aventura maravilhosa que rolou durante a fase cachaceira foi o programa TVLeezão, logo no comecinho da MTV, mais uma parceria com Bivar, quando levamos para a TV o "astral *gauche*" do *Radioamador*. Vivi em cores os personagens antes ocultos e agora devidamente vestidos a caráter, tipos como Lita Ree, a âncora alegrinha, Mabel Marcondes, a socialite pedante, Adelaide Adams, a colunista mundana, Regina Célia, a nazista quatrocentona, Aníbal, o mecânico cafajeste, e Gungun, a órfã pentelha. De convidados, recebi Wanderléa, Pelé, Serguei, Lobão, Gil, Marisa Monte e Tony Bellotto. Travestida de Darlene Love, dublei "White Xmas", de Gal em "Índia", de Nara em "Lindonéia" e de João Gilberto em "Presente de Natal".

Textos de Bivar, figurinos de Vic Meirelles, arte de Paulo von Poser, cenários de Douglas Canjani, maquiagem de Tadashi e direção de Adriano Goldman. Inesquecíveis momentos "prazer inenarrável em ter prazer comigo", das coisas mais divertidas que fiz na vida. Caso um dia tenha estômago para ler, ver e ouvir algo que fiz no passado (sem querer me suicidar de constrangimento) começarei pelo TVLeezão.

CASINHA NO CAMPO

A verdade é que com o show *Bossa'n'roll* ganhei mais grana sozinha do que nunca na vida, ainda mais pago em dólar, *money honey*, *cash*, doletas verdinhas, uma imposição minha que sempre desejei abrir aquela maleta James Bond recheadinha, tudo bem que a minha era uma bolsinha. Comprei à vista uma casinha no meio do mato, perto de Caucaia do Alto, a duzentos quilômetros de São Paulo. Para os meninos, foi um *upgrade* em matéria de espaço e aprontações. Construímos uma cabaninha na árvore e pernoitávamos amontoados por cima um do outro tremendo de frio. Balú abandonou Carú e foi morar lá. A vizinhança era gente simples e minha "Evita Perón" interior mandou instalar um telefone liberado para quem quisesse, aquela velha mania de hippie comunista que "não sai de mim, não sai de mim, não sai". Só voltava a Sampa para fazer show.

Havia um casal de negros que morava logo ao lado. A mulher era mãe de santo e comandava um terreiro. Eu vivia lá tomando passe e trocando legumes da minha horta pela cachacinha deles.

Sim, Rita aos poucos foi recaindo no poço e ainda potencializava a queda com Frontal, Lexotan, Halcion, Rivotril, Rohypnol e o que mais o médico da cidadezinha me descolasse, sempre em troca dos legumes da minha horta. "Finalmente uma comunidade pra chamar de sua", suspirou minha hiponga.

Virei zumbi de mim, a fama de porra-louca se espalhando pelos quatro cantos do pedaço. Uma vez fiquei na secura e voltei a São Paulo com um plano diabólico na cabeça: seduzir um determinado cantor popular (omito o nome porque sou cavalheira) cujo pai era médico e poderia me descolar uns tarjas pretas na brodagem. O cantor ficou meio puto porque minha libido não era bem sexual. Viciados em "sossega-leão" só pensam naquilo: sair de órbita.

Num momento de força bruta, desses que o Superman levanta carro do chão, amarrei o cara numa cadeira e o obriguei a telefonar ao genitor pedindo umas receitinhas. Fui honesta e, assim que ganhei meus docinhos, soltei o moço e nunca mais o vi. Negarei no juízo final que um dia vesti a dominatrix fissurada.

BIG MAMMA

Ainda sob efeitos etílicos, e com os auspícios de João Araújo, gravei um disco bem engraçado que a princípio iria se chamar *Big mamma*, mas no fim ficou só *Rita Lee* (eu chamo de *Todas as mulheres*). A produção custou apenas 20 mil, não lembro se já reais ou ainda cruzeiros.

No repertório, uma seleção esquisitette com parceiros inusitados e eficientes. "Tataratlantes", um reggae jeitosinho falando do nosso gene extraterrestre e "Menopower", quebrando o tabu ao escancarar a menopausa (ambas em parceria com Mathilda Kóvak). "Drag queen", homenageando as "amigues" (parceria com Bivar). "Mon amour" balada soft romântica (em parceria com Nelson Motta). "Só vejo azul", de Itamar Assumpção em homenagem aos meus olhos. Uma versão para o português de Patricio Bisso para "Canaglia" (Ranieri e Ortolan), "Deprê" (parceria com Oswaldo Luiz) e de bônus "Dami mille bacci" (parceria com Carlos Rennó). Do casal Lee/Carvalho, só "Benza deusa".

São só minhas uma regravação de "Ambição" com letra repaginada, "Filho meu", uma pauleira dedicada ao Beto (sem o qual nem estaria viva) e "Todas as mulheres do mundo", rock exaltação sobre bizarrices do universo feminino, e no final uma lista de mulheres gênias brasileiras cujo refrão é dedicado a Leila Diniz. Lembro que cheguei a fazer uma atualização de "Arrombou a festa", mas meu Anjo da Guarda aconselhou não gravar evitando o que seria um convite a processos por difamação, injúria, calúnia, ou as três opções juntas.

O disco rendeu alguns poucos elogios dos falsos generosos da crítica.

O disco de 1993, além de muitos elogios da crítica, rendeu uma curiosidade: o que seria a "Arrombou a festa número pi" (como Rita chamava a nova versão). Ela voltou a falar da cena musical brasileira, mas dessa vez achou que pegou pesado com os colegas e não lançou, mas entrego aqui uns versinhos da "proibidona": "Marisa traz dos montes as cantoras mais ecléticas/ Quebrando o padrão das sapatas mais atléticas/ Senhoras e senhores, o negócio é ser famoso/ Quem nasce pra Lulu jamais chega a cão raivoso". E não venha negar: eu estava lá.

*ROLLING BUT NOT STONED**

Com tanto álcool no esqueleto, fui internada meio às pressas no hospital Santa Catarina para desintoxicar na marra por conta do convite para participar do Hollywood Rock 95, onde se apresentariam os Rolling Stones pela primeira vez no Brasil. Diziam que Jagger pedira uma pesquisa para saber quais bandas brasileiras poderiam abrir o show. Deu Barão Vermelho e eu. Quando recebi alta, para me mostrar inteira, resolvi dar uma coletiva no lobby do próprio hospital e num dado momento uma jornalista me pergunta se eu havia tido uma overdose.

"Eu tomei Lexotan, uísque e chá de trombeta de anjo, mas o que me ferrou mesmo foi um bolo que comi. Acho que o chantili estava estragado."

Jamais poderia fazer um show de calibre com a bandinha do Bossa'n'txátxátxá, muito menos se Rob não estivesse comigo nessa empreitada. Depois de muita conversa sobre dar um tempo nas tomações, fechamos uma *blitzgrieg*-família, combinamos que a segunda guitarra ficaria com Beto e que montaríamos uma banda só de profissas feras. Escolhemos re-

* "Seguindo em frente, mas sem estar chapada." Trocadilho com o nome da banda de Mick Jagger e companhia e com a gíria "*stoned*", que significa "chapado(a)". (N. E.)

pertório e bolamos figurinos, dessa vez eu queria entrar no palco vestida para matar. *Back to the good old times.**

Na primeira noite da apresentação, uma tempestade desabou sobre o estádio do Pacaembu bem quando eu ia entrar e meu show foi cancelado. No segundo dia, antes dos Stones, tocou primeiro Barão Vermelho, depois eu e a seguir Spin Doctors, sendo que durante a apresentação morna dos gringos, o Pacaembu todo chamava meu nome de volta, algo que não passou despercebido por Jagger, sempre antenado, que esperava uma plateia devidamente "esquentada" para quando os Stones entrassem. O que não deve ter passado batido por ele foi o número de nossa Miss Brasil 2000 com Valéria Mendonça, uma morenaça lindaça, parecidíssima com Luciana Gimenez.

Antes do show no Maracanã, a ordem de entrada das bandas foi trocada: Barão, Spin Doctors e eu, inclusive Jagger pessoalmente liberou as passarelas laterais do palco para eu soltar a franga, que por contrato seriam usadas somente pelos Stones. Maravilha. Eu vesti um colante inteiro cor de pele com desenhos feitos à mão, dando a impressão de estar pelada com o corpo inteiro tatuado. Para cantar "Todas as mulheres do mundo", me paramentei de Nossa Senhora Aparecida com um megamanto de veludo azul e coroa. No fim da música, além de declamar os nomes das mulheres porretas, tornei a recitar a ave-maria sob uma pauleira sonora acompanhada em uníssono pelo estádio inteiro, num momento arrepio na alma. Quando atacamos "Miss Brasil 2000", vejo uma figura na coxia quase entrando no palco: Jagger filmando a gostosona à espera do momento "*you snooze, you lose*"** do abrir e fechar da capa, que, dessa vez, em vez de dois, durou cinco segundos. Ao contrário da outra, Valéria deu uma bela esnobada nas segundas intenções do cara. A moça fina não era apenas mais um rostinho bonito, ela também tinha talento. Aconteceu que assim que eu surgi de Nossa Senhora, a mando do *big boss* Roberto Marinho, minha apresentação foi imediatamente cortada da Globo, um desrespeito, teria dito o todo-poderoso.

* De volta aos velhos tempos. (N. E.)
** Expressão que significa algo como "você cochila, você perde". (N. E.)

Dia seguinte, a Diocese do Rio anunciou minha excomunhão. Que nunca fui santa, não era novidade, mas eu estava lá realmente prestando homenagem como fã sincera da Aparecida, como a melhor representante de todas a mulheres brasileiras, como a mãe divina do país. Um tempinho depois, padre Anselmo, da igreja Santo Inácio, que ministrou minha primeira comunhão, saiu em defesa, dizendo num famoso programa de TV que dei um bonito testemunho de fé. Padre chapa.

LA ZORRA

Eu estava sem partir em megaturnês desde o *Flerte fatal*, hora de retomar a teatralidade e montar um show bonitão. *A marca da Zorra* foi gravado ao vivo e saiu em disco. A ideia era assumir *la loca pero con* classe, numa produção impecável, várias trocas de figurino num cenário tipo castelo do Drácula.

Cortei os cabelos curtos e fiz reflexos dourados, eu ainda meio inchada das birinaites, mas segurando a onda, o show tinha muitas marcações e era preciso estar fisicamente nos trinques. Entrava em cena descendo uma escadaria com uma megacapa vermelho-menstruação me apresentando como Zorra, a dona daquela porra. Aliás, hoje o pano da tal capa virou cortina no meu quarto. Sou aquela que aproveita alguns figurinos para fazer até capinha para o liquidificador. Em "Vítima", eu fazia uma espiã em fuga enquanto um mini-helicóptero movido a controle remoto sobrevoava a plateia, uma temeridade se caísse em cima das pessoas.

Enquanto Rob cantava "Papai me empresta o carro", eu saía de cena para vestir uma mortalha fantasmagórica e cantar "Atlântida". Em "Ando meio desligado", eu fazia aquele velho truque da levitação que todo mundo sabe como funciona e que sempre impressiona. Durante "Orra meu", me paramentei de mim mesma: a boba da corte. Para indignação de alguns, dei uma de Ed Motta e me recusei a cantar "Lança perfume". Eu lá querendo provar que nem só de lanças perfumes vive uma compositora de sucesso. Tolinha.

Momento intimista
no *Bossa'n'roll*.

Fotos: arquivo pessoal

Fotos: arquivo pessoal

Eu de Raul Seixas no curta *Tanta estrela por aí*.

Deus e eu (de zoinho arregalado *à la* Cláudia Cruz).

O visual novo para a Zorra.

os: arquivo pessoal

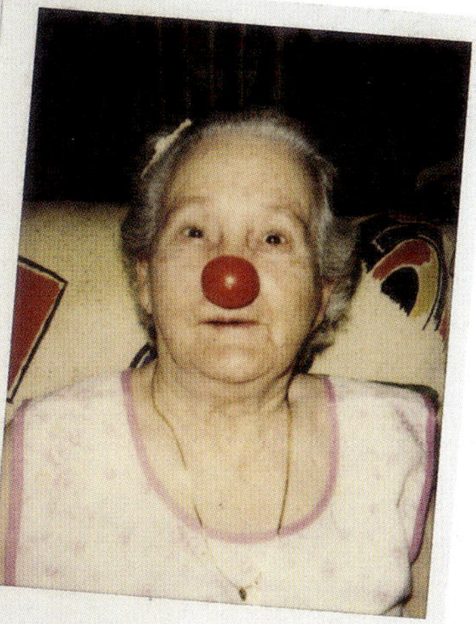

A fofura de Balú.

Um guenta em Pingo.
Ao lado, Rob e Mike, The Puppy.
Abaixo, os irmãos Mike e Pingo.

Arquivo pessoal

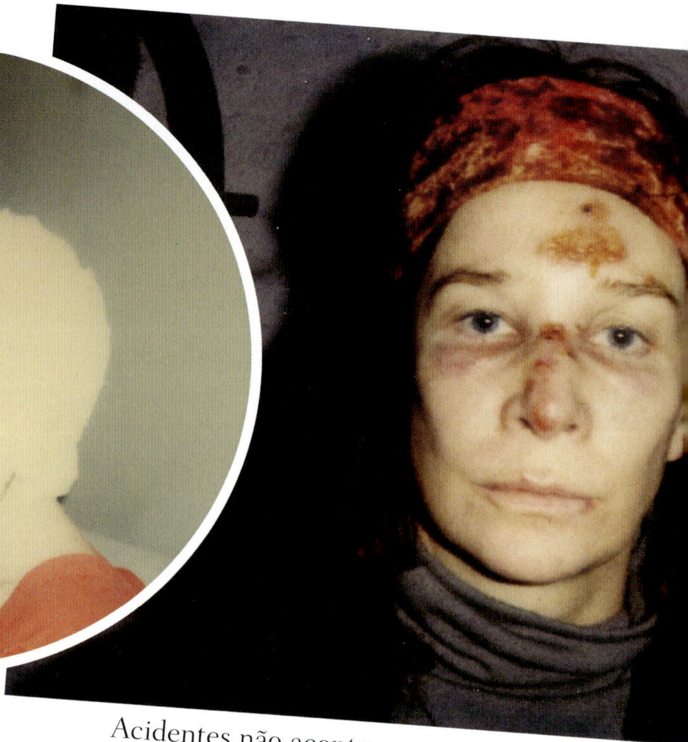

Acidentes não acontecem num mundo perfeito.

Lenise Pinheiro

Com Rob, de top model no desfile de Ocimar Versolato em 1996.

A naja vestida de cobra.

Arquivo pessoal

Fotos: arquivo pessoal

O primeiro beijo em Hebinha a gente não esquece.

Pai e filho *in action*.

Meu último show, no aniversário de Sampa, no Anhangabaú.

Carol Mendonça

Arquivo pessoal

Guilherme Samora

Finalizando a bio.

QUEDA DO PARAÍSO

Estava eu na casa de Caucaia pelas madrugas entornando garrafas com Rohypnol estilo "foda-se o mundo" quando despenquei da varanda de uns quinze metros de altura. Fiquei desmaiada até o caseiro me encontrar babando no chão de manhã cedinho. Meu queixo tinha ido parar no joelho, o côndilo maxilar direito havia se esfacelado, fui de ambulância para o Einstein com um enfermeiro me olhando como se visse dona Frankenstina em pessoa. Passei doze horas na mesa de cirurgia, consertaram o estrago colocando um pino de titânio em forma de L para reestruturar o maxilar. No lábio superior, rasgado pela queda, exageraram no silicone, resultando numa lombada irreversível quando passo batom. Depois de colocarem aparelhos nas arcadas superior e inferior, os maxilares foram costurados um ao outro para fixar a posição correta, na esperança de o osso se adaptar ao pino. Para tanto, a cabeça também ficaria envolta por uma faixa de gaze e totalmente imobilizada. Só me alimentava de líquidos e caldos por um canudo introduzido num buraquinho entre os maxilares. Como não conseguia falar e o que saía eram só grunhidos, achei por bem declarar voto de silêncio total e me concentrar na "luz da cura" meditando boas vibrações para a região afetada.

Os médicos não estavam nada otimistas. Minha boca, meu instrumento de trabalho, estava comprometida, provavelmente não teria abertura bucal suficiente nem para falar direito, quiçá cantar. Fora que perdi 40% de audição no ouvido direito. Fiquei três meses costurada, emagreci dez quilos, de magra passei a esquelética, de bêbada a esotérica, de exilada a mãe pródiga de volta ao lar. Batizei a prótese carinhosamente de Piña Maria Colada e ficava me imaginando no aeroporto tendo que passar deitada na esteirinha para não apitar.

Como tragédia não vem só de uma, no dia seguinte à minha queda o sítio de Caucaia foi invadido, renderam o caseiro, destruíram a casa dele, torturaram o pobre perguntando meu paradeiro, depenaram a área toda, levaram todos os discos de ouro, prata e platina crentes que eram de verdade. Doeu no coração o roubo de malas e malas com fotografias antigas de família. Mas o mais cruel de tudo foram os assassinatos de Grace

Benedita, Laura Zen e um casal de *ferrets*, quase morri de tristeza. O plano inicial dos bandidos era me sequestrar, descobriu-se mais tarde que a ação havia partido de uma trama local, alguns presos foram liberados para camuflar a coisa em assalto. A polícia de São Paulo acabou descobrindo até onde seria meu cativeiro e me aconselhou a deixar barato para não dar treta entre as corporações de cada cidade. Meu Anjo da Guarda explicou que minha "queda do paraíso" foi o *meno male* do que poderia acontecer caso os bandidos tivessem me encontrado em casa. Sorte que Balú também não estava, tinha ido numa excursão da igreja. Dois Anjos da Guarda pra lá de competentes.

A RECUPERAÇÃO

Balú voltou a morar no apê da alameda Jaú com Carú, Rob desalugou o de Pinheiros, botou o sítio à venda e, para que eu não me sentisse humilhada de vergonha com a sucessão de cagadas, alugou outro no mesmo prédio que o dele, passando a me cuidar tipo filha-problema-mais-nova, agora também *handicap*. Esse cara realmente me amava. Foi comigo no dia de descosturar os maxilares e ficou maravilhado quando consegui abrir um pouco a boca e cantarolar "Mania de você", desdizendo as previsões pessimistas dos médicos, que também ficaram ali mais boquiabertos que eu. Essa é da série "*I believe in miracles*".*

Chegando em casa, eis que Rob me dá um buquê de rosas vermelhas, se ajoelha e me pede em casamento. Frankenstina *goes* Cinderela. Estávamos juntos havia vinte anos, seria apenas um ritual de confirmação no papel com direito a lua de mel em Campos do Jordão. Eu precisava pelo menos desinchar a cara, não ia pegar bem Rob lindão se casar com uma mocreia remendada. Tia Silvia se reviraria no túmulo. Os meninos achavam que casamento

* "Eu acredito em milagres." Referência à música homônima dos Ramones. (N. E.)

a essas alturas era coisa de velhos transviados. Mesmo tendo uma certa razão, os três toparam participar da cerimônia caseira e até alugaram os terninhos. Fui até uma butique pequena chamada Daslu e encomendei um terninho lilás *à la* "Jackie O. no dia do assassinato de Kennedy", com aquele chapeuzinho redondo e tudo. Padre Anselmo declinou de dar a bênção. A igreja católica não aceitava casar uma desquitada. Vinte anos juntos e três filhos não bastavam para reconhecer nosso casamento. Para a igreja, Rob e eu éramos amantes e vivíamos em pecado. Foda-se.

Registrado para a posteridade, lá estavam casal e filhos posando sorridentes e felizes na capa da revista *Caras*.

MULHER PATCHWORK

Já que falo em desastres naturais, lembrei de alguns acidentes sofridos ao longo da vida. Aos seis anos operei as amígdalas e assim que voltei para casa fui brincar no muro e caí de mau jeito, quebrando os dois pés de uma só cajadada. Com ambos engessados, me locomovia de bunda no chão. Quebrei o polegar direito ao suspender uma janela esquecendo de colocar os calços e ela desceu, *zapt*, tipo guilhotina. Apendicite. Aos quinze anos rolei a escada e desloquei os quadris. Ao ver o raio X, o médico previu que futuramente ia ser complicado engravidar. Cirurgia nas cordas vocais. Correndo ao redor de uma piscina, escorreguei e caí na quina sobre o olho direito, que precisou ser reconstruído com uma plástica meia-boca. Também operei o olho esquerdo para remover um cisco de metal alojado na íris. Três cesarianas. Prótese da Piña Maria Colada. Duas hérnias de disco. Num tombo besta quebrei o manguito. Três enxertos de osso na boca devido à perda óssea. Mastectomia (quatro anos antes de Angelina). Cirurgia para retirar a vesícula. Cirurgia de hemorroida. Depois de minha coluna pular durante cinquenta anos no palco e ainda com o quadril fora de lugar, ganhei uma escoliose galopante que me deixa cada vez mais corcunda e, nessas, me apelidei de madre Teresa-de-Qual-Cu-Tá.

Em 2007, me diagnosticaram bipolar. Dãã. Lembrando aqui (já me fazendo de bacaninha para mim mesma) que apesar do meu vaso ruim viver meio quebrado, eu raramente deixava de fazer shows. Sabia que quando pisava no palco baixava a miss saúde. Saindo dele, era como se tivesse acabado de ser nocauteada no ringue por Mike Tyson. Com o pino de titânio acontecia de muitas vezes cantando o queixo empacar fora da posição, eu virava de costas para o público, dava um tranco tipo máquina de escrever e Piña Maria Colada voltava ao lugar. Fiquei com esse tique nervoso de encaixar o queixo abruptamente mesmo quando não sai fora, espécie de síndrome de Tourette, só que no maxilar.

Em 2011, fui diagnosticada com Parkinson. Nos primeiros shows que fiz logo depois do diagnóstico, já visivelmente tremendo dos pés à cabeça, eu fazia piada dizendo que estava tomando uma droga milagrosa que curava a velhice. As pessoas na plateia riam achando que eu tremia de propósito imitando trejeitos de anciãos. Estava praticamente decidida a levar a sério a intenção de me retirar da vida pública antes de despencar de vez.

ADENDO DESTINO

O fim da vida de um roqueiro é um dos clichês mais previsíveis.

- Overdose;
- Aids;
- Garoto-propaganda de causas "nobres" de governos corruptos;
- *Revivals* banguelas comemorando as glórias do passado;
- Se converter a uma religião ou partido e aderir na catequese;
- Ficar bilionário e fazer show para alimentar o ego;
- Ficar bilionário e fazer show quando bate o tédio.

Quanto a mim, nenhuma das opções acima. Sou da classe sobrevivente dos sáurios: Tiranassaura Regina.

ALARME FALSO

Quando meu corpo todo começou a tremer pra valer mesmo, aí sim resolvi encarar uma batelada de exames. O primeiro neurologista me diagnosticou com Parkinson e passei a tomar trocentos zilhões de remédios para tentar "estacionar" a doença. Como o treme-treme só piorava, consultei um novo neuro que, além dos remédios que eu já tomava, acrescentou mais outros tantos. Uma grana preta. E assim fui pulando de neuro em neuro, de psiquiatra em psiquiatra, até chegar num geriatra que, em apenas uma consulta, constatou tratar-se do chamado Parkinsonismo Medicamentoso, que, diferentemente do Parkinson, era um quadro totalmente reversível. O acúmulo de medicamentos químicos que andei tomando nos últimos anos mais a batelada que eu andava tomando naquele momento é que provocava o treme-treme. Levaria um tempo até meu organismo se desintoxicar das porcarias e voltar à calmaria física. A partir daquele momento, entendi definitivamente que minha santa boquinha não poderia engolir mais nenhum "biscoitinho". Depois de um ano limpa de benzodiazepínicos, ansiolíticos, antidepressivos, antibipolarismos e anti todas as doenças que eu não tinha, minhas mãos começaram a acertar de prima o buraquinho das miçangas, e meus colares e pulseiras hippies são um sucesso. Sou uma velhinha saudável. Quando lançaram o Prozac como a droga da felicidade lá fui eu experimentar, a mulherada toda dizia que a vida ficava bela, adeus deprê da meia-idade, a oitava maravilha, coisa e tal. O efeito não era imediato do tomou-bateu, demorava umas duas semanas para você ser feliz. Depois de um mês, saquei que o remedinho não passava de um belo placebo. Barato que era bom, nada. Moral da história: perua que nunca tomou heroína na vida, quando toma Prozac se lambuza.

ADEUS, BALÚ

Voltando no tempo.

Depois do assalto no sítio em Caucaia, a saúde de Balú começou a emitir sinais de cansaço. Cirurgia de catarata, cirurgia de varizes, e ela afirmava que não estava doente, apenas alguns percalços da idade, e deu as bênçãos para casal e filhos viajarem a Miami, juntar forças para encarar os próximos desafios existenciais. Enquanto estávamos lá, Balú foi internada e no dia seguinte faleceu. Minha família parecia que escolhia eu não estar por perto na hora de morrer. A mesma cena de voltar correndo sem dar tempo para o beijo de despedida, quando chegamos já havia sido enterrada. Não vi Balú no caixão, não fui ao enterro, minha fada madrinha dali a pouco apareceria para mim com um prato de comidinha dos deuses. Me chicoteei por não estar perto de quem mais me deu colinho na vida, que me levava e buscava no colégio, que separava o melhor pedaço do bolo para mim, que estava ao meu lado pra o que desse e viesse. Balú, minha mãe de batismo que acompanhou Chesa cuidando de suas três filhas e foi a avó durona e amorosa dos meus três meninos.

Que melhor motivo teria a "Rita insegura" para justificar recair de boca nas biritas e comprimidos do que perder alguém que ela amava? Rita acabou no Einstein para uma lavagem rápida no corpo e na alma. Aquele replay do filme morte-tomação-morte-tomação beirava o patético, eu mesma já me internava rapidinho antes que a coisa fugisse ao controle. Mary, Charles, Danny, Guna, Chesa e Balú se foram; Virgínia, Carú e eu ficamos, bora tocar o barquinho adiante e encarar a tempestade.

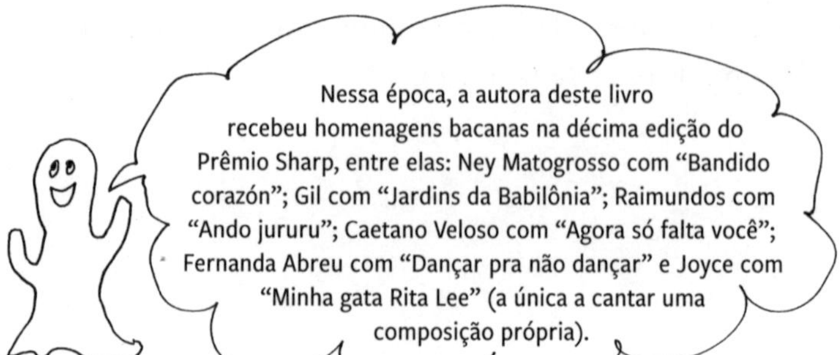

SANTA RITA

Ficou entalado na garganta aquele lance da Diocese do Rio me excomungar por ter me paramentando de Nossa Senhora Aparecida no show dos Stones. Eu precisava exorcizar a praga. Foi daí que surgiu a música "Santa Rita de Sampa", em homenagem a mim mesma, que havia passado pelos quintos dos infernos e ressuscitado direto para o céu, minha definitiva autocanonização, uma respeitosa e esculhambada adoração à imagem da padroeira dos frascos e comprimidos. Eu bem que merecia um afago no ego e, já que nenhuma igreja me daria, eu mesma me peguei no colinho. Se no Rio fui excomungada, quem sabe na minha querida Sampa (apesar de não ser reconhecida como prata da casa e da imprensa paulistanesa me crucificar mais que a carioquesa), eu ainda poderia negociar uma canonização *gauche*. Gravadora nova, disco novo. Gravamos *Santa Rita de Sampa* em Los Angeles, mais uma vez com nosso querido amigo de longa data Antonio "Mug" Canázio coproduzindo e pilotando a mesa, e mais uma vez com uma safra de gringos feras do naipe dos geniais Vinnie Colaiuta, Tim Pierce, Steve Tavaglione, Nathan East, Bill Brendel e Luis Conte. Com um time desses, não dava para não fazer um gol de placa. Foi o caso de "Obrigado não", cujo clipe pioneiro com dois militares se beijando foi proibido de passar na programação da MTV e curiosamente liberado para o *Fantástico* da Globo.

Foi um trabalho competente, repertório bacana. Gostei do resultado final, gostei da capa etc. e tal, só me bateu uma preguiça de comentar aqui música por música.

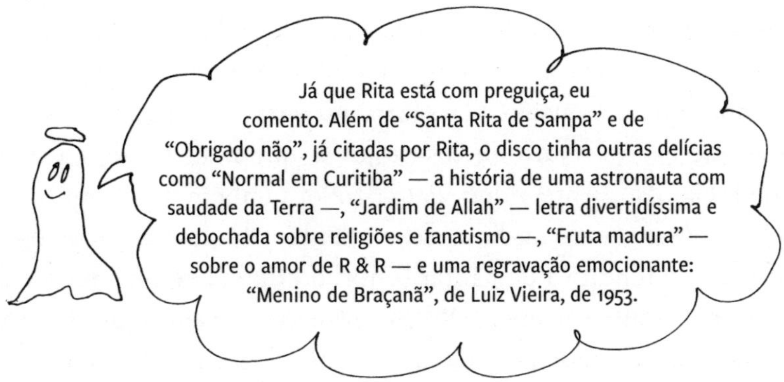

Na turnê do *Santa Rita*, com figurino do carnavalesco Chiquinho Spinoza, entrei no palco com seis cabeças minhas de gesso enfileiradas, três em cada lado do ombro e eu mesma no meio formando a sétima. Aquilo pesava nas costas pra dedéu e mais os cinco quilos da minha guitarra branca semiacústica Gretsch, eu praticamente envergava uma armadura medieval fingindo-me linda, leve e solta.

ACÚSTICO MTV

O formato acústico, do qual modestamente fui pioneira, acabou assimilado pela MTV e lá fui eu convidada a registrar o meu, gravado no mesmo teatro João Caetano do Rio onde séculos antes estreei o show *Fruto proibido*. Lotadaço de gente generosa que segurava no bom humor quando tínhamos que repetir as músicas por conta de um tilt técnico na gravação ou quando eu esquecia as letras, apesar das colinhas no chão. Convidados especialíssimos como Milton Nascimento em "Mania de você", Cássia Eller em "Luz del Fuego", Paula Toller em "Desculpe o auê", Titãs em "Papai me empresta o carro", o bandolim de Armandinho em "Ovelha negra", a sanfona de Oswaldinho em "Nem luxo nem lixo", a regência do maestro Eduardo Souto Neto e, *last but not least*, o arranjo-luxo de orquestra de Rogério Duprat em "O gosto do azedo", música do Beto. Na banda de apoio, Lee Marcucci no baixo, Paulo Zinner na bateria, Guga Stroeter no xilofone, Ary e James na percussão e Mauro e Maurício nos vocais. Tocando sentadinhos na frente da orquestra, Rob, Beto e eu, compondo o Pai, o Filho e a Espírita Santa.

Lembro que, no ensaio, Cássia travou e não conseguiu passar a música, disse que estava muito nervosa e jurou que mais tarde, ao vivo, daria conta do recado, e surpreendeu. Paula Toller também um tantinho desconfortável no ensaio, mas na hora desempenhou lindamente como sempre. Na nonagésima tentativa de cantar "Gita" do Raul, acertei a letra e agradeci a plateia pela santa paciência. No camarim, Milton e eu conversamos sobre Elis. Nunca havia estado com ele a sós e fiquei encantada com a elegância e generosidade daquele que minha colega de internato dizia que se Deus cantasse, teria sua voz.

A turnê do *Acústico* MTV, que eu chamo *Meio desligada*, foi muito bacana, lotadaça e comportadinha... até que bateu o tédio de ficarmos lá todos sentadinhos no palco e *krig-ha, bandolo!* Nos eletrificamos de vez. Tchau banquinho, vou soltar a franga lá na frente. Dizem que soltei tanto a franga que entrei numas de fazer *mosh* me atirando na plateia, claro que previamente combinadinho com amigos que compareciam a todos os shows. Até que um dia, tirei os óculos para pular, não enxerguei onde estavam os amigos e caí em mãos nada educadas que, em vez de me devolverem ao palco, rasgaram o modelito que eu vestia e saí de lá quase pelada. Esse lance de o artista querer estar onde o povo está é bacana, é só não bancar passarinho cego.

Entre as poucas apresentações de TV de que participei para divulgar o *Acústico*, fiz questão de incluir o *Programa do Ratinho*, algo considerado vulgar por artistas de calibre, onde cantei "Alô, alô marciano" com orelhinhas de ET e recebi um tratamento muito melhor do que naqueles dois programas onde os apresentadores falam mais do que o convidado e o interrompem quando você está cantando.

Finalizamos a turnê com uma apresentação ao ar livre na praça da Paz, no Ibirapuera, pessoas a se perder de vista. Um momento inesquecível foi Wanderléa e eu cantando juntas "Pare o casamento" vestidas de noiva, repetindo o número que fizemos no TVLeezão, e no final jogamos nossos buquês para uma plateia encantada com as garotas papo-firme que o Roberto falou.

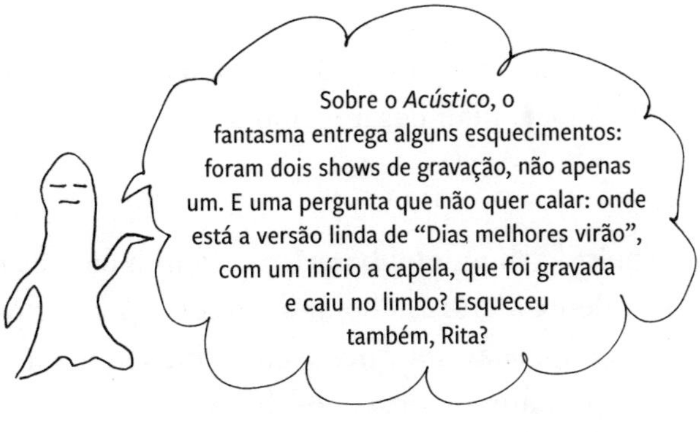

HÁBITOS

Em shows era de praxe eu chegar três horas antes para passar o som e já ficar por lá mesmo no camarim. Os músicos voltavam ao hotel e reapareciam meia hora antes de entrar no palco. Sempre fiz eu mesma maquiagem e cabelo, escolhia o que ia vestir e no tempo que sobrava jogava paciência ou lia.

Houve uma época em que nas turnês, quando fazíamos duas ou três apresentações diárias, carregávamos junto um massagista japa, Mario Oyama, que operava milagres com seu shiatsu relaxa-defunto antes de um show, e levanta-defunto depois. Éramos todos viciados na surra que ele nos aplicava, suas mãos perfuravam o corpo em movimentos simétricos, despertando chacras e meridianos nunca dantes sonhados por nossa vã coluna vertebral. Quando o golpe era certeiro demais e dávamos um grito, Mario ria e dizia: "Tá dói bom, né?". A partir de então, massagem para mim tem que ter pegada pesada. Essa coisa de ficar deitadinha pelada enquanto passam creminho em você com mãozinhas delicadas não rola.

Quando participava de festivais com outras bandas, eu sempre escolhia abrir o evento, algo visto como "inferior" por gente do meio. Prestígio mesmo era de quem se apresentava por último, o que eu achava um porre.

Três vantagens em tocar primeiro num festival de música:

1. No ensaio geral você passa o som por último, deixa tudo montado e afinado e ataca logo em seguida.
2. Você pega a plateia fresquinha, ávida para soltar a franga, ninguém ainda bêbado demais nem desanimado de menos.
3. Você volta mais cedo para o hotel.

Às vezes, depois do show, eu liberava o camarim para os fãs, uns entravam tímidos e sorridentes, outros chorando de emoção, vários com presentes dizendo "achei isso a sua cara", nessas teve bicho empalhado, bijuterias de gosto duvidoso, quadros e desenhos horrendos de mim, projetos de biografias e filmes, álbum de fotos da família da pessoa, até roupas íntimas tamanho 46. Às vezes, o camarim parecia sala dos milagres. Os mimos bonitinhos eu guardava num baú que ia junto com o equipamento de som. Os feiosos, esquecia lá mesmo.

NOJINHO

Em matéria de sujismundices humanas, sou paranoica. Depois de já mais ou menos famosinha, baixou em mim a "Madame Noja", e nos shows fora de Sampa, quando tinha que encarar hotéis, minha bagagem pessoal parecia a de uma diva de Hollywood, só que em vez de vestidos eram malas e malas com roupas de cama, mesa e banho, incluindo quatro travesseiros inseparáveis, um edredom e vários panos indianos para cobrir sofás e cadeiras.

Quando a camareira entrava, para não ferir seus sentimentos, eu dizia que tinha uma doença de pele. A ideia de fluidos alheios ao meu redor daria um bom nome de filme de terror: *O ácaro que devorou a cantora*.

E o pânico quando avistava um pentelho desgarrado grudado no box do chuveiro, sabia-se lá há quanto tempo? Nem sempre camareiras de hotel cinco estrelas reparam nos cantinhos dos rodapés. O grito só era maior quando surgia uma barata das profundezas do inferno e me congelava no lugar. Hotéis à beira da praia têm muito disso. A única coisa que eu conseguia fazer era berrar até um cavaleiro de armadura reluzente me socorrer. Sou daquelas que lustram talheres com o guardanapo embaixo da mesa do restaurante, não gosto de dar selinho (na Hebe foi beijo mesmo), não pego em corrimão de escada rolante, em banheiro público faço xixi acima do assento, não tomo gole no copo de ninguém, não colocava os lábios direto no baseado na rodinha de amigos, segurava com o indicador e o dedão e os abocanhava para tragar.

AUTOCRÍTICA

Sempre soube da minha voz fraquinha e meio desafinada, sem potência alguma. Cantar nunca foi natural pra mim, dos passarinhos eu sou o pardal. Para encorpar mais a voz nos discos, eu apelava às dobras, ou até "trobas", o que limitava a interpretação, uma vez que eu tinha que decorar como cantei no primeiro canal para me dobrar exatamente igual em outro. Não existia *Pro Tools*, voz e vocais tinham que ter precisão cirúrgica ou ficavam frouxos. Está explicado por que não consigo ouvir nenhum disco meu. Desconfortável, por exemplo, quando entrava numa loja ou num restaurante e o dono tascava rita lee no falante com toda gentileza. Minha Lua em Virgem só escuta os defeitos: o violão que ficou baixo, os vocais malfeitos, a virada de bateria fora do tempo, o arranjo equivocado, a letra chinfrim que constrangia.

Alguns amigos dizem que me autodeprecio demais. Não sei, quero crer que eles é que me amam muito. Nos registros dos hotéis, no item "profissão", eu nunca escrevia "cantora" (cá pra nós, até acho meio brega) e para camuflar meu complexo de inferioridade vocal eu preenchia "compositora", e quando me sentia mais segura, "musicista".

MEUS BICHOS

Desde que me conheço por gente, não vivo sem animais. Durante todos esses fatos que estou contando, sempre havia um ou mais bichinhos acompanhando a jornada da família.

Pitágoras, vulgo Pingo, trouxemos de Miami, um maltesinho delicioso tão louco por mim que entrava no palco de crachá, passava o show todo dormindo em frente ao meu amplificador de guitarra(?) e saía atrás abanando o rabinho depois do bis. Era tanto amor um pelo outro que comíamos no mesmo prato, metade ração dele, metade meu arroz e feijão, nenhum avançava na comida do outro. Certa vez, Pingo comeu uma trouxinha de *skunk* que deixei sobre a cama e passou dois dias troncho, andando com as perninhas bambas e se empapuçando de ração e água. Sua melhor amiga era Sophia, a encarnação da deusa egípcia Bastet, uma vira-lata pretinha que peguei da rua com a ponta do rabinho cortado e sangrando, perseguida por moleques com uma tesoura na mão.

Outra gatinha que entrou para a família foi a vira-siamesa Magdalena, que só foi entender a amizade entre Pingo e Sophia quando Rob trouxe para casa Mike, The Puppy, um schnauzer maluquinho que iniciou Magdalena nas delícias caninas dos ossinhos e móveis. Não se desgrudaram mais. Mike era um "cãontor", bastava emitir uma nota prolongada com a voz ou num instrumento que ele pegava carona e soltava o gogó.

Nas gravações do disco *3001*, o estúdio era longe de casa, então levávamos o Pingo e o Mike junto. Aconteceu de uma noite o portão da garagem do estúdio ficar aberto e Mike, *pluft!*, sumiu. Ninguém sabe, ninguém viu. Enlouquecidos, percorremos de carro várias vezes as ruas do bairro de cima a baixo e nada. No dia seguinte, espalhamos panfletos com a foto dele e, perdendo qualquer simancol, praticamente invadimos o programa do Gugu implorando aos sequestradores que devolvessem nosso filho e oferecemos recompensa. Lembro que a "sensitiva" Miriam Lepore estava no programa e previu que Mike logo seria encontrado. Depois de dez dias sem notícias e Rob se debulhando em lágrimas, resolvi arranjar um cachorrinho novo e peguei dona Francisquinha, a Kika, uma yorkie nervosinha e apaixonante. São Francisco gostou tanto de termos adotado uma nova filha que dia seguinte nos telefonaram avisando que Mike estava no quintal da casa de um músico do bairro, de barba aparada e gordinho de tanto comer macarrão e tomar cerveja. Quem diria que o cachorro da roqueira fora salvo por um pagodeiro. Deus tem senso de humor.

Certa vez, fui fazer um show para a Coca-Cola num ponto turístico do Rio quando aparece no meu camarim um gatinho amarelo e assustado com o pelo todo queimado de água quente. Ficou tão grudado comigo que fiz o show com ele no colo e nessas batizei de Coca-Colo. Na volta a Sampa, botei ele dentro da bolsa e passei invisível pela fiscalização do aeroporto. Num show que fizemos em Bonito, uma moça chegou ao camarim carregando no colo uma filhotinha de vira-boxer, Rob botou os olhos nela e coraçõezinhos explodiram no ar. No dia seguinte Lolita voltou para casa conosco. Nossos gatos eram calmos, a varanda do apê era aberta, sem tela de proteção, nenhum se aventurava a subir na murada até que ganhamos Jesus, um gatinho branco que, correndo atrás de um passarinho, despencou do décimo andar e virou anjinho. A família e o zoo ficaram dias de luto até que chegou Gambá. Numa dessas minhas saídas de hospício, para distrair a cabeça da namorada, Rob me levou a um shopping e, ao passarmos em frente a um pet shop, vimos exposto na vitrine o gatinho mais belo que já havia visto na minha longa experiência gatística, da raça sagrado da birmânia. Primeiro, ficamos paralisados diante de majestosa beleza. Olhos nos olhos, o pequeno deus felino nos diz telepaticamente: "Quero ser filho de vocês". Minhas tetas se intumesceram de leite metafísico e saí da loja carregando meu nêni imediatamente batizado de Gambá em homenagem ao Corinthians.

O apê ficou pequeno para comportar tanta bicharada. Os filhos humanos já estavam crescidos, se viravam bem sozinhos, principalmente naquela idade em que a presença dos pais só constrange, então alugamos uma casa na região de Cotia, a quarenta quilômetros de Sampa, e herdamos uma adorável labradora preta já bem velhinha, a Fuffy, abandonada lá pelos ex-donos da casa.

Uma gatinha branquinha foi tirada da mãe ainda com cordão umbilical e jogada no jardim da casa de Virgínia, então vesti a *mater dolorosa* e mais que depressa adotei a branquinha, que batizei de Neguinha e que até hoje mama no meu braço.

Rob em outro rompante de paixão trouxe para casa uma bulldoguinha gorduchinha, a Bibi, homenagem a Brigitte Bardot, que sobrou de uma ninhada e parecia um filhote de manati. Cresceu e virou um manati.

Pingo, Mike, The Puppy, Coca-Colo, Magdalena, Fuffy e Leonor (uma jabuti) já se foram. Nós que sobramos morremos um pouco com cada um deles. Para não deixar a tristeza vencer, quando um se vai, adotamos um novo no ato. Numa dessas, ganhamos um maltesinho sapeca com carinha de foca, o Nino, que se acredita um pitbull até passar na frente de um espelho. Sophia está com 21 anos, dona Francisquinha, 18, Lolita, 10, Gambá, 8, Bibi, 7, Neguinha, 7, e Nino, 3. Temos um laguinho com carpas e cinco tartarugas d'água, Do-Ré-Mi-Fá-Sol (pra facilitar), mais quatro jabutis deformados sobreviventes de maus-tratos: Affonso, Quincas, Tito e Roso (que era Rosa até descobrirmos ser macho). E para finalizar adotamos Pererê, um sagui de três perninhas que foi rejeitado pelo bando e mora numa casinha no teto da nossa varanda.

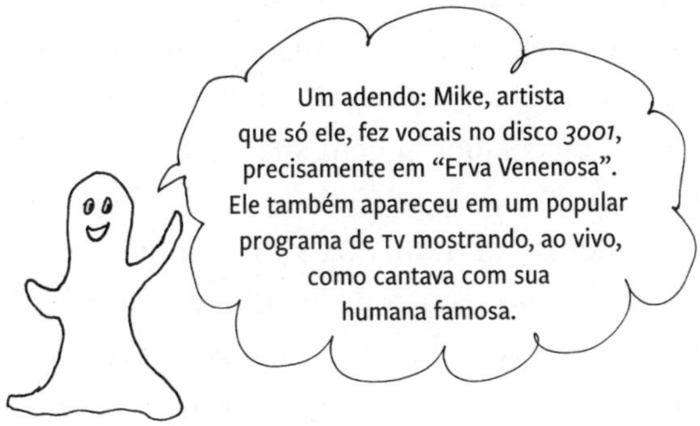

ADENDO PLATAFORMA

A única bandeira que carrego no coração e na alma é a da defesa de animais. Sempre desci a lenha geral em eventos que exploram e humilham animais: rodeio, circo, farra do boi, vaquejada, rinha de galo e de cachorro, corrida de cavalo, comércio ilegal de bichos exóticos, touradas, tração animal etc., etc., etc. A turma dos "John Waynes de araque" promovidos a atletas(!) entrou com um processo demonstrando vestir a carapuça. Eu, a pobre cigarra, *versus* um poderoso formigueiro de carcamanos. Perderam nas duas instâncias, e minha bandeira continua hasteada com o lema rimado: odeio rodeio!

UMA SINGELA ORAÇÃO

Obrigada, São Francisco, pelo amor puro que recebi de todos os bichinhos que tive, tenho e ainda terei. E, em nome da justiça divina, peço-vos que mande um raio fulminante sobre as cabeças de quem os maltrata. Amém.

PARCERIAS

Eu, que havia escrito "Miss Brasil 2000" imaginando que a raça humana chegaria ao século XXI mais para *The Jetsons* do que para *The Flintstones*, percebi que o sonho há muito havia acabado. Os dias estavam mais para Bin Laden do que para Superman. O disco *3001* é a cara dessa época.

Terceirizamos o repertório com amigos: Tom Zé na sideral "3001", seguindo a saga da nossa antiga parceria "2001", também regravada nesse mesmo disco. Beto Lee colaborou com sua "Rebeldade", Fernanda Takai & John nos ofereceram "Amor em pedaços", Zélia Duncan e eu dividimos "Pagu", e o dedo poderoso de Itamar Assumpção em "Aviso aos meliantes". Finalmente gravei a versão para o português de Rossini Pinto do clássico "Poison Ivy" (Jerry Leiber & Mike Stoller), a genial "Erva Venenosa", e para cantá-la envergava nos ombros uma megafantasia de cobra, outro figurino do carnavalesco Chiquinho Spinoza.

Gravamos um especial para a TV Bandeirantes com os mesmos convidados do disco, além de Caetano cantando comigo "Eu sou terrível" e Paula Toller em "Lá vou eu".

BOSSA'N'BEATLES

Seguindo no astral do *Bossa'n'roll* de bossanovar o que era roquenrou, entramos numas de embalar as músicas dos Beatles. Zilhões de artistas planetários já haviam gravado os 4Fabs, mas nenhum os abrasileirou com o nosso chiquê. O mais difícil foi escolher repertório entre as pérolas beatlemaníacas, tínhamos pelo menos cem demos delas na manga. No início, seriam apenas versões para o português, mas dona Yoko barrou quase todas e meio que broxamos.

Liberou com ressalvas as versões de "Pra você eu digo sim" ("If I fell"), "Minha vida" ("In my life"), "Aqui, ali, em qualquer lugar" ("Here, there and everywhere") e "Tudo por amor" ("Can't buy me love"). Uma que acabou sumariamente barrada no baile de dona Yoko foi a regravação de "I wanna hold your hand" de Renato e seus Blue Caps chamada "O bode e a cabra" e que, longe dos ouvidos da gueixa de John Lennon, eu fazia questão de cantar nos shows. Dona Yoko também implicou com a frase "*I love you* pra chuchu" e vetou no ato. Quero crer que algum gringo deve tê-la traduzido como algo do tipo "*I love you for cucumber*". O *Bossa'n'Beatles*, como eu chamo, fez mais sucesso fora do Brasil. Até saí da minha preguiça e andei fazendo uns showzinhos pelas europas e américas. Lembro em especial o da Argentina, onde sempre fui tratada com carinho especial, e o educadíssimo público lotava o Luna Park de Buenos Aires. Entre uma música e outra dos Beatles, eu praticamente me sentindo em casa, dei com a língua nos dentes e contei em detalhes o final da novela *O clone*, então no auge do sucesso por lá. Convidada *spoiler* perde. Charly Garcia e Fito Paez deram canja em "Love me do", "Day tripper" e "Help". Dois queridos.

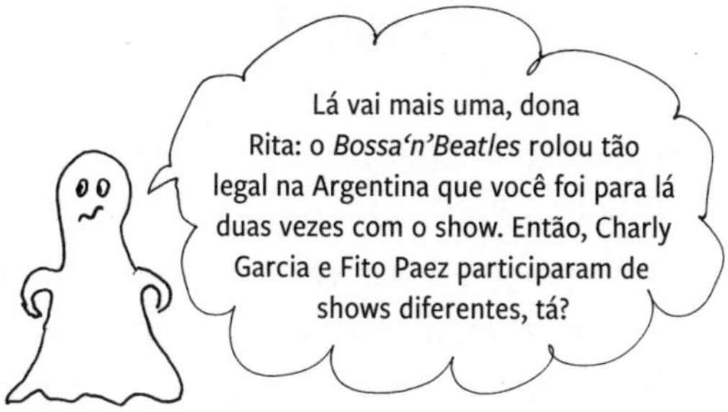

ONZE DE SETEMBRO

Naquele exato dia estava marcada uma gravação com Itamar Assumpção para o disco novo dele e o estúdio era longe. Saí de casa perturbada depois de o segundo avião atingir a torre e antes de as duas desabarem. Chegando lá, encontrei-o em outra dimensão, me deu um vaso de orquídeas violeta de sua estufa particular e do nada disse uma tirada genial sobre a velhice: "Quando vo-60 você tenta, quando vo-70 você senta".

Eu lá ia querer discutir a destruição das torres gêmeas com um filósofo da patafísica? Imediatamente meu estado catatônico coletivo foi neutralizado pela personalíssima realidade *gauche* dele e assim meu Onze de Setembro se livrou de atolar na paranoia de quem ficou grudado na TV.

Fui visitá-lo quando estava internado no hospital das Clínicas e levei uma orquídea branca, olhou pra mim e disse: "Continuo vendo tudo azul através dos seus olhos". No mesmo dia de sua morte a orquídea violeta que ele me deu de presente floriu.

O "Pretobrás" nunca foi maldito como alguns tentam defini-lo. Itamar era um Merlim. Aliás, o episódio do Onze de Setembro é mais um exemplo super-hiper-mega-mal-explicado da história americana, assim como o assassinato de Kennedy e as missões Apollo. Fora o resto. E põe resto nisso.

BIOFICÇÃO

No auge do *boom* da internet, recebo um e-mail engraçado e muito bem escrito de um cara de Ribeirão Preto, Henrique Bartsch, se apresentando como fã-viúvo dos Mutas que passou a dar valor à minha carreira solo. Papo vai, papo vem, Bart, como eu o chamava, perguntou se poderia escrever uma biografia-ficção minha misturando fatos reais com o mundo de sua fantasia. Como nunca proibi biografias (salvo uma cujo português era tipo "nós vai nós vem"), dei carta branca. Meses depois, recebi uma cópia, adorei e carimbei meu aval no livro *Rita Lee mora ao lado*. Bart não viveu para ver seu livro virar uma peça de teatro em 2014 com sucesso de público, com Mel Lisboa interpretando a rita lee melhor do que ela mesma, só que bem mais bonita.

Aliás, comparando esse livro com aquele lamentável *A divina comédia dos Mutantes*, os delírios ficcionais de Bart foram muito mais próximos do real do que as masturbações literárias do outro pretensioso autor que melhor faria ficar calado. Sei que nenhum dos ex-membros dos Mamutes considera tal livro merecedor de crédito, portanto o escolho como nossa melhor biografia-lixo.

SAIA JUSTA

Estava eu na minha vidinha besta de sempre quando a agitadora cultural Suzana Villas Boas me vem com a proposta de participar de um programa tipo mesa-redonda feminina semanal no GNT, com as geniais Marisa Orth, Fernanda Young e Monica Waldvogel. Eu e minha eterna vontade de querer fazer parte do *backing vocal* topamos no ato e pela cabeça passou a lembrança da farra ginasial feminina das Teenage Singers com uma nova turma de mulheres à beira de soltar a franga sem pudores. Na verdade, a grande soltação de franga acontecia mesmo fora das câmeras. Ah! se o nosso camarim falasse! A vida de cada uma de nós era muito mais interessante do que qualquer editorial.

Para mim, que nunca tive muita personalidade intelectual mesmo, a grande farra no programa era ficar ali meio quieta, tricotando ou desenhando enquanto as "miga" opinavam sobre tudo e todos. Marisa sempre hilária, Fernanda sempre louca e Monica sempre séria. Havia um equilíbrio performático perfeito entre nós, quatro mulheres que não se odiavam já era algo quase impossível num galinheiro de vaidades. Parecíamos uma banda de rock feminino, cada uma com seu instrumento e todas cantando a mesma música, nem sempre em uníssono. Algumas vezes solávamos na pausa, mas fazíamos bonito juntas.

Lembro que nas eleições de 2002 convidamos os principais concorrentes à Presidência: Heloisa Helena, Anthony Garotinho, José Serra e Ciro Gomes. Lula não topou. Diante das câmeras, todos se seguraram bem no papel de candidatos, fora de cena nem tanto. Parece que um deles passou uma cantada tosca numa das apresentadoras, mas vou negar isso no tribunal. O que eu mais gostei em Ciro foi ele ter levado junto sua namorada na época, Patrícia Pillar, que tinha um quê de minha mãe na sua bela loirice natural. Quando Heloisa Helena chegou nos estúdios do GNT, tentamos no camarim convencê-la a mudar o visual rígido para algo mais moderninho, do que ela educadamente declinou, continuando na sua simplicidade característica e nem maquiagem usou. Fofa.

Na vez de José Serra, fiz um comentário não muito educado sobre ele se parecer com um jabuti e dias depois, numa demonstração de bom humor, me mandou de presente um brochinho com três tartaruguinhas, cada uma de uma cor. Fofo.

Certa vez uma das pautas do programa era "direitos dos animais", e eu lá quieta ouvindo as três debaterem o assunto quando uma delas comentou que Gisele Bündchen havia desfilado com casacos de pele de foca. Nesse momento baixou minha Bardot interior e, aproveitando que o programa era ao vivo, soltei um pequeno desabafo: "Tománocu Gisele".

O cachê do *Saia justa* era simbólico. Todas faziam o programa pela farra. Chegou a hora em que tive de escolher entre ganhar grana em shows para pagar minhas contas ou continuar bundando gostoso "cazamiga" e ir morar embaixo da ponte. O ideal seria continuar no *Saia justa* ganhando o que ganhava fazendo show, *but you can't always get what you want** e fui a primeira a me despedir, com o coração sangrando.

CONTATOS IMEDIATOS

Uma vez, Ruth Escobar organizou em sua casa um jantar para recepcionar Shirley MacLaine e nos convidou. Contou que a atriz era apreciadora do nosso trabalho musical, coisa e tal.

Quando Ruth nos apresentou, Shirley olhou para mim e disse: "*Oh my God, we look like sisters*!".** Realmente havia um parentesco visual, segundo MacLaine, de uma vida anterior. Será que o belo mano Warren Beatty seria incluído no pacote?

Outra que veio ao Brasil e foi jantar lá em casa foi Nina Hagen, que caiu de boca na farofa de mandioca e quando falava cuspia jatos, achando aquilo engraçadíssimo.

Já havia assistido David Bowie ao vivo várias vezes, mas só duas vezes estive pessoalmente com ele. A primeira quando veio apresentar *Sounds and*

* Mas nem sempre você consegue aquilo que deseja. (N. E.)
** "Ah, meu Deus, nós parecemos irmãs!" (N. E.)

visions em Sampa e fui pega no flagra pelos seus seguranças filmando o deus da plateia. A produção dele soube que eu era uma espécie de artista brazuca e me convidou para ir ao camarim tirar uma foto como prêmio de consolação. No aperto de mão, entreguei a ele um *crystal phantom* e mostrei a "alma holográfica" da preciosidade, ficou interessado no assunto e visivelmente deu mó valor segurando a peça com respeito.

A segunda vez que cruzei com deus foi quando Dalai Lama fez uma aparição em Curitiba, na pedreira Paulo Leminski, e Bowie, que também se apresentaria no evento, ao me ver ali no *backstage*, lembrou do *crystal phantom* e *mui* generosamente liberou uma lateral do palco para assisti-lo, tipo assim, a quatro metros de distância.No elevador que nos levava de volta ao camarim, eu, no papel da fã-dãã, não me contive e disse a besteira mor: "*I'm such an old fan of yours*",* ao que deus me respondeu: "*Oh yeah, I'm such an old singer*".**

Lembro que eu não estava presente quando Rob, apaixonado pelos Pretenders, organizou uma festa no nosso vistoso duplex de Higienópolis para receber Chrissie Hynde. Lembro também que eu quase morri de ciúme quando soube, mas acabei relevando por conta da moça ser grande ativista da causa animal.

Lembro que Ozzy Osbourne no Roquinrriu (*toc-toc-toc*) errou a porta e entrou tranquilo no meu camarim comendo um sanduíche. Já ia saindo, meio sem-jeito pela invasão, mas eu ainda tive tempo de lhe perguntar: "*Gonna eat a brazilian bat tonight*?".*** Ele mostrou o sanduíche e disse: "*Good grief. No, I'm veggie*!".****

Uma época, Mauro Rasi entrou em contato querendo "confabular" conosco, só não avisou que traria com ele um piano de cauda para mostrar algumas composições suas e trocar figurinhas sobre o que poderíamos fazer com elas. O piano foi içado pelo topo do prédio, apavorando os vizinhos que viam aquele trambolho passando de janela em janela e indo parar na nossa minús-

* "Eu sou uma velha fã." (N. E.)
** "Ah, é, eu sou um cantor velho." (N. E.)
*** "Você vai comer um morcego brasileiro esta noite?" (N. E.)
**** "Caraca, não. Sou vegetariano." (N. E.)

cula sala de estar no 12º andar. Cinco minutos depois, chega ele entusiasmadíssimo, senta-se ao piano e nos faz uma serenata. Depois de bater longos papos sobre música, finalmente disse a que veio: estava lá como "enviado dos céus" para nos catequizar sobre as maravilhas da cientologia. Tirou do bolso a "*Cianética*" do Hubbard e resumiu mais ou menos a ópera: "Depois das chapações da vida, é chegada a hora de finalmente ficarmos *clean*, ganharmos dinheiro e entender que não somos deste planeta!". Para tanto, tínhamos que nos encontrar com uma mulher misteriosa no Rio, onde seríamos submetidos a limpeza e purificação do corpo e da alma. A ideia de ficar *clean*, ganhar dinheiro e ser de outro planeta a gente assinava embaixo, mas depois da experiência com o Ráá dificilmente nos convenceria a seguir um novo guru. Saiu de lá feliz seguido do seu piano de cauda içado de volta ao chão. Mauro era tão gente fina, tão gente boa, que não tivemos coragem de dizer não à sua cientologia, continuamos a nos encontrar e, quando voltava ao assunto, dávamos um jeito de desconversar. Morreu pouco tempo depois, um amor de pessoa, prazer em tê-lo conhecido. Tanta gente bacana indo embora e eu ali, entrando e saindo de hospicinhos sem conseguir me autodestruir.

Quando o casal Bill & Hillary Clinton veio dar umas bandas por aqui, o casal Fernando Henrique & Ruth organizou um jantar no Alvorada, convidaram poucos plebeus, entre eles, Sonia Braga e o casal Lee & Carvalho. Protocolos, lugar certo nas mesas, clima simpático, comida bacana etc. Num dado momento, Sonia e eu resolvemos ir ao toalete fofocar. Ela fumou um Marlboro e eu um baseadinho. Fumar *cannabis* em banheiros presidenciais é meio clichê, mas foi irresistível usar o lugar mais seguro do país para sair da lei. Enquanto Sonia retocava o batom, entre gargalhadas, me contou ter a impressão de que Bill estava flertando com ela. Talvez tivesse abusado do vinho, mas, segundo a própria, olhares sedutores se cruzaram mais de uma vez. Antes de sairmos do banheiro presidencial, eu ainda roubei o lenço de papel onde Sonia carimbou o bocão tirando o excesso de batom. Que eu saiba, no Alvorada não tem um *Oval Office,** pois não?

* Salão Oval. (N. E.)

MAIS UM

Como esperado, lançamos mais um disquinho, *Balacobaco*, repertório inspirado e com parcerias inusitadas.

Li um artigo do Arnaldo Jabor falando sobre as diferenças entre o amor e o sexo e imediatamente entrei em contato pedindo permissão para musicar o texto, acrescentando algumas rimas aqui e acolá, e assim nasceu "Amor e sexo", que emplacou nas rádios e nos deu um disco de ouro.

Gravamos "Hino dos malucos", parceria a quatro mãos com o casal Young & Machado, e a ainda atualíssima "Tudo vira bosta", de Moacyr Franco. Gosto de "As mina de Sampa", versão paulista baseada em "Toda menina baiana", de Gil. "Copacabana boy", em contraponto à garota de Ipanema, e "Balacobaco", primeira parceria com Juca, que a essas alturas da vida já se dava bem nas praias eletrônicas.

Além de temporadas longas pelos quatro cantos dos brasis, engoli a preguiça e incluímos várias capitais de outros países. Lembro que na estreia do Rio, Canecão lotadaço, plateia de globettes e globigs como Vera Fischer e Fernanda Montenegro, eis que o som e a luz pifam segundos depois que piso no palco. Toda estreia já é meio tensa, você fazer feio na frente dos fãs é chato, mas eles perdoam, agora... ficar pelada de som e de luz com um monte de celebridades assistindo a desgraça e rindo do seu fracasso, aí já é macumbinha.

Acabou saindo um DVD ao vivo do *Balacobaco* com Pitty cantando comigo "Esse tal de roquenrou". Cá pra nós, só para constar, meu *côtè* esquisitão acha uma malandragem pra lá de chatinha essa moda de gravar um CD e depois lançar um DVD do show ao vivo. Aliás, não gosto de assistir os "ao vivos" de ninguém. Se eu não estava lá vendo o artista, não vou ficar de *voyeur* gozando com o pau dos outros. A música dessa época que eu mais gostava de cantar era uma versão que fiz para "I wanna be sedated", dos Ramones, cuja letra não podia ser mais minha cara.

Eu quero ser sedada

Vinte, vinte, vinte quatro horas a mais
Eu quero ser sedada
Nada de amor
Nada de paz
Eu quero ser sedada

Me leva pro aeroporto, me bota no avião
Vamo, vamo, vamo eu hoje tô o cão
Eu não controlo a cuca
Eu não controlo a mão
Oh, não, não, não, não, não!

Na camisa de força
Me leva para o show
Vamo, vamo, vamo, *estoy mucho loco*
Eu não controlo a bola
Eu não controlo o gol
Oh, não, não, não, não, não!

Vinte e quatro horas a mais
Eu quero ser sedada
Nada de amor
Nada de paz
Eu quero ser sedada

Me amarra numa maca
Me bota no avião
Vamo, vamo, vamo, eu hoje tô o cão
Eu não controlo a cuca
Eu não controlo a mão
Oh, não, não, não, não, não!

Me finca uma estaca
Me leva para o show
Vamo, vamo, vamo, *estoy mucho loco*
Eu não controlo a bola
Eu não controlo o gol
Oh, não, não, não, não, não!

MADAME LEE

Num momento entressafra, Rob e eu topamos o convite do GNT para um programa semanal onde faríamos tipo Lucille Ball & Desi Arnaz. Chamava-se *Madame Lee*, *mezzo* entrevistas *mezzo* o que nos desse na telha. Aconteceu que logo no começo a produtora entrou em guerra explícita com a diretora e no meio delas sobramos Rob e eu, dupla de bocós, ora tentando acalmar os nervos de uma, ora da outra, baixo-astral iminente e irreversível. Resultou num programa diluído e sem graça, cara feia pra lá, fofocas pra cá, não havia clima para a coisa decolar. Quando duas mulheres fortes brigam, voa cabelo, unha vermelha e pena pra todo lado.

Não sei quantos programas foram, mas me lembro de alguns convidados maravilhosos: Marília Gabriela, Minotouro & Minotauro, Fernanda Torres, Susana Vieira, Baby do Brasil, Marisa Orth, Tom Zé, Costanza Pascolato & Glorinha Kalil e Jorge Fernando. Fiz massagem nos pés de Marília com óleo de alecrim, acompanhamos no violão e flauta Fernanda cantando "Ovelha negra", bati um papinho no telefone com a mãe de Touro & Tauro, que mandou ambos voltarem já pra casa, Baby "Forever Telúrica" do Brasil orando para Jesus, Susana e seu corpinho que nunca envelhecia, Marisa fazendo ela mesma, hilária e inteligente, Tom Zé e suas bizarrices geniais, Pascolato e Kalil comentando alguns figurinos meus com todo o chiquê, Jorge Fernando dirigindo Rob e eu numa cena romântica imaginária de novela. *Madame Lee*, um programa que foi sem nunca ter sido.

ADIO, BELLÍSSIMA

Estávamos fora de São Paulo quando uma vizinha de Carú, que morava sozinha no apê da alameda Jaú desde a morte de Balú, nos telefona informando que ela havia sido levada para um hospital sei lá onde com um princípio de AVC, alguém da família deveria comparecer urgente para preencher umas papeladas caso complicasse o quadro e precisassem operá-la.

Estava internada na UTI num desses hospitais meia-boca. Chegamos a tempo de conversar com ela ainda meio grogue e combinar o traslado para um lugar onde seria tratada com mais atenção. Enquanto aguardávamos as burocracias na sala de espera, um médico chega cinco minutos depois e conta que Carú acabara de falecer assim que Rob e eu a deixamos na UTI. Dessa vez, consegui dar meu beijo na boca de despedida e agradecer a dedicação que teve com Charles e Chesa, coisa que nenhuma filha de sangue fez por eles. Carú, minha irmã italiana, mais linda que Sophia Loren, que dançava pela casa imitando Silvana Mangano, que arrebatava corações masculinos e morrendo de rir os deixava a ver navios, a encantadora de gatos que os ensinava a fazer as necessidades na privada, a quituteira que entrava na sala com uma bandeja de guloseimas fantasiada de "baianataliana". Da família antiga, restaram Virgínia e eu.

ENQUANTO ISSO...

... na minha nova família, Beto foi morar no apê da alameda Jaú, Juca se estabelecia como DJ e Tui morando em Londres, ora trabalhando numa loja de móveis, ora vendendo relógios na rua, ora num estúdio de jingles. Nada fácil a vida de filhos de famosos. Alguns se grudam na figura dos pais e se descolam na mesma profissão, outros pegam caronas no sobrenome e, apesar de zero talento e muita vocação, com uma forcinha da cartolagem-família podem até se dar bem. Meus meninos descobriram qual caminho seguir por mérito próprio. Claro que música estava no sangue, confesso até que, quando crianças, cheguei a imaginá-los montando uma banda tipo Menudos ou que a nossa seria tipo a Família "Leema", delírios esses que certamente negarei no tribunal. Meus meninos nunca usaram meu nome para conseguir uma boquinha onde quer que fossem, não rolou "mãetrocínio", falo isso com admiração e orgulho.

Beto participou da nossa banda como guitarrista e compositor de 1995 a 2013, gravou dois trabalhos solo e sem qualquer apadrinhamento da gravadora ganhou um Grammy Latino de melhor disco de rock, além de atuar como apresentador e entrevistador bilíngue em programas musicais na TV. Agora Beto é um Titã.

Juca, depois de se formar em Administração e trabalhar em banco, mergulhou na sua musicalidade como DJ e produtor de música eletrônica, se deu bem nas pistas, tendo se apresentado diversas vezes fora do país. Hoje vê com certo sarcasmo sua praia sendo invadida por globettes que mal sabem pilotar batedeira de bolo.

Tui, depois de cinco anos, voltou ao Brasil e fez das tintas e pincéis sua música. Ninguém da família sabia até então dos tais dotes artísticos. Estudou Artes Plásticas na Faap e mergulhou fundo no mundo da pintura. Suas telas são sucesso nas exposições de que participa. Recentemente solou em Nova York e foi aclamado pela crítica.

O ÚLTIMO HOSPÍCIO

Quando Beto chegou lá em casa com a notícia de que ia ser papai, eu sabia que seria uma menina. Já havia sonhado várias vezes com ela. Também sonhei que minha mãe me aconselhava a tatuar uma estrela de sete pontas sobre a mão direita para me alertar antes de cair em tentação droguística. Fiz a besteira de comemorar a notícia de minha neta abrindo uma garrafa de vinho, crente que meu passado já não me condenaria. Daí para tomar a garrafa toda e emendar mais três foi um pulinho. Esqueci da estrela tatuada, esqueci do tombo-tragédia que me fez ganhar um pino de titânio no maxilar e esqueci do pacto comigo mesma de fechar o bico de vez.

Sim, fui parar num hospício que, por incrível que pareça, ainda não conhecia. O método era radicalmente rígido, com um diretor-psiquiatra mala metido, tipo "aqui quem dá as ordens sou eu", no melhor estilo Gestapo. Os enfermeiros tratavam os malucos muito bem, mas estavam sempre assustados, evitando conversar. Os terapeutas eram gentis, mas tensos demais, alguns mais esquisitões do que os pacientes. Um misto de *Um estranho no ninho* com *O iluminado*, e eu no papel de Jack Nicholson nos dois filmes.

Os malucos e enfermeiros comentavam a existência de um tal "livro negro", espécie de lista maldita onde eram anotados sabe-lá-deus-o-que sobre os internos e os empregados. Ficava trancado numa gaveta-cofre supervisionada por uma incorruptível secretária alemã com um coque trançado na cabeça, aumentando a sensação de que estávamos realmente num campo de concentração.

Todo dia éramos obrigados a assistir a palestras sobre cagação de regras de como conviver em sociedade. Eu já havia frequentando reuniões do AA e do NA, mas aquilo era um *brainwash*. Quando um dependente se interna, geralmente há medicações químicas e naturebas (até mesmo placebos), diminuindo a dosagem à medida que o viciado vai se desintoxicando psicologicamente. Lá no hospício linha-dura não, o método era trancar o maluco numa cela, e ele que mordesse o ombro e suasse sozinho durante o *cold turkey.*[*] Eu devo ter ficado uns dias nessa situação até sacar que precisava me fingir de mansa para ser liberada e entrar para o rebanho dos *mezzo* recuperados. Lá não rolava colinho, era desprezo e falta de compaixão. Talvez eu precisasse era disso mesmo. Havia uma terapeuta fofa que se aproximou com simpatia, mostrando realmente que queria me ajudar. Só com ela eu quebrava meu voto de silêncio e abria o coração. Marcinha era a única gente boa lá no meio de tantos terapeutas perturbadinhos.

Meu plano era fugir, sabia que o lugar era meio retirado, mas não exatamente onde ficava. Os muros razoavelmente altos exigiam no mínimo uma musculatura nos trinques para pular que eu positivamente não tinha. Reuni

* Processo terapêutico de desintoxicação no qual todas as substâncias são retiradas do dependente químico de uma só vez. (N. E.)

alguns pacientes na moita para organizar uma fuga em massa, lembrando do pedaço de letra onde eu dizia: "Vou botar fogo nesse asilo". Para tanto, precisávamos saber se havia uma segunda entrada/saída além do portão principal. Sim, havia. Uma portinhola mocozada por heras por onde o jardineiro entrava cedinho e saía depois de escurecer. Enquanto um doidinho foi tocaiar a portinhola, encenei uma quebração de mesas e cadeiras que ficavam na parte externa numa varanda comum para chamar a atenção dos médicos e enfermeiros, interpretando o papel que me cabia de "cuidado que a artista é barraqueira!". Quando o jardineiro apareceu, o maluco o rendeu e gritou: "Vem! Vem! Vem!", anunciando que estava tudo dominado. Deu certo, mas não deu certo. O bando esquisitão chegou até a esquina do quarteirão e deu de cara com a delegacia do pedaço. Surtamos todos e fomos escoltados de volta um tanto constrangidos, mas determinados a bolar um plano melhor, coisa que não aconteceu porque o diretor-psiquiatra-mala contratou seguranças para patrulhar as entradas e saídas do hospício.

Aos domingos tinha visitação. Minha surpresa maior foi a aparição de Juca, que até então me dava altos esporros por achar que minhas tomações eram pura vontade de sacanear nossa família. Conversando com Marcinha, a terapeuta do bem, ele entendeu que se tratava de uma doença sem cura, que dependia somente do autocontrole de cada pessoa, para isso o apoio familiar era importante, coisa e tal. Depois de quase três meses, voltei para casa e fiz um pacto definitivo com o Universo: o nascimento da minha neta seria o marco zero da nova fase de vida, caso eu não cumprisse, um raio fulminante cairia na minha cabeça. Hoje Ziza tem onze anos de idade e eu onze anos limpa. Beto se revelou um pai amoroso e presente, responsável e prestativo, praticamente exercendo sozinho a função de provedor dela em todos os sentidos.

2007 A 2013

Não vou ficar aqui me alongando no dia a dia da lenga-lenga na sequência dos shows-discos e gracinhas que andei fazendo, mesmo porque, na medida em que minha memória do passado se aproxima do presente, aciono o modo preguiça e acho tudo muito desinteressante. Apenas alguns *highlights* me marcaram, como a aventura simpática dos três DVDs *Biograffiti* dirigidos por Roberto de Oliveira, com entrevistas, shows e músicas inéditas gravadas ao vivo num estúdio.

Comemorando os 45 anos de carreira, contados apenas a partir de "Domingo no parque", montamos a turnê *Pic-nic*, mais uma vez passando pelas principais capitais. O show gravado ao vivo saiu em DVD. Ganhamos um prêmio do Multishow pelo conjunto da obra. Lembro de uma apresentação na praia de Copacabana onde a meninada do fã-clube carioca segurava uma faixa inusitada: "Rita Lee para cidadã carioca", algo impensável para uma paulista branquela sem samba no pé como eu. Pouco tempo depois recebi o título de Cidadã Carioca na Câmara Municipal do Rio de Janeiro.

A turnê *ETC* foi logo na sequência, naquelas alturas fazer show era apenas repetir minhas macaquices de sempre, os mesmos hits, mesmos discursinhos, mesmas máscaras, só mudava o figurino. Nada mais autoexplicativo do que o nome ETC. Na passagem de som do que seria a última apresentação da turnê no Circo Voador, tive uma epifania tipo: "Saia já desse palco que não te pertence!". O show rolava como esperado quando, entre uma música e outra, ouvi minha boca dizer que aquele era meu adeus definitivo dos palcos, ali encerraria minha última turnê, me despedia do Rio que sempre continuaria lindo, me aposentava apenas das ribaltas, da música nunca. A ficha caiu quando cheguei ao hotel e minha boca disse: "Parabéns, Rita, você conseguiu. Bem-vinda ao admirável mundo novo dos normais!". Tínhamos ainda um show vendido para o que seria o Festival de Verão de Sergipe. Digo seria porque acabou fondo e fui presa. A imprensa me crucificou sem sequer perguntar o meu lado da história e absolveu publicamente a polícia. Por uma incrível coincidência astral, dias depois dessa chatice, lançamos a música-oração "Reza", que fazia parte do último trabalho que gravei e cuja letra exorcizava a presença nefasta dos diabólicos que vivem entre nós, um tapa elegante com a luva do sucesso. Nenhum colega saiu em minha defesa, a classe musical só é solidária quando paira a ameaça de perderem benefícios próprios. A falta que faz uma Elis.

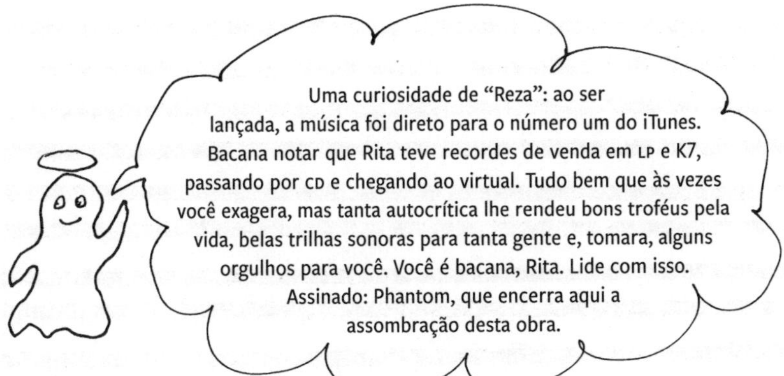

ADENDO ARACAJU

O lado da moeda do que aconteceu e continua acontecendo comigo vindo de Aracaju ainda está proibido de vir a público.

CADERNO EXTRA DE FOTOS QUE NÃO ENTRARAM NA PRIMEIRA EDIÇÃO

Fotos: arquivo pessoal

70's.

Com Danny,
meu amor.

Fotos: arquivo pe

Passando o som do show *Entradas e bandeiras*.

Disfarçada como Magali, com a peruquinha roubada do *Build up*.

Um ano do Beto.

Fotos: arquivo pessoal

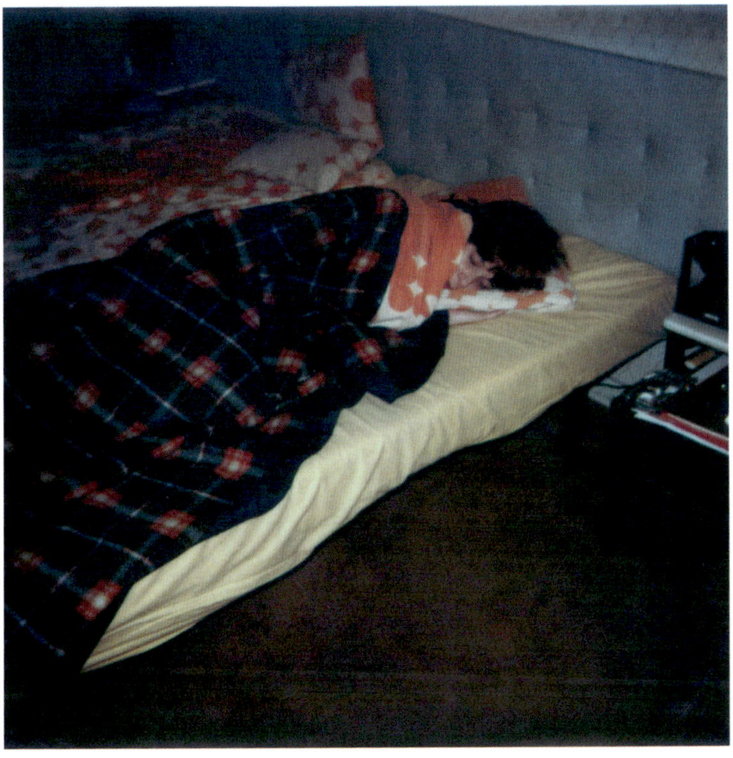

Duas polaroides do início dos anos 1980.

Fotos: arquivo pessoal

Foto que tirei de Charles, Chesa, Beto, Mary e Rob.

Fazendo a comportada com Chesa e Charles.

Fotos: arquivo pessoal

Com Juca.

Com Rob em foto para
o disco *Bombom* (1983).

Fotos: arquivo pessoal

Shopping spree.

Fotos: arquivo pessoal

Soltinha no verão.

Fotos: arquivo pessoal

Ajudando a destruir o Muro da Vergonha, em Berlim.

90's.

Fotos: arquivo pessoal

Pingo, meu amor.

Fotos: arquivo pessoal

Eu plural:
anos 1990.

Fotos: arquivo pessoal

Casamos.

Um 31 de dezembro com meu namorado.

Mike, o "cãontor".

Fotos: arquivo pessoal

Com Tui, meu caçulinha.

Fotos: arquivo pessoal

O ÚLTIMO

Eu queria mesmo era dançar o último tango da minha vida em São Paulo, cidade onde nasci, de onde nunca saí, onde meus pais escolheram como terra prometida, onde fui muito amada e odiada, onde meu mundindo na música começou. Dia 25 de janeiro de 2013, no aniversário de 459 anos da cidade, eu entrei no palco do Anhangabaú enrolada na bandeira paulistana e durante toda a apresentação a santa de casa fez, enfim, o milagre de ser ovacionada. Missão cumprida *au grand complet*.

O ritual da aposentadoria dos palcos, antes que meu corpo desmoronasse de vez e há muito desejada, finalmente se realizou. "Rita, hoje é dia do seu definitivo *bye-bye* Brasil, tenha a humildade de reconhecer que seu tempo passou e tenha o orgulho de sair de cabeça erguida por nunca ter vendido sua alma, que foi rock enquanto rollou, que você foi vencedora naquilo que escolheu seguir. Agradeça aos deuses da música e tira de uma vez seu time de campo, bonitona!"

Aquela cena manjada da celebridade vetusta solitária e saudosa de sua juventude não era minha praia, nem lamentar que os bons tempos não voltam mais, menos ainda tentar exibir boa forma em público com plásticas e botoxes para me dizer viva. Envelhecer com bom humor e uma boa dose de sarcasmo não é para maricas. Sempre dei mais valor à dignidade de uma Hilda Hilst do que àquelas em busca da fonte da juventude que não percebem o tempo como aliado da feitiçaria feminina.

A LÔKA

Não faço a Madalena arrependida com discursinho antidrogas, não me culpo por ter entrado em muitas, eu me orgulho de ter saído de todas. Reconheço que minhas melhores músicas foram compostas em estado alterado, as piores também.

Lamento apenas a demora em perceber que o "remédio" já estava há muito fora da validade, coisas de capricorniana fixa. Minha geração sofreu a claustrofobia de uma ditadura brucutu, usar drogas então era uma maneira de respirar ares de liberdade, e se assim posso dizer, eram de melhor "qualidade" do que as malhadas de hoje, traficadas por assassinos.

Sei que ainda há quem me veja malucona, doidona, porra-louca, maconheira, droguística, alcoólatra e lisérgica, entre outras virtudes. Confesso que vivi essas e outras tantas, mas não faço a ex-vedete-neo-religiosa, apenas encontrei um barato ainda maior: a mutante virou meditante. Se um belo dia você me encontrar pelo caminho, não me venha cobrar que eu seja o que você imagina que eu deveria continuar sendo. Se o passado me crucifica, o futuro já me dará beijinhos.

Enquanto isso, sigo sendo uma septuagenária bem-vivida, bem-experimentada, bem-amada, careta, feliz e... bonitinha. *Lucky, lucky me free again.** Tempo para curtir minha casa no mato, para pintar, cuidar da horta, paparicar meus filhos, acompanhar minha neta crescer, lamber meus bichinhos, brincar de dona de casa, escrever historinhas, deixar os cabelos brancos, assistir novela, reler livros de crimes que já esqueci quem eram os culpados, ler biografias de celebridades com mais de setenta anos, descolar adoção para bichos abandonados, acompanhar a política planetária, faxinar gavetas, aprender a cozinhar, namorar Roberto e, se ainda me sobrar um tempinho, compor umas musiquinhas.

PROFECIA

Quando eu morrer, posso imaginar as palavras de carinho de quem me detesta. Algumas rádios tocarão minhas músicas sem cobrar jabá, colegas dirão que farei falta no mundo da música, quem sabe até deem meu nome para uma rua sem

* Trecho da canção "Free again", de Barbra Streisand. Em tradução livre, "Sorte, sorte minha, estou livre novamente". (N. E.)

saída. Os fãs, esses sinceros, empunharão capas dos meus discos e entoarão "Ovelha negra", as TVs já devem ter na manga um resumo da minha trajetória para exibir no telejornal do dia e uma notinha no obituário de algumas revistas há de sair. Nas redes virtuais, alguns dirão: "Ué, pensei que a véia já tivesse morrido, kkk". Nenhum político se atreverá a comparecer ao meu velório, uma vez que nunca compareci ao palanque de nenhum deles e me levantaria do caixão para vaiá-los. Enquanto isso, estarei eu de alma presente no céu tocando minha autoharp e cantando para Deus: "*Thank you Lord, finally sedated*".*

Epitáfio: Ela nunca foi um bom exemplo, mas era gente boa.

ESTRANHAMENTO

Estranho ter sido o que fui sendo eu o que sou hoje. Parece que sempre tive a idade que tenho agora. Aos setenta tem-se a impressão de que a vida passou rápido demais, escrevendo a própria biografia, percebe-se que foi longa pra caramba. Vivi intensamente infância, juventude e maturidade, a fase velhice é novidade para mim, apesar de, claro, percebê-la mais familiar do que as anteriores. Dizem que capricornianos nascem velhos e morrem crianças, que são ambiciosos e disciplinados, nessas me reconheço mais no ascendente Aquário, da visionária porra-louca. Não tenho distanciamento de mim mesma para me definir num só adjetivo, como tantas vezes me pedem. Talvez essa letra de um tempo atrás dê alguma pista:

> Eu sou do tempo do onça
> De quando os bichos falavam
> Pela Rádio Nacional
> Das marchinhas de Carnaval
> Dos concursos de miss
> Ah, eu era feliz...

* Obrigada, Senhor, finalmente sedada. (N. E.)

Do tempo da Guanabara
Da nova bossa da Nara
Dos tropicalistas
Dos hippies comunistas
Da voz da Elis
Ah, eu era feliz...

Sou daquele tempo
Quando rock era tabu
Do "Let me sing" do Raul
Do cogumelo de zebu
Dos desacatos da Leila Diniz
Ah, eu era feliz
Eu sou do velho novo tempo
Do fim do vinil
Do *boom* da Madonna
Da zona no Brasil
Do caos do país
Ah, eu era feliz

Sou do tempo do tempo
Do exato momento
Em que o mundo explodiu
Foi bom que existiu
A Brasília da utopia
Ah, eu era feliz
Eu era feliz... e sabia

Pois é, sou do tempo em que mulher desquitada era puta, rir na Sexta--Feira da Paixão era proibido, mas podia fumar no cinema. Mulher magra era feio, usavam meia nylon de fio, cinta-liga, anágua, sutiã pontudo e saia e blusa de banlon. Mostrar o joelho era audacioso, raro ver uma mulher dirigindo carro, top models eram as misses, proibido mulher no estribo do bonde, cabelo liso não, permanente sim, as desconfortáveis toalhinhas de menstruação, blush chamava-se rouge, o território era de Rorãima, yoga era yóga e no futebol escanteio era corner.

DIVAGANDO

Não sou saudosista, mas devo admitir que no "meu tempo" tudo era bem mais chique. Acho interessante estar no mundinho podrera de hoje e por uma questão de fora-modismo elegante não me apego a ele, mas às vezes é como acordar de uma overdose e ver que ainda está vivo. Esses dias de mulheres-liquidificadores e homens-geladeiras me fazem crer que a raça humana não deu lá muito certo. Nessas me dei bem por ter nascido na era de ouro do pós-guerra. Quando dizem que "a idade está na cabeça", meu fígado e minha coluna dão uma risadinha sarcástica. Mulheres têm a idade que merecem, homens serão sempre crianças. É uma série de imagens que mudam ao se repetirem. É um tal de política destruindo a liberdade, de medicina destruindo a saúde, de jornalismo destruindo a informação, de advogados e policiais destruindo a justiça, de universidades destruindo o conhecimento, de religiões destruindo a espiritualidade. Confie em Deus, mas tranque o carro.

Minha depressão não é sinal de fraqueza, eu é que fui forte por muito tempo, mas cuidado com a ira de alguém calmo. Abaixo a anarquia. Para conquistar o seu amor, peço perdão mesmo sabendo que não estou errada. Desculpe, eu não estava prestando atenção.

O pior inimigo da criatividade é o bom-senso, mudar, mudar, mudar, nem que seja para pior. Dói mais sorrir na frente dos outros do que chorar sozinha, mas não devo levar a vida tão a sério porque ninguém sai dela vivo. Debochar de mim mesma é uma estratégia que sempre dá resultado positivo. Uma das coisas que mais me dão prazer é fazer o que não devo, tipo fumar na frente de quem faz campanha anticigarro. Não é tarde para ser o que eu deveria ter sido. Eis-me aqui, uma pós-famosa anônima observando os macro e micro-omniversos dentro e fora de mim.

A coisa que eu mais quero é ter a certeza de que meu namorado Rob saiba que por mim foi o mais amado, meus filhos Beto, Juca e Tui os mais bem-vindos, minha neta Ziza a mais aguardada, meus bichos os mais adorados, meus amigos (que conto numa mão só) os mais reconhecidos, minhas gavetas as mais arrumadinhas. A sorte de ter sido quem sou, de estar onde estou, não é nada se comparada ao meu maior gol: sim, acho que fiz um monte de gente feliz.

Dedico este livrinho às minhas famílias e bichos do passado, do presente e do futuro.

O COLECIONADOR DE MIM

Com minha memória já queimada pelos incêndios existenciais que eu mesma ateei, dificilmente lembraria dos bailes da vida onde dancei não fosse meu "Colecionador de Mim", Gui Samora. Segundo sua mãe, as primeiras palavras que o moleque falou foi Maria Mole. Esse rapaz (que deixou de ser fã para virar filho) possui a mais completa coleção de absolutamente TUDO o que já saiu sobre mim no planeta. Estudioso do meu legado, sabe de cor e salteado a cronologia completa do que eu fiz quando-onde-como de cada ano, mês, dia e hora da minha vida, daí que quando quero lembrar de algum fato sobre a Rita Lee não consulto o Google, eu pergunto ao "Guigle". Só para se ter uma ideia, Gui não apenas tem cinco exemplares de cada um dos meus discos lançados no Brasil como também de todos os que saíram em outros países. Sem falar em suas trocentas *tattoos* com trechos de letras minhas. Fora o resto. Sim, para meu orgulho, sua adorável cachorrinha se chama Ritinha. Meu Anjo-*Phantom* favorito que deu o ar da graça pontuando minhas autobiográficas escrivinhações, Guilherme Samora é o único jornalista vivo de prestígio que fala bem de mim. Apenas porque me ama.

DISCOGRAFIA

O'Seis (compacto, 1966)
Suicida
Apocalipse

Os Mutantes (1968)
Panis et circenses
A minha menina
O relógio
Adeus Maria Fulô
Baby
Senhor F
Bat macumba
Le premier bonheur du jour
Trem fantasma
Tempo no tempo (Once was a time I thought)
Ave Gengis Khan

Mutantes (1969)
Dom Quixote
Não vá se perder por aí
Dia 36
2001
Algo mais
Fuga nº 2
Banho de lua (Tintarella di luna)
Rita Lee
Mágica
Qualquer bobagem
Caminhante noturno

A divina comédia ou Ando meio desligado (1970)
Ando meio desligado
Quem tem medo de brincar de amor
Ave Lúcifer
Desculpe, babe
Meu refrigerador não funciona
Hey boy
Preciso urgentemente encontrar um amigo
Chão de estrelas
Jogo de calçada
Haleluia
Oh! Mulher infiel

Build up (1970)
Sucesso, aqui vou eu (Build up)
Calma
Viagem ao fundo de mim
Precisamos de irmãos
Macarrão com linguiça e pimentão
José (Joseph)
Hulla-hulla
And I love him
Tempo nublado
Prisioneira do amor
Eu vou me salvar

Tecnicolor (1970, lançado em 2000)
Panis et circenses
Bat macumba
Virgínia
She's my shoo shoo
I feel a little spaced out
Baby
Tecnicolor
El justiciero
I'm sorry baby
Adeus Maria Fulô
Le premier bonheur du jour
Saravah
Panis et circenses (Reprise)

Jardim elétrico (1971)
Top top
Benvinda
Tecnicolor
El justiciero
It's very nice pra xuxu
Portugal de navio
Virgínia
Jardim elétrico
Lady Lady
Saravá
Baby

Mutantes e seus cometas no país do bauretz (1972)
Posso perder minha mulher, minha mãe desde que eu tenha o rock and roll
Vida de cachorro
Dune buggy
Cantor de mambo
Beijo exagerado
Todo mundo pastou
Balada do louco
A hora e a vez do cabelo nascer
Rua Augusta
Mutantes e seus cometas no país do bauretz
Todo mundo pastou II

Hoje é o primeiro dia do resto da sua vida (1972)
Vamos tratar da saúde
Beija-me, amor
Hoje é o primeiro dia do resto da sua vida
Teimosia
Frique comigo
Amor branco e preto
Tiroleite
Tapupukitipa
De novo aqui meu bom José
Superfície do planeta

Tutti frutti (1973 - Nunca lançado oficialmente)
Mamãe natureza
Paixão da minha existência atribulada
Festival divino
Bad trip
Ainda bem
Nessas alturas dos acontecimentos
Cilibrinas do Éden
E você ainda duvida?
Tutti frutti
Minha fama de mau

Atrás do porto tem uma cidade (1974)
De pés no chão
Yo no creo pero...
Tratos à bola
Menino bonito
Pé de meia
Mamãe natureza
Ando jururu
Eclipse do cometa
Círculo vicioso
... Tem uma cidade

Fruto proibido (1975)
Dançar pra não dançar
Agora só falta você
Cartão-postal
Fruto proibido
Esse tal de roquenrou
O toque
Pirataria
Luz del Fuego
Ovelha negra

Rita Lee & Tutti Frutti (compacto, 1976)
Lá vou eu
Caçador de aventuras
Status
Ovelha negra

Entradas e bandeiras (1976)
Corista de rock
Lady Babel
Coisas da vida
Bruxa amarela
Departamento de criação
Superstafa
Com a boca no mundo
Posso contar comigo
Troca-toca

Arrombou a festa (compacto, 1976)
Arrombou a festa
Corista de rock

Refestança (1977)
Refestança
É proibido fumar
Odara
Domingo no parque
Back in Bahia
Giló
Velha negra
Eu só quero um xodó
De leve (Get back)
Arrombou a festa
Refestança

Babilônia (1978)
Miss Brasil 2000
Disco voador
Agora é moda
Jardins da Babilônia
O futuro me absolve
Sem cerimônia
Que loucura
Eu e meu gato
Modinha

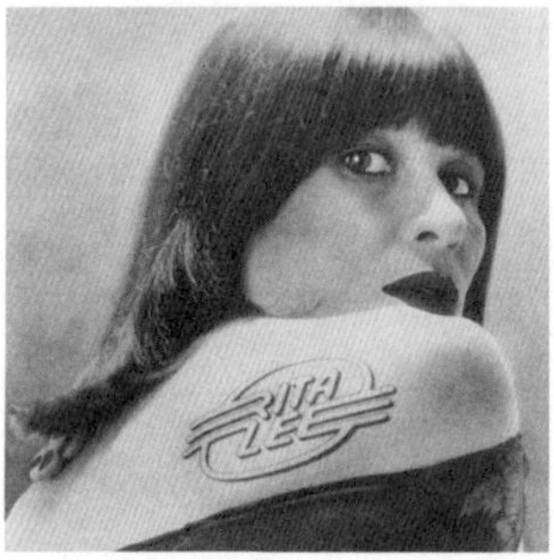

Rita Lee (1979)
Chega mais
Papai me empresta o carro
Doce vampiro
Corre-corre
Mania de você
Elvira Pagã
Maria Mole
Arrombou a festa II

Rita Lee (1980)
Lança perfume
Bem-me-quer
Baila comigo
Shangrilá
Caso sério
Nem luxo nem lixo
João ninguém
Orra meu

Saúde (1981)
Saúde
Tatibitati
Mutante
Tititi
Banho de espuma
Atlântida
Favorita
Mother nature (Mamãe natureza)

Rita Lee e Roberto de Carvalho (1982)
Flagra
Barriga da mamãe
Barata tonta
Frou-frou
Vote em mim
Só de você
Brazil com S
Cor-de-rosa choque
Pirata cigano
O circo

Baila conmigo (1982)
Baila conmigo
No se olvidarte
Atlantida
Pide más
Caso serio
Mania de ti
Dulce vampiro
Baño de espuma
Corre-corre
Lanza perfume

Bombom (1983)
On the rocks
Desculpe o auê
Tentação do céu
Fissura
Degustação
Arrombou o cofre
Menino
Strip-tease
Raio X
Bobos da corte
Pirarucu
Yoko Ono

Rita e Roberto (1985)
Vírus do amor
Yê yê yê
Vítima
Molambo souvenir
Glória F
Nave Maria
Noviças do vício
Choque cultural
Não titia

Flerte fatal (1987)
Brazix muamba
Flerte fatal
Bwana
Me recuso
Blue Moon
Pega rapaz
Músico-problema
Para com isso
Picola Marina
Xuxuzinho

Zona Zen (1988)
Nunca fui santa
Independência e vida
Livre outra vez
Sem endereço (Memphis, Tennessee)
Zona Zen
Cruela cruel
Cecy bom (C'est si bon)
Maná mané

Pedro e o lobo (1989)
De Sergei Prokofiev
Narração: Rita Lee
Produção: Roberto de Carvalho
Regente: Maestro Roberto Tibiriçá
Orquestra: Nova Sinfonieta

Rita Lee e Roberto de Carvalho (1990)
Perto do fogo
Coração em crise
Uma noite em Hong Kong
É a vida
Volta ao mundo
Esfinge
Tipo inesquecível
Farsa
La Miranda
La javanaise

Rita Lee em bossa'n'roll - ao vivo (1991)
Doce vampiro
Baila comigo
Mutante
Alô, alô marciano
Every breath you take
Desculpe o auê
Cry me a river
Perto do fogo
It's only rock'n'roll
Shangrilá
Ovelha negra
The fool on the hill
Jardins da Babilônia
Miss Brasil 2000
Vírus do amor
Corre-corre
Lança perfume
Mania de você
Banho de espuma/ Chega mais (somente no LP)
Menino bonito (somente na fita K7)

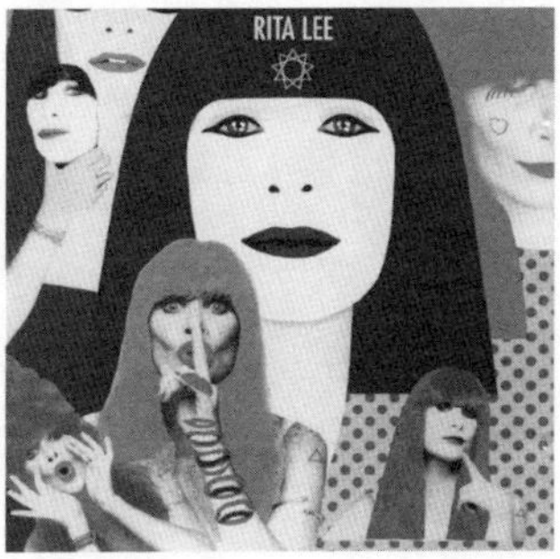

Rita Lee (1993)
Filho meu
Tataratlantes
Drag queen
Mon amour
Menopower
Maria ninguém/ Do you want to know a secret
Todas as mulheres do mundo
Ambição
Canaglia
Benzadeusa
Deprê
Só vejo azul
Dami mille bacci

A marca da Zorra - ao vivo (1995)
A marca da Zorra
Nem luxo nem lixo
Dançar pra não dançar
Jardins da Babilônia
Ando meio desligado
Vítima
Todas as mulheres do mundo
Papai me empresta o carro
Atlântida
Mamãe natureza
Ovelha negra
Miss Brasil 2000
On the rocks
Orra meu

Santa Rita de Sampa (1997)
Santa Rita de Sampa
Normal em Curitiba
Fruta madura
O que você quer
Jardim de Allah
Ando jururu
Tum tum
Longe daqui, aqui mesmo
Homem vinho
Dona doida
Obrigado não
Menino de Braçanã

Acústico MTV Rita Lee (1998)
Agora só falta você
Jardins da Babilônia
Doce vampiro
Luz del Fuego
Nem luxo nem lixo
Alô, alô marciano
Eu e meu gato
Balada do louco
Papai me empresta o carro
O gosto do azedo
Gita
Flagra
Desculpe o auê
Coisas da vida
M Te Vê
Mania de você
Lança perfume
Ovelha negra

3001 (2000)
3001
2001
Você vem
Erva Venenosa (Poison Ivy)
Mentiras
Rebeldade
Pagu
O amor em pedaços
Cobra
Entre sem bater
Aviso aos meliantes
História sem fim

Aqui, ali, em qualquer lugar (2001 — Lançado no mercado internacional como *Bossa'n'Beatles*)
A hard day's night
With a little help from my friends
Pra você eu digo sim (If I fell)
All my loving
Minha vida (In my life)
She loves you
Michelle
Aqui, ali, em qualquer lugar (Here, there and everywhere)
I want to hold your hand
Tudo por amor (Can't buy me love)
Lucy in the sky with diamonds
Here, there and everywhere
In my life
If I fell

Balacobaco (2003)
Amor e sexo
A fulana
As mina de Sampa
Copacabana boy
Balacobaco
Já te falei
Nave Terra
A gripe do amor
Tudo vira bosta
Eu e mim
Over the rainbow
Hino dos malucos

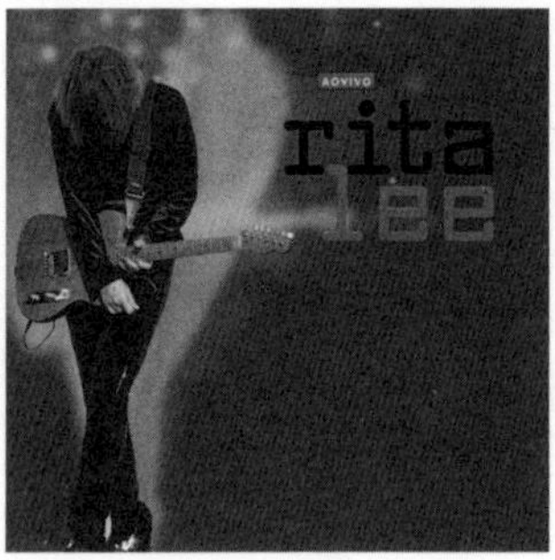

MTV ao vivo (2004)
Saúde
Meio-fio
Mamãe natureza
Esse tal de roquenrou
Amor e sexo
Panis et circenses
Lucy in the sky with diamonds
Coração babão
Pagu
Baila comigo
Caso sério
Eu quero ser sedado (I wanna be sedated)
Ando jururu
Tudo vira bosta

Multishow ao vivo (2009)
Flagra
Saúde
Mutante
Cor-de-rosa choque / Todas as mulheres do mundo
Tão
Vingativa
O bode e a cabra (I want to hold your hand)
Se manca
Baby
Bwana
Vítima
Insônia
Roll over Beethoven
Erva Venenosa (Poison Ivy)
Doce vampiro
Ovelha negra
Agora só falta você
Lança perfume/ Chiquita bacana

Reza (2012)
Pistis Sophia
Reza
Tô um lixo
Divagando
Vidinha
As loucas
Bixo grilo
Paradise Brasil
Rapaz
Bagdá
Tutti-fuditti
Gororoba
Bamboogiewoogie
Pow

Change (single, 2021)
Change

EGO

Eu, hermafrodita
Da água respirei, a vida
No sangue que bebi, o soro
Nos ares explodi, em choro
Da gula que comi, a fome
Da fêmea que nasci, homem
Eu me transformei, em mim
Do Deus que duvidei, o sim
Das mortes que vivi, o além
Dos vícios que virei, refém
Dos bichos que sou, felina
Na velha que estou, menina

Anima Mundi
Animus Deo

Este livro, composto na fonte Fairfield,
foi impresso em papel Lux Cream 60 g/m² e
Couché 115 g/m² na Geográfica.
São Paulo, fevereiro de 2024.